Let's
JavaScript
jQuery

웹, 퍼블리셔를 위한 최고의 기본서

★★★★
**최신버전
개정판**
★★★★

실전 예제로 배우는

자바스크립트
+ 제이쿼리

웹 전문가
이은정 지음

김앤북
KIM&BOOK

계속 높아만 가는 자바스크립트의 위상

초기 프런트 앤드 개발에서 자바스크립트는 그다지 중요한 프로그램은 아니었습니다. 그저 간단한 효과나 애니메이션을 구현하기 위한 언어로 인식하는 정도였습니다. 특별히 따로 공부하기보다는 그저 인터넷에 있는 코드를 복사하여 일부 수정하여 사용하면 되기에 정확한 습득을 위한 노력을 하지 않았습니다. 하지만 현재의 웹 개발에서 자바스크립트의 중요성은 계속 나날이 높아지고 있습니다. 2020년 티오 밴(TIOBE)에서 2021년 프로그래밍 언어 순위 및 전망에서 7위에 올라가 있습니다. 그만큼 프런트 앤드 뿐 아니라 백 앤드에서도 자바스크립트는 중요한 언어가 되었습니다. 자바스크립트 기반의 플랫폼은 나날이 늘어만 가고 있으며 React, Vue, Angular, Node와 같은 웹 개발에 필요한 라이브러리는 쏟아져 나오고 있습니다. 이제는 웹 개발을 하려면 무조건 알고 있어야 하는 자바스크립트는 꼭 필요한 언어로 자리를 잡았습니다.

보다 기본을 튼튼하게 배우기

이 책은 프로그램을 처음 공부하는 분들을 위한 책입니다. 어느 정도 HTML, CSS 언어를 알고 있어서 이 두 언어로 구현할 수 있으나 아직 개발을 위한 자바스크립트 프로그래밍이 처음이신 분들이 더욱 쉽게 이해 할 수 있도록 기초 개념을 정리하였습니다. 또한, 간단한 예제를 통해서 프로그래밍을 이제 막 시작하시는 분들이 재미를 갖고 자바스크립트를 배우도록 하였습니다. 먼저 자바스크립트는 ES5까지의 문법을 기준으로 이제 브라우저에서 지원이 되기 시작하는 ES6 문법도 추가하여 내용과 실습을 구성하였습니다. 제이쿼리는 예전 1.11버전에서 3.1버전까지 많은 명령어를 나열하기보다는 제이쿼리 명령어를 통해 응용을 할 수 있도록 예제 구성을 하였습니다. 이 책을 통해 자바스크립트의 기초와 제이쿼리를 이용한 기술 개발을 더욱 쉽게 재미있게 습득할 수 있었으면 합니다.

감사합니다.

이 책을 집필하겠다는 결심하기까지는 많은 용기가 필요했습니다. 먼저 시작을 할 수 있게 도와주신 정선화 님, 제작 진행을 해 주신 곽홍준 님 그리고 편집과 교정을 맡아주셨던 많은 분들께도 감사드립니다.
항상 프로그래밍은 어렵다는 고정관념을 갖고 재미를 못 느끼시는 분들이 이 책을 통해 조금이나마 자바스크립트와 제이쿼리 기술의 향상에 도움이 되었으면 하는 바람입니다.

CONTENTS

CONTENTS

실전 예제로 배우는
**자바스크립트
+제이쿼리**

PART

01

자바스크립트

CHAPTER 01

자바스크립트란?

웹 개발에 관심이 있으신 분들은 항상 자바스크립트라는 용어를 듣게 됩니다. 웹 개발 분야에서 가장 두각을 나타내고 있는 프로그래밍 언어가 자바스크립트로서, 이 장에서는 자바스크립트를 학습하기 위한 일반적인 개발환경과 자바스크립트 언어가 가지고 있는 특징, 그리고 자바스크립트의 역사에 대해 먼저 알아보도록 합시다.

웹 프로그래밍 이란?

웹 프로그래밍의 환경

우리가 현재 사용하고 있는 웹사이트, 또는 웹앱은 두 파트로 나누어 작업이 됩니다. 하나는 사용자의 화면에서 이루어지는 클라이언트사이드와 클라이언트사이드에서 필요한 데이터와 동작을 제어하는 서버사이드 입니다. 이 두 분야는 통신으로 연결되어 작업합니다. 클라이언트사이드에서는 사용자가 자신이 작업하는 미디어에서 직접 원하는 명령과 조작을 할 수 있으며, 사용하는 미디어에서 그 결과를 직접 확인할 수 있습니다. 대표적으로 웹 브라우저라 할 수 있습니다. 이 클라이언트사이드에서의 개발을 우리는 프런트엔드(Front-end)라고 합니다.

또한 사용자가 요구하는 작업의 데이터 관리나 필요한 작동을 하는 곳을 서버사이드라 하며, 이 분야의 개발을 백엔드(Back-end)라고 합니다.

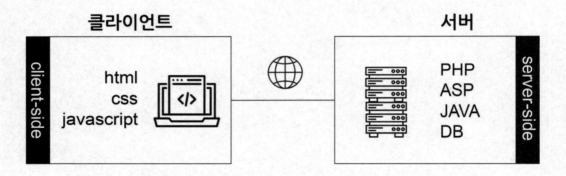

회원 로그인 시스템을 생각해 봅시다. 사용자가 로그인을 원한다면

1. 사용자는 먼저 사이트를 방문 후

2. 로그인 페이지에서 자신의 아이디와 패스워드를 입력 후 로그인 버튼을 클릭할 거예요.

3. 웹 브라우저는 사용자의 정보를 검토 후 연결된 통신망을 통해 서버로 전송합니다.

1. 서버에서는 전달된 정보를 회원 정보 데이터베이스의 정보와 비교

2. 로그인의 실행 또는 거부 이유를 파악 후

3. 통신망을 통해 웹브라우저에 실행 또는 거부에 대한 정보를 보냅니다.

이처럼 사용자의 화면에서 이루어지는 개발을 프론트엔드라 하며 주된 프로그램은 웹브라우저에서 실행되는 HTML, CSS, Javascript을 사용합니다.

또한 프론트엔드에서 필요한 요청을 처리하는 작업은 백엔드에서 하면 개발 환경에 PHP, DB, ASP, JAVA 등이 사용됩니다. 여러분은 지금부터 프론트엔드에서 작업될 Javascript 공부를 시작할 겁니다.

javascript와 웹 브라우저

먼저 Javascript를 이해하기 위해서 우리는 웹 브라우저와 웹 페이지의 관계를 조금 자세히 들어다 볼 필요가 있습니다. 먼저 웹 브라우저에서 렌더링 되어 화면에 나타나는 웹페이지를 보겠습니다.

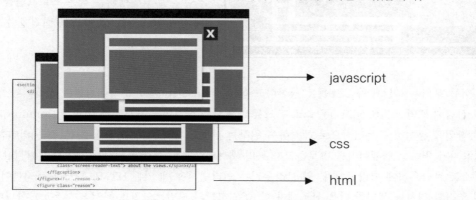

javascript

css

html

우리가 흔하게 볼 수 있는 웹 페이지는 3가지의 레이어로 이루어져 있습니다.
1차 html레이어, 2차 CSS레이어, 3차 Javascript 레이어입니다.

1. HTML 레이어

```
<section class="main-pitch">
    <div class="three-reasons centered">
        <figure class="reason">
            <a href="">
                <img src="images/mainpromo/welcome02.jpg" />
            </a>
            <figcaption>
                <h3 class="content-title">A Room with a View</h3>
                <p>Every room at Moonwalk Manor, whether you are stayin
                a discount suite or going Apartment Class&reg;, has a
                panoramic view.</p>
                <a class="content-button" href="#">Learn More<span
                class="screen-reader-text"> about the views.</span></a
            </figcaption>
        </figure><!-- .reason -->
        <figure class="reason">
```

HTML 문서는 콘텐츠가 살아있는 곳으로 브라우저가 쉽게 구문 분석 할 수 있는 마크업 언어로 표시되어 있으며 웹 페이지를 방문한다고 하면 우리는 HTML 문서를 통해 원하는 웹사이트의 페이지를 방문할 수 있습니다. 즉 HTML 문서가 없다면 우리가 알고 있는 웹 페이지는 있을 수 없는 존재라 보면 됩니다.

2. CSS 레이어

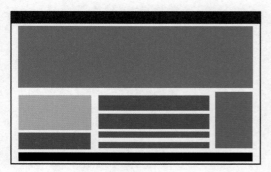

CSS 영역은 브라우저에 HTML이 어떠한 모양으로 보여야 하는지를 지시하는 코드가 작성되어 있습니다. HTML 문서가 콘텐츠를 처리한다면 CSS는 그저 보여주는 부분을 담당합니다. 만약에 우리가 CSS 레이어를 제외해도 우리는 브라우저 화면에서 필요한 콘텐츠 정보를 수집하고 이해 할 수 있습니다.

3. 자바스크립트 레이어

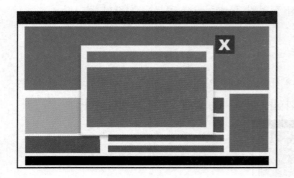

우리는 javascript(자바스트립트) 레이어를 대화형 레이어라고 부르기도 합니다. 자바스크립트는 브라우저 실행되는 작은 프로그램으로 HTML 마크업 및 CSS 규칙과 상호 작용하여 표시되는 내용과 브라우저에서 실행되는 작은 프로그램을 작성하고 현재 문서의 HTML 및 CSS를 변경할 수 있는 스크립팅 언어입니다.

흔히들 우리는 HTML과 CSS를 코딩한다고 하고 Javascript를 프로그래밍한다고 합니다. 이 차이를 한 번 점검해 보면 코딩(Coding)은 소스 코드를 조합하는 작업이고 프로그래밍(programming)은 어떤 주어진 작업을 분석하고 논리적으로 해결하여 원하는 작업을 진행할 수 있도록 하는 것을 의미합니다.
사용자가 원하는 웹페이지를 방문하고자 하면 웹브라우저 주소창에 원하는 사이트의 HTML 문서가 있는 주소를 브라우저에 입력합니다. 웹 브라우저는 인터넷 주소에 있는 HTML 문서를 불러들이고 해당 코드의 조직과 위치를 색인한 다음 참조해야 할 CSS 코드와 자바스크립트 문서를 다운로드합니다. 준비된 자바스크립트 코드를 실행하여 HTML 마크업이 변경되고 그 후에 변경된 부분을 파악하여 다시 한번 CSS를 적용하면 우리가 예상하는 것처럼 웹 사이트가 화면에 보이게 됩니다. 그 후 마지막으로 백그라운드에서 상호 작용이나 이벤트에 필요한 스크립트가 준비를 하고 있으면 추가 이벤트의 발생에 맞추어 추가된 스크립트의 작업을 실행하게 됩니다.
이것이 웹 페이지가 작동되는 원리라고 볼 수 있습니다

그럼 우리가 이러한 자바스크립트로 웹 개발에서 할 수 있는 일들은 무엇이 있는지 알아봅시다.

SECTION 02 Javascript로 할 수 있는 작업은?

Javscript는 원래 웹 사이트의 움직이는 효과를 위한 작은 프로그램으로 인식됐습니다. 그래서 초기 웹 작업에서는 Javascript가 웹 사이트에 꼭 필요 요소로 불리지는 않았습니다. 하지만 자바스크립트는 계속적인 표준화와 개발 영역의 확대로 이제는 클라이언트 사이드 뿐 아니라 서버 사이드로 작업을 넓혀가고 있습니다.

반응을 위한 동적 웹 사이트 만들기

초창기의 자바스크립트는 HTML 문서에서 흥미와 편의를 위한 동적인 작업에 많이 사용하였습니다. 예를 들면 극장 사이트에 가면 간단한 내비게이션을 클릭하면 전체 내비게이션을 볼 수 있습니다. 또 영화정보 페이지에 가면 영화에 관한 여러 이미지를 볼 수 있도록 갤러리 시스템이 만들어져 있으며, 영화배우 정보를 가면 해당되는 배우의 정보를 모달갤러리로 볼 수 있습니다. 이러한 작업들은 모두 자바스크립트를 이용하여야만 작업이 가능합니다.

▲ CGV사이트 메뉴 시스템

▲ LOTTE CINEMA 영화정보 갤러리

API작동하기

자바스크립트는 여러 API(Application Programming Interface)를 통해 웹 페이지에 여러 프로그램을 이용할 수 있도록 합니다. 유튜브, 구글 지도, 네이버 지도, 트위터 등 여러 서비스 시스템에서 자신의 API를 개방하여 사용자의 페이지에 연결하여 사용 또는 개발할 수 있도록 도와줍니다. 이러한 API를 사용하려면 반드시 자바스크립트를 알고 있어야 합니다.

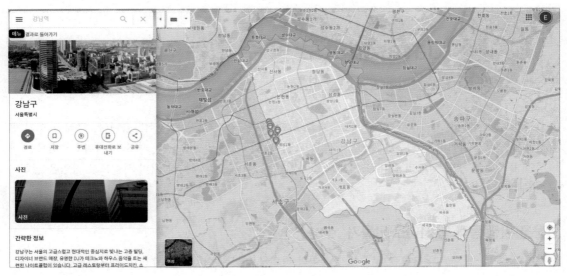

▲ 구글지도

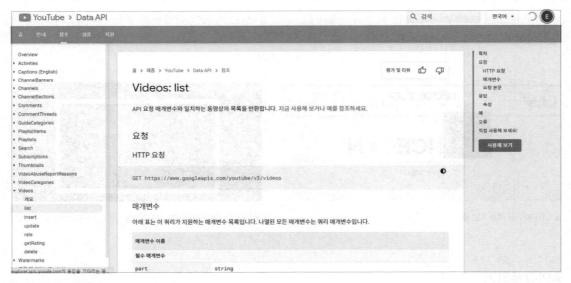

▲ YOUTUBE DATA API 사이트

다양한 라이브러리와 서버 프로그램 작업하기

현재 웹 사이트 개발을 더 쉽고 보다 편리하게 제작하기 위한 자바스크립트 기반의 라이브러리가 많이 등장하고 있습니다. 우리가 흔히 알고 있는 제이쿼리(Jquery), 앵귤러(Angular), 리액트(React), 뷰(Vue) 등이 자바스크립트 기반의 대표적인 라이브러리입니다. 또한 클라이언트 사이드에서만 작업이 되던 자바스크립트는 이제 노드제이에스(node)와 같은 자바스크립트 프레임워크를 사용하여 서버 사이드 프로그램도 제작할 수 있습니다.

SECTION
03 자바스크립의 표준화

자바스크립트는 1995년 인터넷 브라우저 넷스케이프사에 근무하는 브랜드 아이크(Brendan Eich, 1961년~)에 의해 모카(Mocha)라는 이름으로 개발되었으며 그 후 라이브 스크립트 (LiveScript) , 그리고 지금 우리가 알고 있는 자바스크립트(javascript)로 이름이 변경되었습니다. 초창기 인터넷 개발에서는 지금과 같이 자바스크립트가 표준 스크립트는 아니었습니다. 마이크로소프트사는 자신들의 브라우저에서는 자바스크립트가 아닌 Jscript가 기본 script 언어이었던 적도 있었습니다.

이렇게 브라우저의 표준 스크립트가 달라 표준화의 필요성을 느끼게 되었고 넷스케이프사를 중심으로 스크립트 언어의 표준화를 요청하였습니다. 이 표준화를 진행하는 기관은 우리가 흔히 ECMA(이크마)라 불리는 국제 정보통신표준화기구(European Computer Manufacturers Association)입니다. 1996년 11월에 ECMA-262라는 표준 명세가 만들어지고 1997년 7월에 ECMA 1 버전이 만들어집니다.

우리가 요즘 자바스크립트를 말할 때 ECMA5, ECMA6, ECMAScript 등 여러 가지로 지칭하는 것은 바로 자바스크립트 표준화 버전을 말하는 것입니다. 즉 모두 자바스크립트를 가리키는 말이고 뒤에 숫자는 버전을 뜻합니다.

자바스크립트는 현재 거의 1년마다 업그레이드된 버전이 나오고 있습니다. 그럼 가장 최신 버전을 사용하면 된다고 생각할 수 있지만 가장 많이 사용되는 버전은 우리가 흔히 말하는 ECMA5 버전입니다. 2009년에 발표된 버전을 사용하는 이유는 자바스크립트 버전을 업그레이드해도 모든 브라우저에서 그 부분을 사용할 수 있도록 하지는 못한다는 점입니다. 브라우저도 내재한 스크립트의 수정이 필요하기에 시간이 필요한 이유입니다. 이 책에서 주로 설명하는 자바스크립트는 ECMA5 버전을 토대로 현재 많은 브라우저에서 사용이 허용된 ECMA6의 내용이 포함되어 있습니다. ECMA6의 내용은 [ES6]이라는 표식이 들어가 있으니 이 점을 참고하시면 됩니다.

EX 연습문제

1. 클라이언트 사이드에서의 개발을 우리는 (   )라고 하고, 사용자가 요구하는 작업의 데이터 관리나 필요한 작동을 하는 곳을 (   )로 이 분야의 개발을 백엔드(Back-end)라고 합니다.

2. 웹 페이지는 3가지의 레이어로 이루어져 있습니다.
1차 (   )레이어, 2차 (   )레이어, 3차 (   ) 레이어입니다.

3. 우리가 흔히 듣게 되는 ECMA5, ECMA6, ECMAScript는 모두 (   )를 말합니다.

4. (   )는 브라우저에서 실행되는 작은 프로그램으로 HTML 마크업 및 CSS 규칙과 상호 작용하여 표시되는 내용과 브라우저에서 실행되는 작은 프로그램을 작성하고 현재 문서의 HTML 및 CSS를 변경할 수 있다.

정답

1. 프런트엔드(Front-end), 서버 사이드

2. html, CSS, Javascript

3. 자바스크립트

4. 자바스크립트

실전 예제로 배우는 자바스크립트+제이쿼리

CHAPTER 02

자바스크립트
시작하기

웹사이트, 웹앱의 개발 환경과 자바스크립트로 할 수 있는 일들을 알아보았다면 이번 장에서는 자바스크립트를 공부하기 위한 준비를 할 차례입니다. 자바스크립트 프로그래밍을 할 수 있는 환경과 기본 지식을 알아봅시다.

개발 환경 준비하기

자바스크립트는 디버깅이 필요 없는 프로그램입니다. 디버깅 작업이라 하면 작성된 프로그램을 컴퓨터가 직접 인식할 수 없어 컴퓨터가 알아들을 수 있게 다시 렌더링 하는 작업입니다. 우리가 흔히 알고 있는 JAVA, C++ 등의 프로그램은 따로 디버깅이 필요합니다. 하지만 우리가 지금부터 배우게 될 자바스크립트는 이러한 디버깅 작업이 필요 없기 때문에 간단한 준비를 하면 됩니다. 준비물은 다음과 같습니다.

• 코드에디터(Code editor)
• 개발자 툴이 있는 브라우저
• 디버깅을 할 수 있도록 도와주는 툴
입니다.

브라우저 준비하기

첫 번째로 브라우저를 준비해 보도록 하겠습니다. 우리 책에서는 일반적으로 웹표준 브라우저인 크롬 (Chrome) 브라우저를 사용하겠습니다.
만약에 지금 사용하는 컴퓨터에 크롬 브라우저가 없다면 [크롬 다운로드]로 검색하여 페이지를 이동하거나 아니면 다음의 주소를 입력하여 크롬 다운로드 페이지로 이동합니다.

https://www.google.co.kr/chrome

크롬브라우저의 설치는
1. Chrome 다운로드 버튼을 클릭합니다.
2. 설치 파일을 내려받습니다.
3. 설치 파일을 (더블클릭) 실행하고 디바이스 허용을 클릭한 하면 브라우저 설치와 셋업이 끝납니다.

▲ 크롬 브라우저 설치하기

크롬 브라우저를 설치한 후 웹앱 기본 브라우저로 꼭 선택을 해 주어야 프로그래밍 작업 도중 HTML 문서와 크롬 브라우저를 연결하여 편리하게 작업할 수 있습니다.

코드 에디터 설치하기

자바스크립트를 작성하기 위해서는 Text 에디터가 필요합니다.
프로그램에 사용되는 에디터는 여러 종류로 나누어 볼 수 있습니다. 무료로 사용할 수 있는 에디터도 있고 유료로 사용할 수 있는 에디터도 있으며 운영체제에 따라 선호하는 에디터가 달라질 수도 있습니다.
많이 사용되고 있는 에디터들을 정리하여 보면 ATOM, Brackets, Sublime Text, Visual Studio Code 등으로 만약에 선호하는 에디터가 없다면 모든 운영체제에서 무료로 사용할 수 있는 비주얼 스튜디어 코드(Visual Studio Code)를 설치하여 사용합시다.

1. 먼저 아래의 주소로 설치 파일을 받을 수 있는 사이트로 이동합니다.

https://code.visualstudio.com/

2. 비주얼 스튜디오 코드 웹사이트에 접속하면 사용하는 운영체제에 맞는 다운로드 버튼을 찾을 수 있습니다. 해당 버튼을 클릭하여 설치 파일을 내려받을 수 있습니다.

▲ 비주얼 스튜디어 코드 웹 사이트 실행파일 다운로드 하기

이때 윈도우 사용자는 'Download for windows', Mac OS 운영체제에서는 'Download for Mac' 버튼이 표시됩니다.

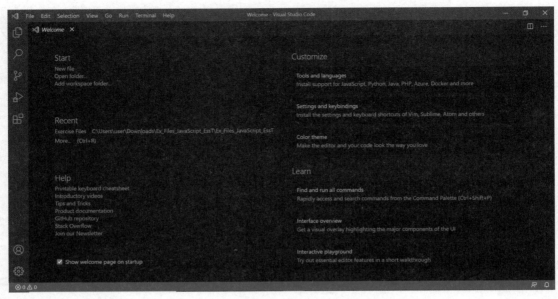

▲ 비주얼 스튜디어 코드 실행화면

비주얼스튜디어 코드 전체 화면 알아보기

text 에디터를 처음 사용하는 분들은 이 프로그램이 낯설어 보일 것입니다. 하지만 거의 모든 text 에디터 프로그램은 비슷한 사용법을 가지고 있으므로 하나의 에디터 프로그램을 사용할 수 있다면 다른 에디터 프로그램을 사용하게 되더라도 쉽게 적응을 할 수 있습니다.

먼저 전체 화면을 정리해 봅시다.

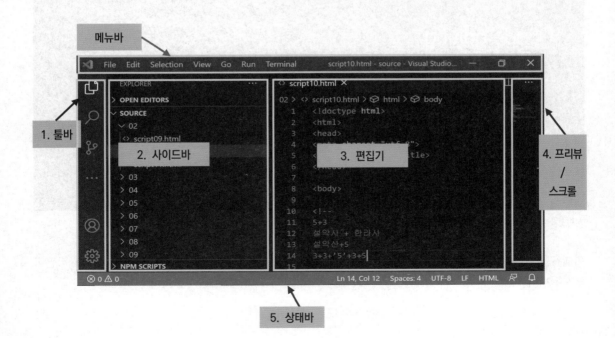

1. 툴바 : 2번 사이드바의 기능(탐색, 검색, 깃, 디버그 등)을 선택할 수 있습니다.

만약에 2번 사이드바가 보이지 않는다면 툴바의 아이콘 중 하나를 선택하면 해당 기능이 보이게 됩니다.

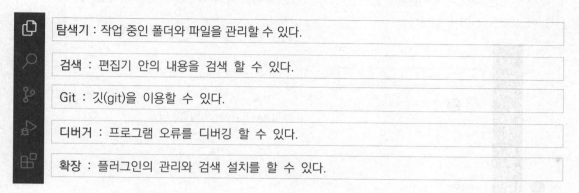

2. 사이드바 : 툴바의 선택에 따라 여러 작업을 할 수 있게 변경됩니다.

특히 툴바의 탐색기를 선택하면 프로젝트 폴더를 이용할 수 있습니다.

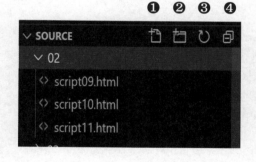

❶ 새로운 파일 만들기
❷ 새로운 폴더 만들기
❸ 폴더 새로 고침
❹ 오픈된 폴더 닫기

3. 편집기 : 소스를 편집하는 영역으로 최대 3개까지 창을 분할하여 사용할 수 있습니다.

4. 프리뷰/스크롤 : 소스파일 전체를 프리뷰로 구조를 보여주는 화면입니다.

프리뷰 창 자체로 스크롤바의 역할을 해서, 선택할 소스로 쉽게 이동할 수 있게 도와줍니다.

5. 상태바 : 현재 프로젝트와 편집하고 있는 파일의 정보 그리고 디버깅의 정보를 알 수 있습니다.

비주얼 스튜디오 필요 기능 세팅하기

비주얼 스튜디오 코드에서는 사용의 편의성을 위해 여러 가지 확장 기능을 추가하여 사용할 수 있습니다. 확장 기능을 추가하게 되면 프로그램을 사용할 때보다 편리하게 개발할 수 있을 뿐만 아니라 시간을 단축할 수 있는 효과가 있습니다.

라이브서버(Live Server) 설치하기

라이브서버 기능은 우리가 작업하는 소스를 웹 브라우저에서 바로 확인할 수 있도록 도와줍니다.

1. 툴바에 있는 확장 아이콘(🔳)을 클릭합니다. 그러면 사이드 바의 내용이 바뀌면서 확장 기능에 검색 기능이 상단에 보이게 됩니다.

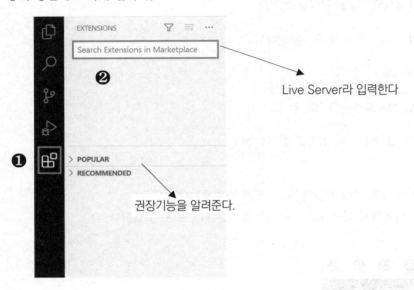

Live Server라 입력한다

권장기능을 알려준다.

2. ❷번 검색창에 Live Server라 입력하면 사이드바에 검색된 내용이 보이게 됩니다. 이때 주의할 점은 추가 기능은 개인 사용자가 만들어 연결한 프로그램으로 같은 이름의 추가 기능이 여러 개 검색될 수 있습니다. 이럴 때는 개발자 이름으로 다시 확인해 보아야 합니다. 만약에 같은 이름의 추가 기능이 여러 개 검색된다면 우리는 Ritwick Dey를 찾아서 누르면 됩니다.

마우스 클릭

SECTION
02 에디터 프로그램 사용하기

에디터 프로그램의 설치가 되어서 세팅이 끝났다면 이제 프로그램을 간단하게 사용해 보기로 합시다.

작업 폴더를 설정하기

자바스크립트를 공부하기 위해서 우리는 필요 파일을 다운로드하여 작업 폴더를 만들어 봅시다.

1. 먼저 자료실로 들어가서 이 책의 실습 파일을 내려받습니다.
2. 내려 받은 source.zip의 압축을 풀면 source라는 폴더가 생성되고, 이 폴더가 이제부터 우리가 같이 작업할 소스 파일들이 보입니다.
3. 비주얼 스튜디오 코드의 툴바에서 첫 번째 탐색기 아이콘을 클릭합니다.
4. 사이드바에 나타난 [open folder: 폴더열기]버튼을 클릭한 후 자신의 컴퓨터에서 source폴더를 찾아 [폴더선택]을 합니다. 이 과정에서 만약에 [폴더열기] 버튼이 보이지 않는다면 [file메뉴 ➜ 폴더열기]를 선택하면 됩니다.

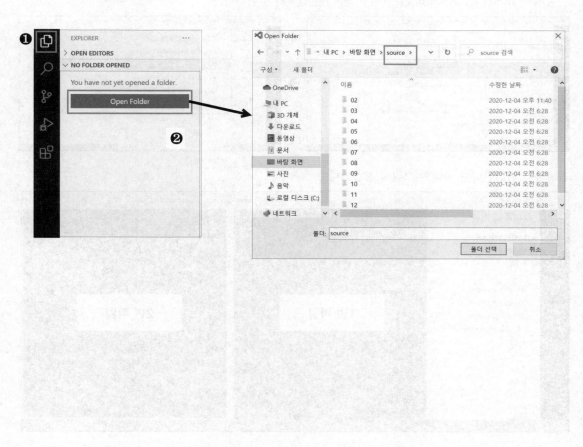

5. 아래 그림과 같이 사이드바에 source 폴더가 나타납니다. 사이드바에 source 폴더를 클릭하면 source 폴더 안의 서브 폴더가 보이게 됩니다.

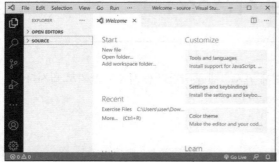 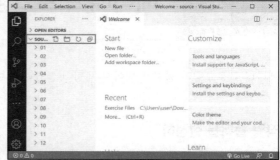

편집기에 소스 파일 열어보기

이번에는 사이드바에 표시된 프로젝트 폴더에 있는 이번 장에서 사용할 파일을 편집기에 열어 봅시다.

1. source 폴더를 클릭하여 나타난 폴더 중에 02 폴더를 클릭하면 02/02_00.html를 선택합니다. 그러면 편집기 창에 html 문서의 내용이 보입니다.

2. 만약에 두 개의 창을 열어 놓고 두 파일을 비교하면서 작업을 하고 싶다면 필요한 파일에 오른쪽 버튼을 누르면 [open to the side: 측면에서 열기]를 선택하면 됩니다.

 →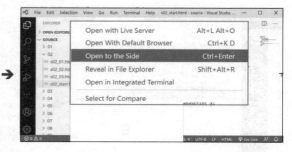

결과물을 확인한다면 아래의 그림과 같습니다.

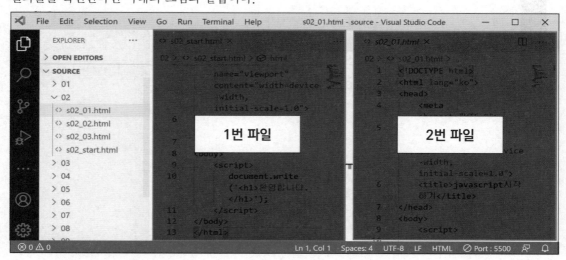

브라우저에 로딩하기

이제는 열려 있는 파일을 브라우저에 연결하여 표시되도록 해 봅시다.

1. 먼저 편집기 화면에 열려 있는 s02_start.html 문서에서 오른쪽 버튼을 누른 다음 [open with Live Server]를 선택합니다.
   단축키를 사용한다면 [alt+L alt+O]를 차례로 누르면 됩니다.

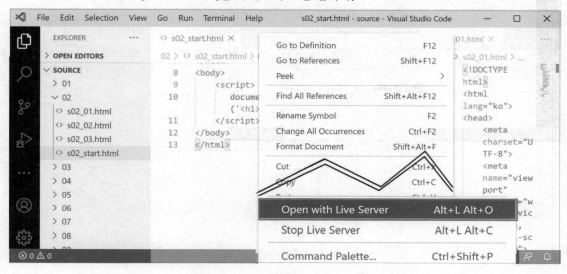

2. 기본 브라우저인 크롬 브라우저가 열리면서 s02_start.html 문서의 결과물이 나타납니다. 주소창을 확인해 보면 http://127.0.0.1 의 가상서버 주소가 나타납니다.

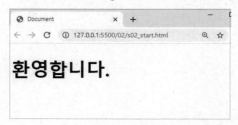

3. 라이브 서버의 기능을 확인해 봅시다. 에디터인 비주얼 스튜디오 코드로 돌아와서 편집창의 02/02_start.html 파일에서 〈script〉요소를 찾아 아래의 내용을 추가합니다.

| **실습하기** | 실습파일 javascript /02/02_00.html. 완성파일 javascript /02/all/02_00.html

```
10        〈script〉
11        document.write('〈h1〉환영합니다.〈/h1〉');
12        document.write('〈p〉javascript〈/p〉');
13        〈/script〉
```

4. ctrl + S 를 눌러 수정한 코드를 저장하면 브라우저에 수정된 부분이 반영되어 나타납니다.

| 결과물 확인 |

자바스크립트 기초 문법

브라우저와 에디터의 설정이 끝났다면 이제 우리는 자바스크립트를 시작할 수 있습니다. HTML 문서에 자바스크립트를 실행하기 위해서는 두 가지 방법이 있습니다.

1. HTML 문서의 내부에 〈script〉 요소로 자바스크립트 소스를 직접 작업하기
2. HTML 문서 외부에 있는 자바스크립트 파일, '***.js'(확장자가 js)인 파일을 〈script〉 요소로 HTML 문서에 불러들여 작업하기

이렇게 자바스크립트를 HTML 문서에 작동되도록 도와주는 태그가 〈script〉이며 우리는 먼저 〈script〉 태그를 사용하는 방법부터 알아보겠습니다.

〈script〉요소 사용하기

〈script〉 태그는 HTML 문서에서 자바스크립트를 작동하도록 합니다. 이런 〈script〉 태그는 HTML 문서 어디든 상관없이 삽입할 수 있으며 여러 개의 〈script〉 태그를 사용해도 무관합니다. 이런 자바스크립트 가 작동되는 시점은 HTML 문서에 삽입된 위치에서 작동이 됩니다. 그렇기 때문에 〈script〉 태그가 너무 여러 곳에서 작동이 되면 브라우저가 혼잡할 수 있습니다.
먼저 〈script〉 태그의 사용방법을 알아봅시다.

〈script〉 태그 안에 소스를 직접 작성하는 방법

HTML 문서의 〈script〉 태그 안에 소스를 입력하면 자바스크립트가 작동됩니다.

```
형식:
〈script〉
              자바스크립트 소스
〈/script〉
```

이제 실습을 해 봅시다.

9번 줄에 아래와 같이 script 태그를 넣고 자바스크립트가 작동되는지 확인해 봅시다. (지금은 자바스크립트가 작동되는지만 확인을 하면 됩니다.)

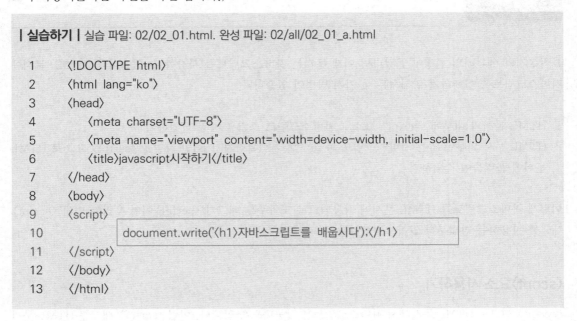

| **실습하기** | 실습 파일: 02/02_01.html. 완성 파일: 02/all/02_01_a.html

```
1    <!DOCTYPE html>
2    <html lang="ko">
3    <head>
4        <meta charset="UTF-8">
5        <meta name="viewport" content="width=device-width, initial-scale=1.0">
6        <title>javascript시작하기</title>
7    </head>
8    <body>
9    <script>
10           document.write('<h1>자바스크립트를 배웁시다');</h1>
11   </script>
12   </body>
13   </html>
```

자바스크립트 작성이 끝나면 라이브 서버를 이용하여 [alt+L alt+O] 브라우저에서 확인합니다.

| **결과물 확인** |

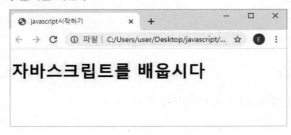

외부 스크립트 파일 연결하기

이번에는 HTML 문서와 자바스크립트 분리해서 작업하는 방법을 알아봅시다. 외부 자바스크립트를 연결하는 형식은

> 형식: `<script src="자바스크립트 파일 경로"></script>`

입니다.

먼저 자바스크립트 외부 파일을 만들어 봅시다.

1. 툴바의 탐색기 아이콘을 선택하면 사이드바에 프로젝트 폴더가 나타납니다.

2. 폴더 안의 js 폴더를 찾습니다.

3. js폴더에 ⌐ctrl⌐ + ⌐N⌐을 눌러 새 문서 만들기를 합니다.

4. 또 다른 방법은 마우스 오른쪽 버튼을 누르면 서브메뉴가 나타납니다. [new file]를 선택하여 파일을 생성합니다.

5. 파일 이름을 'sample.js'라고 작성 후 엔터키를 누릅니다. 이때 주의사항은 꼭 확장자.js로 저장을 하여야 자바스크립트 파일로 인식이 됩니다.

sample.js

6. 이제 만들어진 HTML 문서에 자바스크립트 소스를 작성해 봅시다.

```
4    1    document.write('<p>환영합니다.</p>') ;
```

7. 그럼 이제 HTML 문서와 자바스크립트 문서를 연결합시다.

| 실습하기 | 실습 파일: 02/02_02.html. 완성 파일: 02/all/02_02.html

```
1    <!DOCTYPE html>
2    <html lang="en">
3    <head>
4        <meta charset="UTF-8">
5        <meta name="viewport" content="width=device-width, initial-scale=1.0">
6        <title>자바스크립트 외부 파일 연결하기</title>
7        <script src="js/sample.js"></script>
8    </head>
9    <body>
10       <script>
11           document.write('<h1>자바스크립트를 배웁시다');
12       </script>
13   </body>
14   </html>
```

8. 작성이 완료되면 라이브서버[alt+L alt+O]를 통해 브라우저에 확인합니다.

　　브라우저에서 F12를 누르면 다음과 같이 개발자 창이 보이며 elements를 확인 할 수 있습니다.

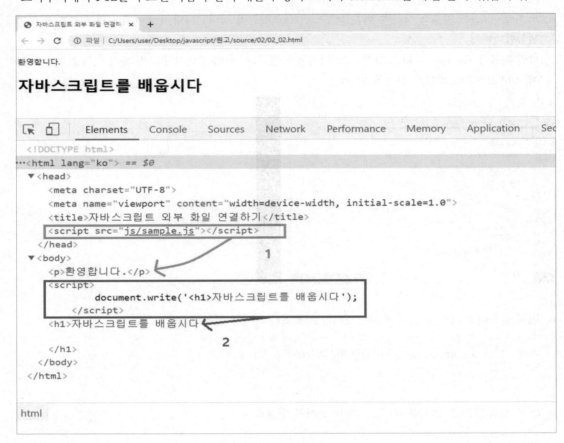

자바스크립트가 작동되는 시점은 HTML 문서에 삽입된 위치에서 작동이 됩니다. 그래서 〈head〉안에서 외부로 연결된 자바스크립트는 ❶ 위치에서 작동이 되었고, 10번 줄에 있는 자바스크립트 코드는 ❷에서 작동된 점을 주의해서 봅시다. 자바스크립트의 소스가 HTML 문서 어느 부분에서 작동시키는지는 무척 중요한 사항입니다.

또한 〈script〉 태그가 너무 여러 곳에서 작동이 되면 웹 브라우저가 혼란스러울 수도 있으면 우리가 자바스크립트를 관리할 때도 문제가 생길 수 있습니다.

요소의 속성으로 사용되는 경우

〈img src="pic/menu1.gif" onkeydown="mouseover_img()" onkeyup=" mouseout_img()"〉

자바스크립트를 요소의 속성으로 사용하는 방법도 있습니다. 이 경우는 이벤트와 자바스크립트를 연결하여 작업하는 경우가 대부분이며 간결한 방법을 사용할 때 많이 사용하는 방법입니다. 하지만 이 방법은 배우는 과정에서 많이 사용되며 실무에서는 그다지 많이 사용하지는 않습니다.

SECTION 04 자바스크립트 기본 지식

자바스크립트로 원하는 프로그램을 만들기 위해서는 몇 가지 용어 정리가 필요합니다. 그래서 본격적으로 자바스크립트 공부를 시작하기 전에 우리에게 필요한 용어와 자바스크립트의 서식을 정리해 봅시다.

예를 들어 생각해 봅시다. 우리가 카페라떼를 만들기 위한 프로그램을 만듭니다. 그럼 사용자는 우리가 만든 프로그램을 사용하여 자신이 원하는 카페라떼를 주문합니다.

이 사용자의 요구 내용을 보면 일반적인 카페라떼보다 설탕량이 50% 적은 라떼 3잔을 주문한다면 우리가 만든 프로그램에는 이러한 여러 가지 카페라떼 커피를 만들기 위한 여러 준비작업과 그리고 옵션 설정을 준비해 놓아야 합니다.

정리해보면

• 먼저 카페라떼에 필요한 여러 재료를 설정
• 카페라떼를 만들기 위한 기준이 되는 기본 제작 방법
• 사용자의 옵션을 처리하기 위한 계산식
• 작업 제작 명령
• 같은 작업을 여러 번 반복적으로 작업할 수 있는 문장

이러한 부분이 필요합니다.

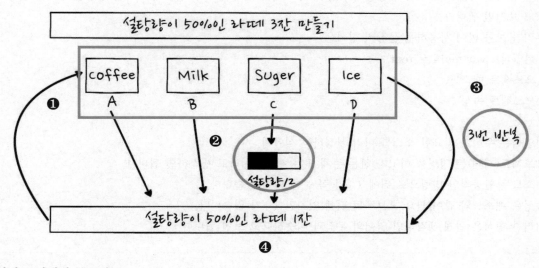

위에 그림에서 보듯이

❶ 라떼 커피를 만들기 위한 재료방 → 변수
❷ 옵션을 계산하기 위한 계산식 → 연산식
❸ 조건에 맞는 반복적인 작업문 → 제어문
❹ 주문버튼 → 실행문

이러한 여러 파트가 모여서 우리는 프로그래밍을 만들 수 있습니다.

자바스크립트 문장

일반적으로 자바스크립트로 명령을 하고자 하면 문장을 만들어야 합니다. 이 부분은 뒤에 객체 파트에서 다시 살펴보겠지만 우리가 필요한 부분을 간단히 정리하고 넘어가면 좋을 거 같습니다. 자바스크립트 문장이라고 하면 자바스크립트 프로그램에서 한 번의 명령을 말합니다. 가장 기본적인 단위라고 볼 수 있습니다.

예를 들어 살펴봅시다.
우리가 창문을 열려고 합니다. 만약에 사람에게 창문을 열어달라고 해야 한다면 '저 창문 좀 열어 주실래요?'하고 간단하게 말하면 됩니다. 하지만 똑같은 명령을 로봇에 한다면

1. 창문으로 가기	→	1문장
2. 창문에 너의 팔을 올려서	→	1문장
3. 창문 옆으로 밀기	→	1문장
4. 창문에서 팔 내리기	→	1문장
5. 뒤로 돌기	→	1문장
6. 다시 제 자리로 오기	→	1문장

이렇게 여러 단계로 나누어서 명령해야 합니다. 이렇게 단계를 나누어서 해야 하는 명령을 우리는 문장이라고 보시면 됩니다.

우리가 보통 많이 사용하는 문장의 형식은
- 선언식 : var main = 'text';
- 오브젝트.매소드(   );
- 오브젝트.속성 ;

선언식은 우리가 필요한 소스를 미리 설정하는 식이며
오브젝트(객체)는 명령을 하고자 하는 주체 또는 시작점이라고 생각하면 됩니다.
매소드는 활동적인 명령으로 뒤에 '( )'가 꼭 붙게 되어 있습니다.
속성은 매소드와 같이 필요 오브젝트 뒤에 있지만 '( )'가 없습니다.
이러한 형식은 쉽게 생각하면 영어의 문장과 비슷하다고 보면 됩니다.

S(주어) + V(동사) .	→ 객체(오브젝트) . 매소드 ( ) ;
S(주어) + C(형용사) .	→ 객체(오브젝트) . 속성 ;

이러한 오브젝트와 매소드 그리고 오브젝트와 속성은 ' . '로 연결하는데 체인이 연결되는 모양과 비슷하다고 하여 체인연결 방식이라고 얘기합니다. 필요에 따라 여러 체인을 연결하여 사용할 수 있습니다.

우리가 일반적으로 사용하는 문장은 '.'를 사용하여 문장의 끝을 알려주는 것과 같이 자바스크립트에서는 세미콜론(;)을 붙여서 문장을 끝냅니다. 만약 문장의 끝을 설정하지 않았다면 문장의 끝이 확인이 안 되어 자신이 원하는 문장으로 브라우저가 해석하지 않고 엉뚱한 해석을 하거나 오류가 생길 수 있기 때문입니다.

```
document.write("자바스크립트 출력 구문");
alert('안녕하세요 자바스크립트의 세상 입니다!');
```

** 간혹 문장에서 오브젝트를 생략하는 경우도 있는데 위에 보는 예제처럼 'alert( )'라는 매소드는 window 객체에 속하는 매소드 입니다. 원칙은 window.alert()로 사용 하여야 하지만 window 객체는 가장 상위객체이기에 생략하여 사용합니다.

자바스크립트 주석

프로그램을 사용 시 설명글을 넣고 싶다면 우리는 주석을 사용하면 됩니다. 주석은 모든 프로그램마다 존재하지만 각기 다른 모양을 하고 있습니다.
HTML 문서에서는 '〈!-- 주석 --〉' 이런 모양이었고, CSS에서는 ' /* 주석 */ ' 이런 모양입니다.
자바스크립트에서는 두 가지 종류의 주석을 사용할 수 있습니다.
간단한 한 줄 형식의 주석은 ' // '을 주석 앞에 붙이면 되고, 여러 줄의 설명을 한 번에 주석으로 사용하려면 ' /* */ '로 설명글을 감싸면 됩니다. 여러 줄의 포인트는 'enter' 키를 사용하여 줄 내림을 한 경우를 말합니다. 설명글이 길어서 에디터 프로그램에서 줄이 내려서 보이는 경우는 'enter'를 사용한 경우가 아니므로 한 줄 형식으로 인식됩니다.

```
형식1
        /*
          설명1
          설명2
        */
```

```
형식2
          //주석문1
          //주석문2
          //주석문3
```

결과물 출력하기

우리가 자바스크립트를 사용하여 여러 예제를 풀기 위해서는 필요한 데이터를 입력하고 그 결과물을 확인하는 과정을 거쳐야 합니다. 이 과정이 없다면 우리가 프로그램을 만들기 위해 어떠한 부분에 문제가 있는지 알 수 없고 또 오류가 나오는 게 아니면 결과가 잘 나오는지 알 수 없기 때문입니다. 그래서 본격적으로 자바스크립트를 알기 전에 간단한 출력을 확인하는 방법과 입력을 넣는 방법을 미리 점검하고자 합니다. 그럼 출력 방법을 먼저 확인해 봅시다.

1. 콘솔창 사용하기

콘솔은 브라우저 안에서 간단한 프로그램을 확인하거나 필요한 결과를 출력할 수 있는 창입니다.

콘솔 열기

예제 파일(02/02_03.html)을 열어 크롬 브라우저에서 확인합니다. 아마도 아무 데이터도 없는 빈 화면이 보일 거예요. 이때 [ctrl + shift + J] 를 누르면 화면의 아랫부분에 ❶콘솔이 보입니다.

콘솔 사용하기

콘솔의 '>' 커서에 3+5를 입력하고 엔터키를 누르면 '<' 커서 다음에 결괏값이 보입니다. 다시 '>' 커서에 원하는 계산식을 입력하고 엔터키를 누르면 아래 칸에 '<' 커서 다음에 결괏값이 보이게 됩니다. ❷

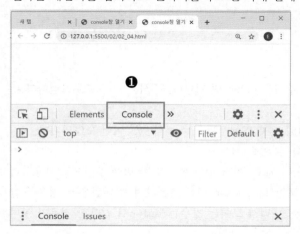

콘솔에 출력하기: console.log( ) 사용하기

자바스크립트 내에서 결괏값을 콘솔에 보내기 위해서는 console.log( )라는 명령문이 필요합니다. 다시 에디터 프로그램으로 돌아와서 〈script〉 요소에 다음과 같이 입력하고 다시 브라우저에서 콘솔을 열어 확인해 봅니다.

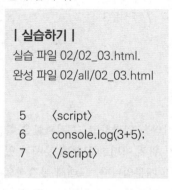

| 실습하기 |

실습 파일 02/02_03.html.
완성 파일 02/all/02_03.html

```
5    〈script〉
6    console.log(3+5);
7    〈/script〉
```

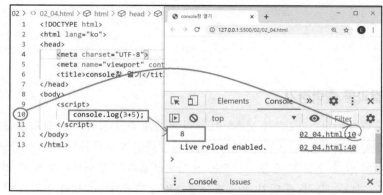

콘솔에서 오류 찾아내기

만약에 프로그램을 만들 때 오류가 있다면 프로그램은 작동되지 않습니다. 이때 오류를 쉽게 알 수 있는 곳이 콘솔입니다. 오류로 인해서 프로그램의 작동이 되지 않는다면 우리는 콘솔을 불러들이면 다음과 같은 상황을 볼 수 있습니다. 콘솔에서는

❶ 현재 프로그램에서 가지고 있는 오류의 현황을 개수로 알려줍니다.

❷ 오류가 있는 에디터 페이지의 번호를 알려주어 수정할 부분을 쉽게 찾을 수 있도록 합니다.

❸ 어떠한 오류가 있는지 그 종류를 알려주어 오류를 쉽게 수정할 수 있도록 방향을 제시합니다.

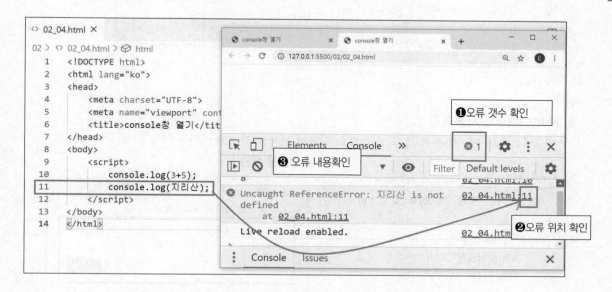

2. HTML 문서 안에서 확인하기 : document.write( ) 매소드 사용하기

예제를 사용하여 출력값을 확인할 때에 콘솔에서 확인하는 방법도 있지만 HTML 문서에서 직접 결괏값을 출력하는 방법을 알아봅시다. 문장에서 직접 결괏값을 확인할 때는 'documet.write();' 문장을 많이 사용합니다.

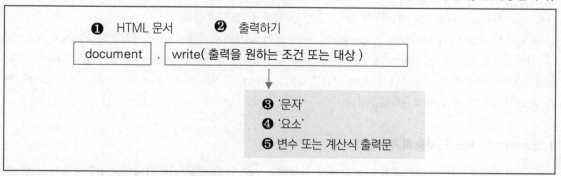

❶ document : HTML 문서를 말합니다.

❷ write()매소드는 결괏값을 body 요소 안에 심어놓는다는 뜻입니다.

이때는 출력을 원하는 조건에 따라 ( ) 안에 설정 방법을 달리합니다.

❸ 문자 ❹ 요소를 출력할 때는 ' ' 또는 " "를 사용합니다.

❺ 계산식이나 변수 등을 사용할 때는 ' ' 또는 " "를 사용하지 않습니다.

이 부분은 문자형의 데이터형에서 데이터형에 따른 서식 방법과 따옴표의 법칙에서 다시 자세히 배우게 됩니다. 일단 지금은 이렇게 사용한다고 생각하면 됩니다.

| 실습하기 | 실습 파일: 02/02_04.html.
         완성 파일: 02/all/02_04.html

```
8    <script>
9    document.write('welcome <br>');
10   document.write('<h1>welcome</h1><br>');
11   document.write(2+3);
12   </script>
```

3. alert( )매소드 사용하기

alert( )매소드는 우리가 흔히 알고 있는 창을 열어서 원하는 값을 출력하는 역할을 합니다.

| 실습하기 | 실습 파일: 02/02_05.html.
         완성 파일: 02/all/02_05.html

```
13   <script>
14   alert('환영합니다.');
15   </script>
```

| 결과물 확인 |

입력하기

confirm( )과 prompt( )를 이용하여 값 전달 받는 방법에 대해 알아봅시다.

앞에서 배운 alert( )와 confirm( ), prompt( )매소드는 window 객체 속하는 매소드로 window.alert( ) 로 사용할 수 있지만 window 객체는 가장 상위객체이기에 우리는 window를 생략하고 사용합니다. alert( )는 브라우저가 사용자에게 값만 전달한다면 confirm( ) 매소드와 prompt( ) 매소드는 브라우저 가 사용자에게 답을 요구할 수 있습니다.

1. confirm( ) 매소드사용하기

confirm( ) 매소드는 브라우저가 사용자에게 질문하고 사용자의 답을 기다립니다. 이때 사용자가 할 수 있는 답은 yes, no 두 개의 답을 할 수 있습니다. '확인' 버튼을 누르면 'true'의 값을, 취소를 누르면 'false'의 값을 내보냅니다. 이렇게 'true' 또는 'false'의 값을 내놓는 데이터를 우리는 bloome데이터라고 하는데 데이터형에서 다시 확인을 할 수 있습니다.

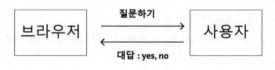

실전 예제로 배우는 자바스크립트+제이쿼리

| 실습하기 | 실습 파일: 02/02_06.html. 완성 파일: 02/all/02_06.html

```
9    <script>
10       var answer = confirm('12세 이상인가요?');     ❶
11       console.log(answer);                          ❷
12    </script>
```

❶ answer란 그릇에 confirm() 질문의 대답 버튼의 값을 넣으시오.

❷ 콘솔창에 answer의 값을 출력하시오.

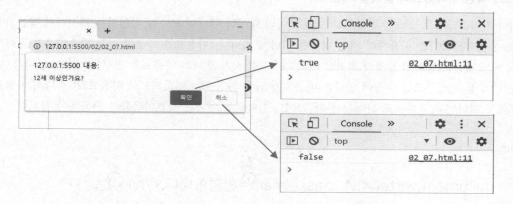

2. prompt( )매소드 사용하기

prompt( )매소드는 브라우저가 사용자에게 질문을 하면 사용자는 자신의 답을 보낼 수 있습니다.

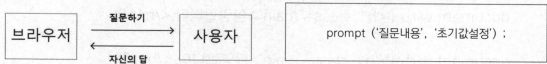

| 실습하기 | 실습 파일: 02/02_07.html. 완성 파일: 02/all/02_07.html

```
20    <script>
21       var answer = prompt('나이를 입력하세요?','숫자로 입력하세요');     ❶
22       console.log(answer);                                              ❷
23    </script>
```

❶ answer란 그릇에 prompt의 결괏값은 넣으시오.

❷ 콘솔창에 answer의 값을 출력하시오.

그 밖에 알아두어야 할 자바스크립트 서식

프로그램 서식이라고 하면 프로그램언어로 프로그램을 작성할 때 지켜야 할 규칙입니다. 여기에서는 우리가 자바스크립트 소스를 작성할 때 지켜야 할 규칙을 알아봅시다.

1. 소스 작성시 따옴표의 법칙을 지킨다.

우리가 자바스크립트 소스를 작성하다 보면 데이터 형이나 아니면 요소를 삽입하는 과정에서 작은따옴표(') 또는 큰따옴표(")를 사용해야 하는 경우를 만나게 됩니다. 따옴표를 사용할 때는 작은따옴표(') 큰따옴표(") 어느 것을 사용하던 문제가 없지만 여러 따옴표를 사용할 때는 따옴표의 법칙을 따라야 합니다. 따옴표를 열어 놓으면 무조건 다음에 만나는 따옴표가 닫는 따옴표로 인식되므로 따옴표 안에 다시 따옴표를 사용해야 한다면 작은따옴표 안에는 큰따옴표를, 큰따옴표 안에는 작은따옴표를 사용해야 합니다.

나쁜예

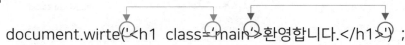

```
document.wirte('<h1 class='main'>환영합니다.</h1>') ;
```

좋은예

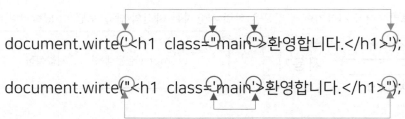

```
document.wirte('<h1 class="main">환영합니다.</h1>');
document.wirte("<h1 class='main'>환영합니다.</h1>");
```

2. 대소문자를 다른 문자로 인식하고 사용한다.

자바스크립트는 대소문자를 다른 문자로 인식합니다. 그러므로 같은 명령문이나 사용자 이름을 사용 할 때도 주의를 해야 합니다.
예를 들면 main과 Main은 다른 이름이며, var과 Var는 다른 명령어입니다.

3. 사용자의 이름이 필요할 때는 식별자의 법칙에 따라 만들어야 한다.

식별자(identifier)는 우리가 자바스크립트 코드를 만들 때 사용자 이름이 필요한 경우가 있습니다. 변수, 사용자 함수, 사용자 객체 등 사용자가 만들어서 사용할 이름을 지칭합니다. 이럴 때는 식별자 법칙을 지켜서 이름을 만들어야 합니다.

- 한글이나 특별한 나라 언어는 사용할 수 없습니다.
- 알파벳과 숫자, 그리고 특수 문자 중 '_', '$'가 가능합니다.
- 첫 글자는 숫자를 사용하여서는 안 되며,
- 공백 문자, 예약어는 사용할 수 없습니다.

사용 가능한 이름	사용 불가능한 이름	
num01 str01 room numRoom str_01 _str $str	❶ 01num ❷ var ❸ num str ❹ num Room ❺ getElementById ❻ 메인01 ❼ '01	→ 숫자 첫 글자 → 예약어 → 공간 문자 사용 → 공간 문자 사용 → 예약어 → 한글사용 → 사용할 수 없는 특수글자

**예약어란 이미 자바스크립트에서 먼저 등록한 명령어를 말합니다. 이러한 예약어는 식별자로 사용할 수 없으면 가급적으로 HTML에서 사용하는 class, id 등의 속성명도 사용치 않는 것이 좋습니다. 만약에 더 많은 예약어를 알고 싶다면 모질라 개발자 사이트인 'https://developer.mozilla.org/ko/docs/Web/JavaScript/Reference/Lexical_grammar'에서 자바스크립트 버전에 따라 추가된 예약어를 확인할 수 있으며 인터넷 검색을 통해 알아보는 방법도 있습니다.

abstract	arguments	await	boolean
break	byte	case	catch
char	class	const	continue
debugger	default	delete	do
double	else	enum	eval
export	extends	false	final
finally	float	for	function
goto	if	implements	import
in	instanceof	int	interface
let	long	native	new
null	package	private	protected
public	return	short	static
super	switch	synchronized	this
throw	throws	transient	true
try	typeof	var	void
volatile	while	with	yield

1. body 요소안에 아래와 같이 출력되도록 html 문서를 완성하세요.

```
24    <!DOCTYPE html>
25    <html lang="ko">
26    <head>
27      <meta charset="UTF-8">
28      <meta name="viewport" content="width=device-width, initial-scale=1.0">
29      <title>javascript시작하기</title>
30    </head>
31    <body>
32
33    </body>
34    </html>
```

자바스크립트입니다.

2. 02_02.html에 아래의 폴더에 있는 sample.js를 연결하여 자바스크립트가 작동되도록 하세요.

```
35    <!DOCTYPE html>
36    <html lang="en">
37    <head>
38      <meta charset="UTF-8">
39      <meta name="viewport" content="width=device-width, initial-scale=1.0">
40      <title>문제</title>
41
42    </head>
43    <body>
44
45    </body>
46    </html>
```

```
┌─────────────────────────────────────┐
│  ┌──────────────────┐                │
│  │ js               │                │
│  │ sample.js        │                │
│  │                  │                │
│  └──────────────────┘                │
│                                       │
│    02_02.html                         │
│                                       │
└─────────────────────────────────────┘
```

3. 잘못된 곳을 수정하세요.

a

〈script〉
document.write(책에는 '자바스크립트의 서식을 주의하세요.'라고 나왔습니다.);
〈/script〉

b.

〈script〉
document.write("책에는 "자바스크립트의 서식을 주의하세요."라고 나왔습니다.");
〈/script〉

정답

1.

```
8      〈body〉
9        〈script〉
10            document.write('자바스크립트입니다.');
11        〈/script〉
12      〈/body〉
```

2.

```
3      〈head〉
4        〈meta charset="UTF-8"〉
5        〈meta name="viewport" content="width=device-width, initial-scale=1.0"〉
6        〈title〉문제〈/title〉
7      〈script src="js/sample.js"〉〈/script〉
8      〈/head〉
```

3. a.

〈script〉
document.write("책에는 '자바스크립트의 서식을 주의하세요.'라고 나왔습니다.");
〈/script〉

b.

document.write("책에는 '자바스크립트의 서식을 주의하세요.'라고 나왔습니다.");
또는
document.write('책에는 "자바스크립트의 서식을 주의하세요."라고 나왔습니다.');

CHAPTER 03

변수 사용하기

우리가 보통 프로그래밍이라 하면 필요한 기능을 만들기 위해 문제가 되는 부분을 분석, 설계한 후 프로그램 언어를 사용하여 논리적으로 풀어나가는 과정입니다.

이번 장에서 우리가 공부할 중심 내용은 프로그램을 제작할 때 필요한 데이터의 관리입니다. 데이터를 관리하는 방법은 여러 가지가 있습니다. 그 중에서 가장 기초적인 데이터 관리체계인 변수에 대해 알아보도록 합시다.

변수

변수를 간단하게 설명한다면 프로그램을 만들 때 필요한 데이터 또는 데이터를 관리하는 시스템 또는 관리체계라 합니다. 예를 들어 생각해 봅시다.

우리가 김치김밥을 만들어야 한다고 가정해 봅시다.

김치김밥을 만들기 위해서는 많은 재료가 필요하고, 그 재료들을 무작정 사용하는 것이 아니라 재료를 정리하는 그릇에 잘 정리한 다음 김밥을 만들어 나갈 거예요. 우리가 자주 만나는 김밥전문점에서 김밥을 만드는 과정을 생각해 보면 쉽게 이해를 할 수 있을 거예요.

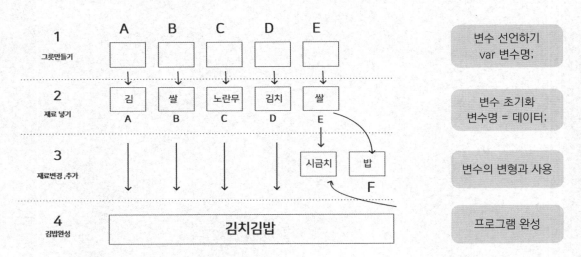

변수 선언하기
var 변수명;

변수 초기화
변수명 = 데이터;

변수의 변형과 사용

프로그램 완성

김밥 만들기

1. 재료를 담을 그릇을 준비한 후

2. 계획에 맞추어 재료를 담는다.

3. 그릇을 사용하는 도중 재료를 변경하거나 필요한 그릇을 추가 할 수 있습니다.
4. 그 재료를 사용하여 김밥을 만듭니다.

변수 만들기

1. 데이터를 담을 변수를 만들어 이름을 붙입니다. (변수의 선언)
2. 만들어진 변수에 데이터를 담습니다.(변수의 초기화)
3. 데이터를 변경하기 위해 데이터 바꾸기 또는 추가하기(변수의 사용)
4. 프로그램을 완성합니다. (프로그램 완성)

그럼 변수 시스템이 이해되었다면 이제 본격적으로 변수를 만들어 봅시다.

변수를 만들기

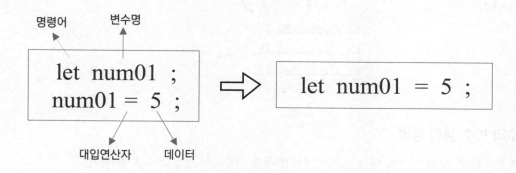

변수 선언

변수는 'let'이라는 명령어로 만들어집니다.
먼저 let 명령어를 입력하고 식별자 법칙에 따라 원하는 이름을 넣고 ;(세미콜론)으로 정리하면 변수가 만들어집니다.

변수 초기화하기

만들어진 변수에 '='연산자(대입 연산자)를 이용하여 데이터를 넣어 놓으면 초기화 단계가 끝납니다. 변수의 초기화는 꼭 변수 선언과 함께 이루어지는 것은 아닙니다. 가끔은 먼저 변수를 만들어 놓고 필요할 때가 되면 데이터를 넣을 때도 있습니다.
없는 변수를 불러들이면 에러가 되지만 초기화가 안 된 변수(데이터가 없는 변수)를 불러들이면 'undefined'라는 답이 들어오지 에러는 아닙니다.

이제 03/03_00.html 파일을 열어 실습해 봅시다.

| **실습하기** | 실습 파일: 03/03_00.html. 완성파일: 03/all/03_00.html

```
10    var num01;                     // 변수 생성하기
11    num01 = 5;                     // 데이터 넣기
12    console.log(num01);            // console창에서  num01에 있는 데이터 확인
13
14    var num02 = 10;                // 변수생성과 데이터 넣기
15    console.log(num02);            // console창에서  num02에 있는 데이터 확인
16
17    console.log(num01+num02);      // console창에서  변수 데이터 가져와 계산하기
```

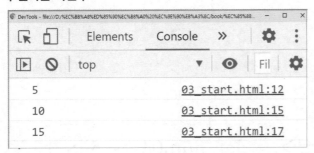

다수의 변수 생성 방법

여러 변수를 한 번에 생성할 때는 ' , ' (연결연산자)를 이용하여 생성할 수 있습니다.
그럼 이제 실습해 봅시다.

| **실습하기** | 실습 파일: 03/03_01.html. 완성 파일: 03/03_01_a.html

```
10      var sum01, sum02, sum03;     // ' , '를 이용하여 다 수의 변수를 생성한다.
11        sum01 = 3;
12      sum02 = 5;
10      sum03 = '설악산';
11
12      console.log(sum01 , sum02 , sum03); //console창에서  확인하기
```

```
17      var num01 = 3, num02 = 5, num03 = "라벤더";
18
19      console.log(num01+num02 , num03);            //console창에서  확인하기
```

| 결과물 확인 |

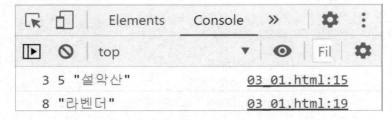

변수의 성격

1. 변수에 있는 데이터는 항상 변경 가능합니다. 사전적 의미로 변수는 변화하는 수, 변하지 않는 수를 상
   수라 합니다. 이처럼 우리가 사용하는 변수도 한번 생성된 후에는 작업에 따라 항상 변경 가능합니다.

그럼 이제 실습해 봅시다.

| 실습하기 | 실습 파일: 03/03_02.html.
　　　　　　완성 파일: 03/03_02_a.html

```
10    var sum01 = 123;        // 1차 데이터
11    sum01 = 234;
12    console.log(sum01);
13
14    sum01 = 456;            // 2차 변경된 변수값
15    console.log(sum01);     // 출력값이 변경 확인
```

| 결과물 확인 |

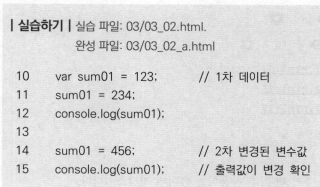

2. 변수를 만들면서 데이터를 즉시 넣을 필요는 없습니다. 만약에 데이터가 없는 변수의 데이터를 불러들이면 에러가 나오는 것이 아니라 'undefined' 데이터형으로 알려줍니다.
   하지만 프로그램에 있어서 데이터의 정리는 중요한 부분이기 때문에 필요 없는 변수를 너무 많이 만들거나 변수를 선언해 놓고 잃어버리는 일은 좋지 않기에 항상 계획적인 변수 설계가 필요합니다.

```
17    var sum02;                              // 값이 초기화 되지 않는 변수
18    console.log(sum02);                     // 출력값 확인
```

| 결과물 확인 |

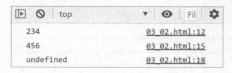

3. 프로그램 시 생성되지 않는 변수의 데이터를 찾으면 에러가 납니다.
   작업하던 HTML 문서의 16번 줄에 우리는 선언되지 않는 변수를 불러 봅니다. 출력해 결과를 확인하면 "same is not defined" 에러가 나옵니다. 에러가 중간에 나오면 그 이후에 있는 모든 결과물이 출력되지 않는 점도 꼭 확인합시다.

```
14    sum01 = 456;                            // 2차 변경된 변수값
15    console.log(sum01);                     // 출력값이 변경 확인
16
17    console.log(same);                      //선언되지 않는 변수
18
19    var sum02;                              // 초기화 되지 않는 변수
20    console.log(sum02);                     // 출력값 확인
```

| 결과물 확인 |

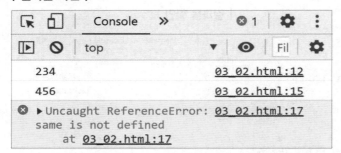

변수란 필요한 데이터를 저장하고 사용 또는 추가 변경 후 사용하는 데이터 저장소입니다.

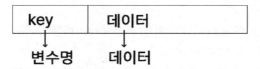

변수를 처음 선언할 때는 자신이 사용할 변수의 사용 역할에 따라 선언해야 합니다.

1. const 선언하기

CONST블록 범위의 상수를 선언합니다. 상수의 값은 재할당할 수 없으며 다시 선언할 수도 없습니다.

| 실습하기 | 실습 파일: 03/03_03.html. 완성 파일: 03/03_03_a.html

```
9     <script>
10    ❶     const my = 5;
11          console.log(my);
12    ❷     my = 7;              //에러가 난다.
13    </script>
```

❶ const로 상수를 넣을 그릇을 초기화를 하였습니다.
❷ 변수 my의 값을 변경하고 console에서 확인하면

| 결과물 확인 |

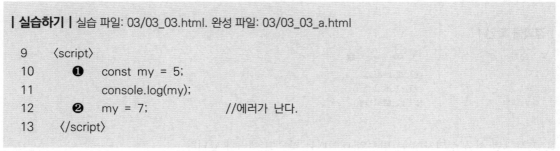

12번째의 줄에 type 에러가 나오는 것을 확인할 수 있습니다.

2. 블록변수 let 사용하기

ES6 버전부터는 '블록 변수'라는 새로운 변수 체계가 추가되었습니다. 먼저 블록이라고 하면 우리가 사용하고 있는 중괄호{}로 묶여 있는 영역입니다. 선언된 let 변수는 자신이 속한 영역에서 사용 가능한 변수를 만들어 사용할 수 있습니다.

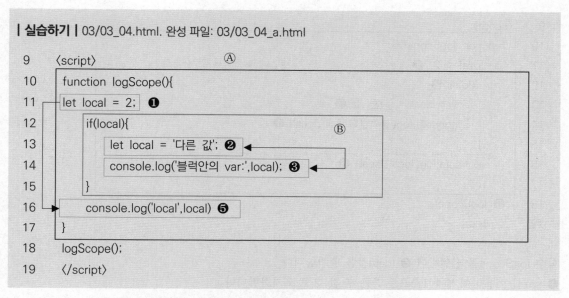

| 실습하기 | 03/03_04.html. 완성 파일: 03/03_04_a.html

```
9    <script>                          Ⓐ
10   function logScope(){
11   let local = 2;    ❶
12       if(local){                            Ⓑ
13           let local = '다른 값'; ❷
14           console.log('블럭안의 var:',local); ❸
15       }
16       console.log('local',local) ❺
17   }
18   logScope();
19   </script>
```

Ⓐ 그룹의 속한 변수 local을 ❶ let을 이용하여 값을 선언하고 Ⓑ그룹에 있는 변수 local을 ❷ let을 이용하여 값을 서로 다른 값을 선언하였습니다. 그 결과 ❶과 ❷의 출력값이 서로 그룹 안에서 다른 변수로 인식되어 ❺와 ❸으로 나타났습니다.

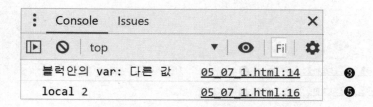

이처럼 중괄호{ } 만들어진 영역을 기준으로 변수를 만들고자 할 때는, 변수를 let으로 선언하면 서로 다른 변수로 인식하여 사용할 수 있습니다.

3. var 사용하기

var는 변수를 선언하고, 선택적으로 초기화할 수 있습니다.

| **실습하기** | 실습 파일: 03/03_05.html. 완성 파일: 03/03_05_a.html

```
9    ⟨script⟩
10   function logScope(){                              Ⓐ
11   var local = 2; ❶
12       if(local)❷{
13           var local = '다른 값';❸
14           console.log('블럭안의 var:',local);❹
15       }                                             Ⓑ
16       console.log('local',local) ❺
17   }
18   ❻ logScope();
19   ⟨/script⟩
```

함수 logScope를 선언하여 ❺ local값을 출력합니다.

❶ var를 이용하여 변수 local를 만든 후 값 '2'로 초기화합니다.

함수 logScope 안에 if문을 만들어

❷ 조건에 변수 local값이 있으면 true값을 받을 수 있도록 합니다.

if문 실행문 안에 var를 이용하여 변수 ❸ local를 다시 만들어 '다른 값'으로 초기화하고

❹ consloe창에 출력하도록 합니다.

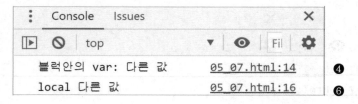

블록 박스를 만들어서 local이라는 같은 이름의 변수 값이 서로 어떠한 영향을 받게 되는지 출력값으로 확인해 보면, 예제에 만들어진 블록은 함수 실행문 Ⓐ그룹과 if 문에서 만들어진 Ⓑ그룹입니다. 명령어 var를 통해 만들어진 같은 이름의 변수 local은 함수 안에서 지역변수로만 인식되어, Ⓐ블록 변수 local의 값이 Ⓑ블록 변수 local의 영향을 받아 ❻에 출력값이 변경된 것을 알 수 있습니다. 즉, 같은 이름의 변수는 하나의 변수로 인식되는 것입니다.

SECTION 02 데이터형이란?

우리의 일상생활에 여러 상품군이 있듯이 프로그램 제작에도 여러 데이터의 종류가 존재합니다.

해조류	김		"텍스트"	string
곡류	쌀		2	number
채소류	시금치		yes	Boolean
육류	소고기		없어요	undefined

계산되는 데이터, 콘텐츠를 나타내는 text 데이터, 참과 거짓 값으로 논리를 펼칠 수는 데이터 등 여러 데이터가 존재합니다.

변수 안에서 사용되는 여러 데이터형을 간단히 정리하면 아래의 표와 같습니다.

number(숫자)	숫자형으로 사칙연산이 가능한 데이터형
string(문자)	작은 혹은 큰따옴표로 묶어서 사용되는 문자데이터형
boolean(논리)	true(참), false(거짓)로 값을 가지는 데이터
undefined	자료형을 알 수 없을 때의 데이터 유형(변수의 선언만 이루어졌을 때 나타남)
null	값이 유효하지 않을 때의 데이터형
Infinity	무한 반복 데이터

그럼 각각의 데이터형을 자세히 알아보기 전에 우리는 먼저 데이터형을 알려주는 연산자 'typeof'에 대해 알아봅시다.

데이터형을 알려주는 연산자 type of

자바스크립트를 사용 중 변수에 저장된 데이터형을 알 수 없거나 확인이 필요한 경우에는 type of라는 연산자를 사용하면 데이터형을 알려 줍니다. 그럴 경우가 있냐고요? 물론 단조롭게 변수를 선언하고 초기화를 하는 과정만 있으면 별로 사용할 경우가 없겠지만 복잡하게 변수를 변환하고 여러 매소드에서 값을 가져오는 과정을 하다보면 변수의 데이터형이 생각과 다르게 변화 될 때가 있습니다. 그럴 때 유용하게 사용할 수 있는 연산자가 'type of'입니다.

형식 :	typeof 변수명

그럼 한번 실습을 해서 알아 봅시다.

```
10        var num = -3.14159265359;           // 변수 num에 number형
11        var str = 'welcome';                 // 변수 str에 string형
12        var boolm = true;                    // 변수 boolm에 boolean형
13        var no = null;                       // 변수 no에 null형
14        var some;                            // 변수 some에 데이터를 지정하지 않음.
15        console.log(typeof num);
16        console.log(typeof str);
17        console.log(typeof boolm);
18        console.log(typeof no);
19        console.log(typeof some);
```

| 결과물 확인 |

```
[R] [1]   Elements   Console   »          ⚙ ⋮ ✕
[▶] [⊘] | top              ▼ | 👁 | Filter  Defai ⚙
    number                      03 03.html:15
    string                      03 03.html:16
    boolean                     03 03.html:17
    object                      03 03.html:18
    undefined                   03 03.html:19
```

데이터형의 확인이 끝났으면 이제 각각의 데이터형의 특징과 주의 사항을 확인해 봅시다.

String형 (문자형)

문자형 데이터는 따옴표에 둘러싸여 있는 문자나 숫자를 의미합니다. 또한 우리가 HTML 요소를 포함하여 출력하고자 할 때도 사용 됩니다. 주의할 점은 감싸고 있는 따옴표가 작은따옴표(' ') 또는 큰따옴표(" ") 모두 상관없지만, 따옴표의 법칙에 따라 사용되어야 한다는 점입니다.

```
형식 : var 변수명 = '사용할 문자';
       var 변수명 = "사용할 문자";
       var 변수명 = '<h1 class="main">welcome</h1>';
```

그럼 실습으로 확인을 해 봅시다.

| **실습하기** | 실습 파일: 03/03_07.html. 완성파일: 03/all/03_07.html)

```
10          var hn01 = '<h1>welcome</h1>';
11
12          document.write(hn01);
13
14          var str01 = "지리산";
15          var str02 = '<p class="main">문자데이터 입니다.</p>';
16
17          document.write(str01);
18          document.write(str02);
```

| 결과물 확인 |

Number형(숫자형)

자바스크립트에서의 숫자형은 단어 그대로 계산 작업이 가능한 정수와 실수를 가리킵니다. 그리고 따옴표를
이용한 숫자(예를 들면 '100' 혹은 "100")는 일반적으로 숫자형에 속하지 않고 문자형에 속합니다. 하지만
문자형 데이터에 계산이 필요하다면 우리는 이 문자형 데이터를 숫자형 데이터로 바꿀 수 있습니다.
먼저 기본형을 익히고 문자형을 숫자형으로 바꾸는 방법을 알아봅시다.

| 실습하기 |

실습 파일: 03/03_08.html. 완성파일: 03/all/03_08.html

```
10          var a = 5;
11          var b = 4;
12          var sum = a + b;
13          console.log(sum);
```

| 결과물 확인 |

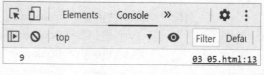

그럼 이번에는 문자형 데이터를 숫자형 데이터로 바꾸어 봅시다.

형식 1 : Number('문자형숫자');
형식 2 : parseInt('문자형숫자') ;

```
17    var sum01 = Number('345');
18    var num = '456'
19    var sum02 = Number(num);
20    console.log(sum01+sum02);                              // 결괏값 확인하기
21
22    var sum03 = parseInt('500');
23    console.log(sum02+sum03);                              // 결괏값 확인하기
```

| 결과물 확인 |

Boolean형(논리형)

논리형 데이터는 값이 이제까지의 데이터형과는 달리 어떠한 값이 주어지는 것이 아니라 true(참) 또는 false(거짓) 키워드 값만 존재합니다. 주로 데이터들을 비교하거나 논리를 펼쳐서 나오는 참 또는 거짓의 상황을 판단하고자 할 때 사용됩니다.

Boolean 데이터의 결괏값은 문자형 데이터가 아니므로 따옴표를 사용하여서는 안 됩니다. 또 자바스크 립트 프로그램에서는 데이터가 존재하면 true로, 데이터가 존재하지 않으면 false로 인식되며, 또 Boolean()매소드를 사용하여 true, false을 출력할 수 있습니다. 매소드 안에 숫자 '0', null, undefined 또는 빈 문자(' ')를 사용하여 false를, 나머지 어떤 문자든 상관없이 데이터가 존재하면 true를 결괏값으로 반환할 수 있습니다.

형식: var 변수명 = true, false;
            var 변수명 = Boolean데이터;
            var 변수명 = Boolean();

| 실습하기 | 실습 파일: 03/03_09.html. 완성 파일: 03/all/03_09.html

```
10          var sam01 = 20>10;
11          var sam02 = true;
12          var sam03 = false;
13          console.log(sam01, sam02, sam03);      // console.log()로 결괏값 확인하기
14
15          var sam04 = Boolean(0);                 // false
16          var sam05 = Boolean(null);              // false
17          var sam05 = Boolean(undefined);         // false
18          var sam06 = Boolean('welcome');         // true
19          console.log(sam04, sam05, sam06);       // console.log()로 결괏값 확인하기
```

| 결과물 확인 |

```
⟶  ☐    Elements    Console    Sources    »    ⚙    ⋮    ✕
▷  ⊘    top                   ▼   👁   Filter   Default level:   ⚙
     true true false                      03_06.html:13
     false false true                     03_06.html:19
```

null 과 undefined 데이터

undefined는 데이터형에 속하지만, 데이터형이기보다는 현재 변수의 데이터 상태를 알려주는 역할을 한다. 즉 변수 선언은 했지만, 현재 가지고 있는 데이터가 없는 상태를 알려준다. null은 변수에 저장된 값이 유효하지 않은 상태를 말한다. 우리는 null의 값을 이용하여 현재 변수가 가지고 있는 값을 비울 때도 사용을 할 수 있습니다.

| 실습하기 | 실습 파일: 03/03_10.html. 완성 파일: 03/all/03_10.html

```
10   var num ;                          // 데이터 초기화를 하지 않음
11   console.log(num);                  // console.log()로 결괏값 확인하기
12   var some = 234;
13   console.log(some);                 // console.log()로 결괏값 확인하기
14   some = null;                       // 값 비우기
15   console.log(some);                 // console.log()로 결괏값 확인하기
```

| 결과물 확인 |

| | | Console | » | | ⚙ | ⋮ | ✕ |

| ▶️ | 🚫 | top | ▼ | 👁 | Fil | ⚙ |

undefined	03_07.html:11
234	03_07.html:13
null	03_07.html:15

연산자

연산자란?

연산자란 의미와 규칙이 규정된 기호를 말합니다.

> ❶ 13 + 5
> ❷ 10 – 3

❶ 의 답을 물어보면 여러분들은 당연히 18이라고 답을 말할 거예요. 또 ❷의 답을 물어보면 7이라고 답을 할 겁니다. 왜요?

우리는 초등학교 시절부터 '+'란 기호는 기호의 오른쪽과 왼쪽을 더하는 약속으로 알고 있기 때문입니다. 이처럼 자바스크립트에서는 여러 기호에 의미와 규칙을 약속하였습니다. 우리는 이러한 약속된 기호를 연산자라고 하고 이 연산자의 대상을 피연산자라 합니다.

$$\text{var} \quad \text{abc} \quad = \quad \text{main} \quad + \quad 4 \;;$$
예약어　　변수　　연산자　　피연산자　　연산자　피연산자

연산자의 종류

우리가 이제부터 알아볼 연산자는

• 산술연산자 • 증감연산자(단항연산자) • 비교연산자 • 조건(삼항)연산자	• 대입연산자, 복합대입연산자 • 결합연산자 • 논리연산자

입니다.

산술연산자

산술연산자는 number형 데이터의 산술 즉 숫자를 계산하도록 약속된 기호들입니다. 우리가 흔히 알고 있는 더하기, 빼기, 곱하기, 나누기, 나머지가 있습니다.

종류	기본형	설명
+	a + b	더하기
–	a – b	빼기
*	a * b	곱하기
/	a / b	나누기
%	a % b	나머지

나누기와 나머지 차이를 알아봅시다.

예를 들면 '10 / 3' 과 '10 % 3'의 차이를 알아봅시다.

---

10 / 3 ➔ 10을 3으로 나누어 나오는 결괏값이므로 3.33333이고

10 % 3 ➔ 10을 3으로 나누면 몫은 3이고 나머지는 1입니다.

그럼 예제를 통해서 산술연산자를 공부해 봅시다.

| 실습하기 | 실습 파일: 03/03_11.html. 완성 파일: 03/all/03_11.html

```
10      //변수선언하기
11      var num01 = 10;
12      var num02 = 20;
13      var num03 = 3;
14
15      //결괏값 출력하기1
16      console.log(num01 + num02);                      // 30
17      console.log(num01 - num02);                      // -10
18      console.log(num01 * num02);                      // 200
19      console.log(num02 / num03);                      // 6.6666666
20      console.log(num01 % num03);                      // 1
21
22      //결괏값 출력하기2
23      document.write(num01 + num02 ,'<br>');            // 30
24      document.write(num01 - num02);                    // -10
```

| 결과물 확인 |

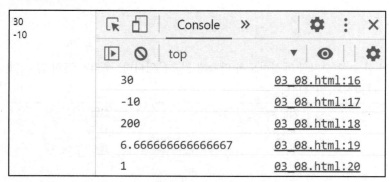

대입 연산자(=)

대입 연산자(=)는 오른쪽의 작업 결과물을 왼쪽의 방에 넣는다는 의미로 주로 변수에 값이나 결괏값을 넣을 때 사용합니다.

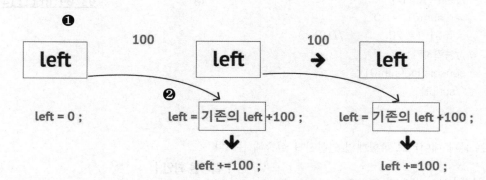

결과 값을 넣는다.

var abc = sub +3 ;

이때 주의할 점은 우리가 흔히 알고 있는 '='가 오른쪽과 왼쪽이 같다(equal)는 의미가 아닙니다.

복합 대입 연산자

복합 대입 연산자는 대입 연산자와 함께 산술을 같이 할 때 사용됩니다. 우리가 이 연산자에서 생각할 점은 단순히 같이 진행된다는 간단한 의미보다 언제 우리가 이 연산자를 만나게 되는지를 생각해야 합니다. 예를 들어 생각해 봅시다.

❶

left   100   left   100 →   left

❷

left = 0 ;   left = 기존의 left +100 ;   left = 기존의 left +100 ;

left +=100 ;   left +=100 ;

❶ 변수 left가 있습니다.
❷ 우리는 이 변수 left에 100을 증가하여 left 변수의 새로운 값으로 설정하고 싶습니다.
이것을 종합하면 left = left + 100으로 사용할 수 있습니다.
이를 단축으로 사용하면 left += 100 으로 사용합니다.

left = left + 100 ;   →   left += 100 ;

우리는 이를 복합 대입 연산자 또는 단축 대입 연산자라고 합니다.
즉, 복합 대입 연산자는 거의 기존 변수의 값을 변경하여 새로운 변수의 값으로 다시 설정할 때 많이 사용합니다.

종류	예	설명
=	var x = 5;	변수 x에 5를 대입한다.
+=	x += 3;	변수 x의 값을 가져와 3을 더한 후 다시 변수x의 값으로 설정한다.
-=	x -= 2;	변수 x의 값을 가져와 2을 뺀 후 다시 변수x의 값으로 설정한다.
*=	x *= 4;	변수 x의 값을 가져와 4을 곱한 후 다시 변수x의 값으로 설정한다.
/=	x /= 2;	변수 x의 값을 가져와 2로 나누고 난 후 다시 변수x의 값으로 설정한다.
%=	x %= 2;	변수 x의 값을 가져와 2로 나눈 나머지를 다시 변수x의 값으로 설정한다.

그럼 간단한 실습을 해 봅시다.

| 실습하기 | 실습 파일: 03/03_12.html.
　　　　　　완성 파일: 03/all/03_12.html

```
10    〈script〉
11    //변수선언하기
12    var sum01 = 10;
13    sum01 += 20;          //10+20
14    //출력하기
15    console.log(sum01);
16    〈/script〉
```

| 결과물 확인 |

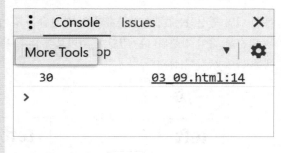

이번에는 문자 데이터로 복합대입 연산자를 실습해 봅시다.

| 실습하기 | 실습 파일: 03/03_13.html.
　　　　　　완성 파일: 03/all/03_13.html

```
10    〈script〉
11    //변수선언하기
12    var str='〈ul〉';
13    str += '〈li〉 num01 〈/li〉';
14    str += '〈li〉 num02 〈/li〉';
15    str += '〈li〉 num03 〈/li〉';
16    str += '〈li〉 num04 〈/li〉';
17    str += '〈/ul〉';
18
19        //출력하기
20    document.write(str);
21        〈/script〉
```

| 결과물 확인 |

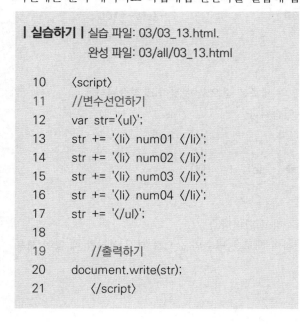

증감연산자

증감 연산자는 피연산자가 하나만 필요하여서 단항연산자라고 불리기도 합니다. 숫자형 데이터를 1씩 증가 또는 감소시키는 작업을 합니다.

- 증가 연산자: 데이터를 1씩 증가시킴.
- 감소 연산자: 데이터를 1씩 감소시킴.

이러한 증감 연산자는 데이터의 앞 또는 뒤에 붙여서 작업하는데 이를 선 증가, 후 증가 또는 선 감소, 후 감소라 부릅니다.

증가 연산자로 선 증가와 후 증가의 차이를 알아봅시다.

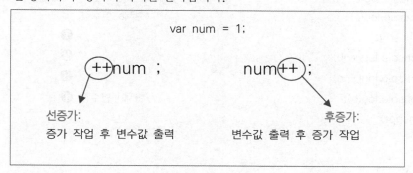

선 증가와 후 증가의 차이는 출력을 하는 시점과 증가를 하는 시점의 차이입니다. 이때 우리가 알아둘 것은 변수명을 만나면 출력을 하고 연산자를 만나면 증가 작업을 합니다.

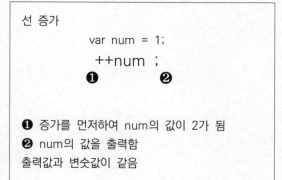

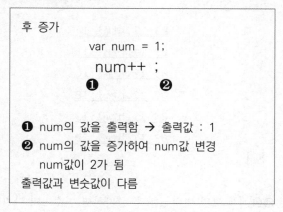

종류	예	설명
=	var num = 5;	변수 num에 5를 대입한다.
++	++num	현재 num변수값:6 , num변수 출력값:6
	num++	현재 num변수값:6 , num변수 출력값:5
--	--num	현재 num변수값:4 , num변수 출력값:4
	num--	현재 num변수값:4 , num변수 출력값:5

그럼 예제로 실습을 해서 확인 해 봅시다.

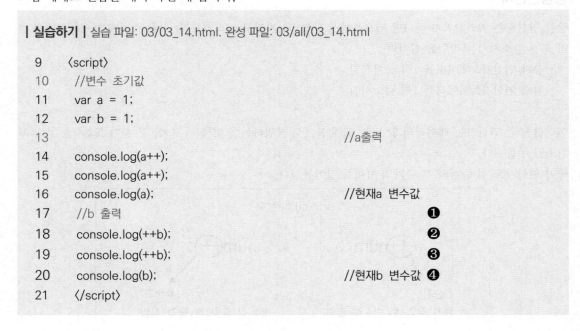

| 실습하기 | 실습 파일: 03/03_14.html. 완성 파일: 03/all/03_14.html

```
9    ⟨script⟩
10    //변수 초기값
11    var a = 1;
12    var b = 1;
13                                        //a출력
14    console.log(a++);
15    console.log(a++);
16    console.log(a);                     //현재a 변수값
17    //b 출력                                              ❶
18    console.log(++b);                                    ❷
19    console.log(++b);                                    ❸
20    console.log(b);                     //현재b 변수값  ❹
21    ⟨/script⟩
```

| 결과물 확인 |

: Console Issues	✕
▶ 🚫 top	⚙
1	03_11.html:14
2	03_11.html:15
3	03_11.html:16
2	03_11.html:18
3	03_11.html:19
3	03_11.html:20
>	

❶❷에서 보면 변수 a를 후 증가하면 변수 a의 마지막 출력값은 '2'이지만 변수 a의 실제 값은 '3'이고 ❸❹에서 보면 변수 b를 선 증가하면 변수 b의 마지막 출력값은 '3'이고 변수 b의 실제 값도 '3'으로 실제 값과 출력값이 같음을 볼 수 있습니다.

실전 예제로 배우는 자바스크립트+제이쿼리

결합연산자(+)

우리가 여러 데이터형으로 작업을 하면 서로 다른 데이터형을 같은 선상에서 작업을 할 경우가 많습니다.
예를 들어봅시다.

$$console.log(\;'지리산'\;\;3{+}4\;\;a\;)\;;$$

문자형　　　숫자형　변수

이러한 경우에 자바스크립트는 어떤 데이터형인지 인식하지 못합니다. 이렇게 여러 데이터형을 같이 작업
을 할 때 필요한 연산자가 결합연산자입니다.

종류	예
+	문자형 결합 : 문자형 데이터와 문자형 데이터를 연결한다.
	좁은 의미 : 문자형과 숫자형을 같이 작업을 할 수 있게 한다.
	넓은 의미 : 여러 다른 데이터형을 연결하여 같이 작업할 수 있게 한다.

먼저 살펴볼 것은 '+' 기호는 앞에서 산술형 연산자로 '더하는' 의미가 있다고 배웠습니다. 따라서 먼저 살
펴볼 것은 결합연산자와 산술연산자를 구분하는 방법입니다.

1. 산술연산자와 결합연산자 구분하기

예를 들면

```
3 ⊕ 5                    // 8
  산술
3 ⊕ '지리산'             //3지리산
  결합
'설악산' ⊕ '지리산'      //설악산지리산
       결합
3 ⊕ 5 ⊕ '지리산' ⊕ 3 ⊕ 5     // 8지리산35
❶산술 결합        결합 결합 ❷
```

즉 '+' 산술연산자가 되는 조건은 ❶과 같이 연산자 양옆에 숫자형 데이터가 오면 산술연산자이지만 만약
에 ❷와 같이 연산자 양옆에 숫자형 데이터가 오더라도 앞에 결합(또는 문자형)을 만나게 되면 결합연산자
가 됩니다.

```
10      console.log(5+3);                              //8
11      console.log('설악산'+'한라산');                  //설악산한라산
12      console.log('설악산'+5);                        //설악산5
13      console.log(3+3+'5'+3+5);                      //6535
```

2. 연결연산자 ' , ' 사용하기

결합연산자인 '+'는 너무 복잡한 수식 안에 사용하다보면 연산자 우선순위에 문제가 일어날 수 있습니다. 이때 우리는 연결연산자인 ' , '를 사용하여 결합연산자 역할을 대신합니다.

```
10      var a = 5;
11      var b = 6;
12      console.log('1문항의 답은',a + b,'입니다.');
```

3. 백틱사용법(BackTick)

ES6에서는 템플릿 문자열이란 방식이 새로 만들어졌습니다. 템플릿 문자열은 앞의 여러 데이터 형을 결합이나 연결 연산자로 이용하는 대신 문자열에 수식을 끼어 사용하는 방법입니다. 이때의 결괏값은 모두 문자형으로 출력되며 이전의 숫자형 또는 다른 데이터형이라도 문자형으로 출력하게 되는 점을 조심해야 합니다.

'문자형 ${수식} 문자형'

이때 사용되는 백틱은 '(quote)가 아닌 `(역쿼트:back quote)를 사용합니다. 우리가 사용하는 일반 키보드에서 자판 숫자 '1'자 왼쪽 옆에서 찾을 수 있습니다.

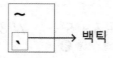

```
22      var num1 = 5;
23      var num2 = 6;
24      var d = '1문항의 답은 ${num1+num2} 입니다.';
25      console.log(d);
```

| 결과물 확인 |

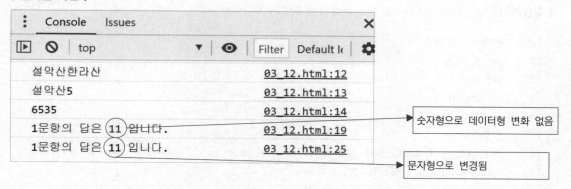

설악산한라산	03_12.html:12	
설악산5	03_12.html:13	
6535	03_12.html:14	→ 숫자형으로 데이터형 변환 없음
1문항의 답은 (11)입니다.	03_12.html:19	
1문항의 답은 (11) 입니다.	03_12.html:25	→ 문자형으로 변경됨

비교연산자

연산자 양옆에 있는 두 데이터를 비교하는 연산자입니다. 이 연산자는 어떠한 데이터 값이 아닌 Boolean 데이터로 키워드 값 true, false가 나오게 됩니다.

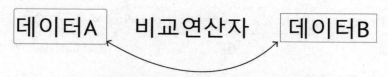

A를 B에 비교 하여 true, false 값을 얻는다

먼저 연산자 종류를 알아봅시다.

종류	정의	설명
a > b	a가 b보다 크다	
a < b	a가 b보다 작다	
a >= b	a가 b보다 크거나 같다.	
a <= b	a가 b보다 작거나 같다.	
a == b	a와 b가 같다.	이때의 같다는 출력 모양이 같다. 그러므로 자료형이 다를지라도 같은 출력 모양이면 true가 나온다. 10 == '10' → true
a != b	a와 b가 다르다.	이때의 다르다는 출력 모양이 다르면 true이 나온다. 10 != '10' → 같은 모양이므로 false 10 != '설악산' → 다른 모양이므로 true
a === b	a와 b가 완전히 일치한다.	이때의 일치는 출력 모양분 아니라 데이터형도 같아야 true가 나온다. 10 === '10' → 같은 출력 모양이지만 데이터형이 다르므로 false
a !== b	a와 b가 완전히 일치하지 않는다.	이때의 일치는 출력 모양과 데이터형이 같으면 false가 나온다. 10 !== '10' → 같은 출력 모양이지만 데이터형이 다르므로 true값이 나온다.

```
10      //변수 선언하기
11      var a = 20;
12      var b = 10;
13      var c= "10";
14
15      //출력하기
16      onsole.log('a가 b보다 크다: ', a >b );           // 20 > 10 -> true
17      console.log('b가 a보다 작다: ', b < a);          // 10<20 -> true
18      console.log('b가 c와 같다: ', b == c);           // 10 == '10' -> true
19      console.log('b하고 c가 정말로 같다: ', b === c);   // 10 ==='10'-> false
20      console.log('b하고 c가 정말로 같다: ', b !== c);   // 10 !=='10'-> ture
```

| **결과물 확인** |

논리연산자

논리연산자는 피연산자의 결괏값이 true 아니면 false이며 이 두 상황을 논리적으로 따지는 연산자입니다. 먼저 논리연산자의 종류를 알아봅시다.

종류	예	설명
&&	20<10 && 10=='10'	and 연산자는 연산자 양옆의 두 상황이 모두 true일 때 true 값을 내어 통과시키고자 할 때 사용된다.
||	20<10 || 10=='10'	or 연산자는 연산자 양옆의 두 상황 모두 false 인 경우에 false 상황을 만듭니다.
!	!num	not 연산자는 true와 false 상황을 반대로 만든다.

1. and(&&) 연산자

예를 들어봅시다. 만약에 로그인이라는 시스템을 만들고자 한다면 로그인이 되는 조건을 먼저 설정할 겁니다. 우리가 아는 로그인되는 조건은 먼저 회원 아이디 값이 일치하고 패스워드 값이 일치해야만 로그인

됩니다.

그럼 로그인을 진행하다 보면 나올 수 있는 경우 수를 생각한다면 아래의 표와 같습니다.

값이 일치하는 경우를 true로 일치하지 않는 경우를 false라고 하면 4가지의 상황이 나올 수 있습니다. 이 경우 로그인이 될 수 있는 상황은 아이디의 값도 일치(true), 패스워드 값도 일치(true)입니다. 이렇게 모든 상황이 일치(true) 해야만 true을 내는 연산자가 'and' 연산자입니다.

로그인하기

통과조건 : id 와 패스워드가 모두 일치해야 된다.

id : ☐

pw : ☐

로그인할 때 나 올 수 있는 상황

ID	PW	and (&&)
true	true	true
true	false	false
false	true	false
false	false	false

이제 예제를 통해 알아봅시다.

| **실습하기** | 실습 파일: 03/03_17_1.html. 완성 파일: 03/all/03_17_1.html

```
10        // 저장된 id, 패스워드값 선언하기
11        var ID = 'main';
12        var PW = 'A0123';
13        // 사용자 id, 패스워드값 선언하기
14        var userId = 'main';
15        var userPw = 'A0123';
16
17        //결과를 알아보기 위한 and논리식 만들기
18        var result = (ID === userId) &&  (PW ===userPw) ;       //id-> ture && pw-> true
19                           ❶                    ❷
20        //결과 출력하기
21        console.log('로그인결과는 : ' ,result);
```

❶❷ 의 괄호는 연산자가 너무 복잡할 때 ( )를 이용하여 묶어 주는 방법입니다.

| **결과물 확인** |

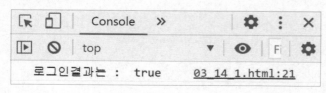

여기서 예제를 다시 prompt( ) 매소드를 이용하여 사용자 값을 받아 볼 수 있도록 변경 합시다.

| 실습하기 | 실습 파일: 03/03_17_2.html. 완성 파일: 03/all/03_17_2.html

```
10      // 저장된 id, 패스워드값 선언하기
11      var ID = 'main';
12      var PW = 'A0123';
13      // 사용자 id, 패스워드값 선언하기
14      var userId = prompt('아이디를 입력하세요');              //사용자 id값 입력하기
15      var userPw = prompt('패스워드를 입력하세요');            //사용자 pw값 입력하기
16
17      //결과를 알아보기 위한 and논리식 만들기
18      var result = (ID === userId) &&   (PW ===userPw) ;
19
20      //결과 출력하기
21      console.log('로그인결과는 : ' ,result);
```

| 결과물 확인 | **| 결과물 확인 |**

2. or (||) 연산자

or 연산자는 연산자 양쪽 상황이 모두 false 값이 아니면 true 값이 나오는 상황입니다.

예를 들어 시험 통과 프로그램을 만들어 봅시다. 먼저 통과 조건을 설정합니다. 이번에는 두 과목의 시험 점수 중 한 과목이라도 70점 이상이면 'true' 값을 내보내 시험을 통과하도록 합시다.

시험통과

통과조건 : 두 과목 점수중 한 과목점수라도 70점 이상이면 통과

A과목 :

B과목 :

시험 통과 프로그램에서 나올 수 있는 경우의 수

A과목	B과목	or (||)
true	true	true
true	false	true
false	true	true
false	false	false

이제 예제를 통해 알아봅시다.

| **실습하기** | 실습 파일: 03/03_18.html. 완성 파일: 03/all/03_18.html

```
10   // 두 과목 점수를 받아올 변수를 선언하여 사용자 값을 받습니다.
11   var classA = prompt('A과목의 점수를 입력하세요');
12   var classB = prompt('B과목의 점수를 입력하세요');
13
14   //결과를 알아보기 위한 or논리식 만들기
15   var result = (classA >70) || (classB >70) ;
16
17   //결과 출력하기       ❶              ❷
18   console.log('로그인결과는 : ' ,result);
```

| **결과물 확인** |

127.0.0.1:5500 내용:
A과목의 점수를 입력하세요
90
확인   취소

127.0.0.1:5500 내용:
B과목의 점수를 입력하세요
50
확인   취소

→

Console »   ⚙ : ✕
▶ ⊘ | top   ▼ | 👁 | Fi ⚙
로그인결과는 : true   03_15.html:19

3. not(!) 연산자

not 연산자는 현재 피연산자가 가지고 있는 boolom 값을 반대로 변경합니다. 만약에 'true' 값을 가지고 있다면 'false' 값으로 'false' 값을 가지고 있다면 'true' 값으로 바꾸어 줍니다.
예제로 확인해 봅시다.

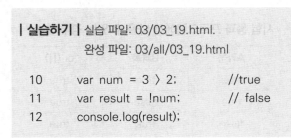

| 실습하기 | 실습 파일: 03/03_19.html.
완성 파일: 03/all/03_19.html

```
10      var num = 3 > 2;        //true
11      var result = !num;      // false
12      console.log(result);
```

| 결과물 확인 |

4. 논리연산자의 단축평가

논리 연산자들은 왼쪽 → 오른쪽 순으로 실행되므로 연산자들은 결과를 얻게 되는 순간 단축 평가(즉, 평가의 중단) 중간에 평가 결과가 나오며, 오른쪽 파트까지 가지 않고 평가 결과를 반환하는 성격이 있습니다. 이를 우리는 논리연산자의 단축평가라고 합니다.

| 실습하기 | 실습 파일: 03/03_20.html. 완성 파일: 03/all/03_20.html

```
1       "apple" || "banana"              // "apple" 출력
2       "apple" && "banana";             // "banana" 출력
```

```
3       false || true ;                  // true (오른쪽 값이 반환)
4       false || false ;                 // false (오른쪽 값이 반환)
```

||(or) 연산자의 단축 평가 경우의 수

or 연산자 패턴	단축평가 결과
값 || true	값
값 || false	값
true || 값	true
false || 값	값
값A || 값B	값A

실전 예제로 배우는 자바스크립트+제이쿼리

| 실습하기 | 실습 파일: 03/03_21.html. 완성 파일: 03/all/03_21.html

```
5        false && true;                    // false (오른쪽은 볼 것도 없이, false)
6        false && false;                   // false (오른쪽은 볼 것도 없이, false)
```

&&(and) 연산자의 단축 평가 경우의 수

and 연산자 패턴	단축평가 결과
false &&값	false
true &&값	값
값 &&false	false
값 &&true	true
값A &&값B	값B

| 실습하기 | 실습 파일: 03/03_22.html. 완성 파일: 03/all/03_22.html

```
1        console.log(true && 'dog');       // 'dog' 출력
2        console.log('cat' && 'dog');      // 'dog' 출력
3        console.log(false && 'cat');      // 'false' 출력
4        console.log(false && 'dog');      // 'false' 출력
5        console.log(true || 'dog');       // 'true' 출력
6        console.log('dog' || true);       // 'dog' 출력
7        console.log(false || 'dog');      // 'dog' 출력
8        console.log('dog' || true);       // 'dog' 출력
```

조건연산자(삼항연산자)

조건연산자는 3개의 피연산자가 필요하여 3항 연산자라고도 불립니다. 조건연산자는 조건을 먼저 만들고 그 조건에 결괏값 (true, false)의 결과에 따라 실행 값을 출력하도록 하는 연산자입니다.

조건식 ? 조건이 참일 때 출력 실행 값 : 거짓일 때 출력 실행값 ;

실습해보도록 하겠습니다.

| **실습하기** | 실습 파일: 03/03_23.html. 완성 파일: 03/all/03_23.html)

```
10      //변수 선언하기
11      var i =  30;
12      var j = 15;
13
14      //조건 연산자
15      var c = (i < j) ? 'i가 j보다 작다.' : 'i가 j보다 크다.'; //30 < 15 -> false값 나옴
16
17      //출력하기
18      console.log(c);
```

| 결과물 확인 |

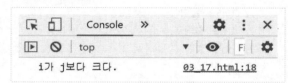

i가 j보다 크다.   03_17.html:18

연산자 우선순위

연산자 우선순위를 설명하기 전에 산술문제를 풀어봅시다. 만약에 3+4x5 식을 풀어야 한다면 답은 '35'가 아니라 23입니다. 왜일까요? 산술 계산에서는 먼저 'x' 연산자를 한 후에 +연산자를 풀게 되어 있습니다.

$$3 + \boxed{4 * 5} \quad \text{①} \quad \rightarrow \quad \boxed{3 + 20} \quad \text{②}$$

자바스크립트도 여러 연산자가 같은 식에 존재한다면 연산자 우선순위에 따라 해결해야 합니다.
우선 우선순위를 보면 다음과 같습니다.

기능	연산자					
1	괄호	()				
2	증감/논리 연산자 not	++	--	!		
3	산술 연산자 곱셈	*	/	%		
4	산술 연산자 덧셈	+	-			
5	비교 연산자 대소	〈	〈=	〉	〉=	
6	비교 연산자 같음	==	===	!=	!==	
7	논리 연산자 and	&&				
8	논리 연산자 or	||				
9	대입 연산자	=	+=	-=	*=	/=	%=

실습해보도록 하겠습니다.

| **실습하기** | 실습 파일: 03/03_24.html.
완성 파일: 03/all/03_24.html

```
10    var num = 5 ;
11    var sum = 15 ;
12
13    var result = ++num <= sum * 5 ;
14                  ①    ③      ②
15    console.log(result);
```

| **결과물 확인** |

:	Console	Issues	×
▶ ⊘	top		⚙
true		03_18.html:16	

❶ ++num   ➔ 6값 나옴
❷ sum(15) * 5   ➔ 75값 나옴
❸ 6 〈= 75   ➔ true값 출력

1. 다음에서 변수로 사용할 수 없는 이름을 모두 선택하세요.
   ❶#abc ❷13_abc ❸abc_13 ❹today ❺if

2. 다음의 데이터형을 console에 출력하세요.

   ❶ 513
   ❷ 10 〉 100
   ❸ '자바스트립트'
   ❹ 5x4
   ❺ 1/0

3. 다음과 같이 변수를 선언하고

   　　　var a = 10; ❶
   　　　var b = 11; ❷

   console창에 결합연산자와 백틱을 이용하여 다음과 같이 출력하세요.

   　　　a의 값은 ❶이고 b의 값은 ❷이고 a+b의 값은 ❶+❷입니다.

정답

1. 답 1,2,5

2.
```
〈script〉
console.log(typeof(513));
console.log(typeof(10 〉 100));
console.log(typeof('자바스트립트'));
console.log(typeof(5*4));
console.log(typeof(1/0));
〈/script〉
```

3.
```
〈script〉
var a = 10;
var b = 11;
//연결연산자
console.log('a의 값은 '+a+'이고 b의 값은 '+b+'이고 a+b의 값은 '+(a+b)+'입니다.');
//배틱사용하기
console.log('a의 값은 ${a}이고 b의 값은 ${b}이고 a+b의 값은 ${a+b}입니다.');
〈/script〉
```

CHAPTER 04

제어문

프로그램이 실행되는 실행문 순서는 제작된 순서대로 위에서 아래 방향으로 차례대로 실행이 됩니다. 하지만 우리는 어떠한 조건에 의해 순서를 건너뛰거나 혹은 반복을 원하여 반복적으로 실행이 되도록 제어할 필요가 있습니다. 이제부터 우리는 이러한 실행문의 순서를 제어할 수 있는 제어문을 알아보도록 합시다..

제어문이란?

보통 프로그램의 실행 순서는 굉장히 중요합니다. 어떠한 순서로 진행되느냐에 따라 결괏값이 달리 나올 수도 있으며 원하는 작업과 다른 방향으로 진행이 필요할 수도 있습니다. 일반적으로 프로그램의 실행 순서는 작성된 순서에 따라 위에서 아래 방향으로 차례대로 실행이 됩니다.

하지만 우리가 프로그램을 제작할 때에는 조건에 따라 실행 순서를 바꾸거나 반복적인 실행을 하도록 프로그램의 흐름을 제어하는 문장을 제어문이라 합니다.

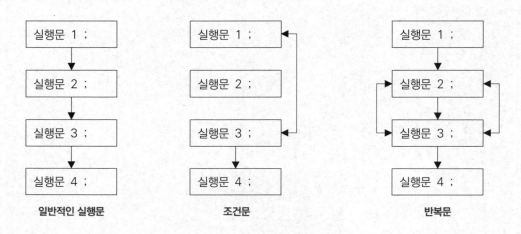

제어문의 종류를 크게 나누어 정리하면 아래의 표와 같습니다.

	설명	종류
조건문	조건에 따라 실행문을 선택할 경우	if문 / if else문 / if else if 문
선택문	선택된 값에 따라 실행문이 결정되는 경우	switch문
반복문	지정된 조건에 따라 실행문을 반복적으로 실행하는 경우	for문 while문 / do while문
기타문	반복을 건너뛰거나 실행을 멈추는 경우	break 문 continue 문

SECTION 02 조건문 (if문 / else 문 / if else문)

조건문은 조건식에 나오는 결괏값이 true, false에 따라 실행문을 제어하는 경우입니다.

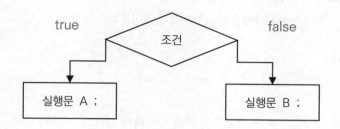

if 문:

조건식의 값이 참(true)값일 경우 실행문을 실행할 때 사용됩니다.

```
형식 :
    if (조건식) {조건이 true 값일 경우 실행문 ;}
```

실습해 봅시다.

| **실습하기** | 실습 파일: 04/04_00.html. 완성 파일: 04/all/04_00.html

```
10  <script>
11   var num = 5;  ❶
12   if(num < 10){  ❷
13      document.write('num은 10보다 작아요');❸
14   }
15  </script>
```

| 결과물 확인 |

❶ 변수 선언
❷ 변수의 값이 숫자 10보다 작다면 -> true 값이 나오면
❸ 'num은 10보다 작아요'를 출력하시오

이번에는 변수 num에 상수가 아닌 사용자가 값을 입력하도록 합니다.

| **실습하기** | 실습 파일: 04/04_01.html. 완성 파일: 04/all/04_01.html

```
 9      <script>
10      var num = prompt('숫자를 입력하세요'); ❶
11
12       if(num < 10){ ❷
13              document.write('num은 10보다 작아요');
14          }
15      </script>
```

❶ 변수 num에 prompt( )를 이용해 사용자가 값을 입력하게 한다.

❷ 변수 num 값이 10 이하일 경우에만 실행문이 실행됩니다.

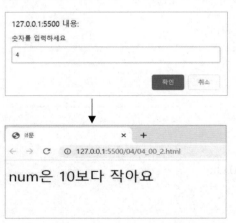

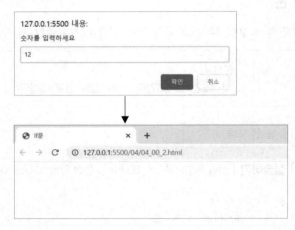

다음의 변수 중에 최솟값을 출력하시오.

| 실습하기 | 실습 파일: 04/04_02.html. 완성 파일: 04/all/04_02.html

```
10          let num01 = 5; ❶
11          let num02 = 1; ❷
12          let num03 = 10; ❸
13          let min; ❹
14          if(num01 〈 num02){❺
15      min= num01;}
16              else{min = num02;}❻
17          console.log(min) ❼                    //출력값 : 1
18              if(min 〉 num03) {❽
19                  min = num03;❾
20                  }
21          console.log(min)                       //출력값 : 1
```

---

❶ ~ ❸ 변수를 선언하여 필요한 데이터를 할당합니다.

❹ 최솟값을 관리 할 변수를 선언합니다.

❺ 변수 num01과 num02 비교하여 num01이 작으면 변수 min에 num01값을 할당하고 ❻ 그 반대의 경우에는 min에 num02 값을 할당합니다.

❼ console 창에 min 값을 출력합니다.

❽ 변수 min 값과 mun03의 값을 비교하여 ❾ 변수 min 값이 크면 변수 min에 num03 값을 할당합니다.

⓬ 최종 min 값을 출력하여 값을 확인합니다. ❿

if~else 문:

조건식의 값이 참(true) 값일 경우 또는 거짓(false) 값일 경우에 실행되는 실행문이 다를 경우

```
형식 :
 if (조건식) {
        조건이 true 값일 경우 실행문 ;
 } else{
            조건이 거짓일 경우 실행문 ;
 }
```

실습해 봅시다.

| **실습하기** | 실습 파일: 04/04_03.html. 완성 파일: 04/all/04_03.html

```
22    〈script〉
23    //변수선언하기/
24    var age = prompt('나이를 입력하세요');
25
26    if(age 〉 20 && age 〈 40 ){
27    document.write('입장을 환영합니다.');
28     else{
29    document.write('입장이 허락되지 않았습니다.');
30    }
31    〈/script〉
```

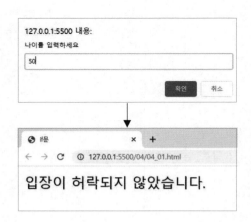

if~else if 문

처음 제시한 조건 1식의 값이 참(true) 값인 경우의 실행문을 정한 후 거짓 값인 경우의 수를 다시 모아서 재차 조건을 걸어 참일 경우와 거짓일 경우를 나누어 다시 실행문을 실행할 때 사용됩니다. 이때 1차 참인 경우를 제외한 모든 경우 수는 여러 번의 조건을 걸쳐 실행문을 찾을 수 있게 할 수 있습니다.

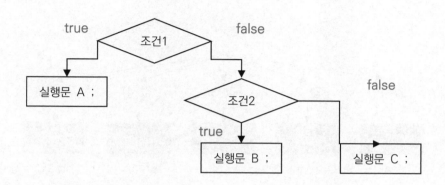

```
형식 :
        if (조건식 1) {조건1이 true 값일 경우 실행문 ;}
            else if(조건 2){조건2가 true 값일 경우 실행문 ; }
            else if(조건 3) { 나머지 false경우의 실행문 ; }
            else if(조건 4) { 나머지 false경우의 실행문 ; }
                    ........
            else{나머지 조건에서 해당되지 않는 경우의 실행문}
```

!! 알고 갑시다

자바스크립트의 프로그래밍을 하다 보면 괄호 종류가 많이 나옵니다. 대괄호'[ ]' , 중괄호'{ }' 소괄호 또는 괄호 '( )'들입니다. 각 각의 괄호들은 자신의 역할이 어느 정도 정해져 움직이게 됩니다. 이 중의 중괄호'{ }'는 실행문들을 그룹형으로 묶는 역할을 많이 합니다. 그래서 제어문에서 나오는 중괄호'{ }' 는 사용해야 하는 실행문을 묶는 역할이기 때문에 생략 가능합니다. 만약에 실행문이 한 줄일 때 중 괄호{ }는 생략해도 됩니다.

선택문 (switch문)

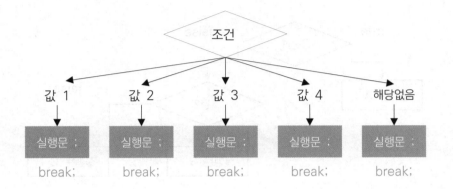

선택문인 switch문은 다양한 조건이 제시되었을 때 선택된 값에 따라 실행문을 선택하여 실행하도록 하는 제어문입니다. if~else if문과 비슷한 성격이 있지만 여러 조건이 많은 경우에는 if ~else if문 보다는 switch문이 더 효과적입니다.

먼저 형식을 살펴봅시다.

```
형식 :
                      ❶
        switch ( 조건 값 ) {
                    ❷         ❸
              case 값1 : {실행문 그룹 ; }
                                    ❹ break;
              case 값2 : {실행문 그룹 ; }
                                      break;
              case 값3 : {실행문 그룹 ; }
                                      break;
              default : {실행문 그룹 ; }
                      ❺

                                      }
```

❶ 조건 값에는 대부분 변수의 이름이 옵니다. 이 변수의 값을 가져와서 case 문에 설정된 값과 대조하여 같은 값일 경우 다음에 오는 실행문을 실행하게 됩니다.

❷ 대조할 값을 case 문에 설정합니다. 이때는 설정값의 데이터형을 문자형과 숫자형에 맞추어 작업해야 합니다. (문자형은 따옴표'로 묶고 숫자형은 따옴표 없이 설정합니다.)

❸ 실행문의 그룹으로 중괄호{ }로 묶어 사용합니다 만약에 실행문이 한 줄이 경우는 중괄호{ }를 생략할
수 있습니다.

❹ switch 문에서 선택된 실행문 실행 후 switch 문에서 빠져나오기 위해서는 각각의 실행문 뒤에 break
문을 넣어 주어야 합니다. break 문이 실행이 되면 지금 작업하는 switch문의 위치에서 switch 문의
중괄호{ }에서 빠져 나와 다음 작업으로 넘어갈 수 있습니다.

❺ case문의 설정된 값에 해당하는 값이 없는 경우에도 원하는 작업을 지시하고 싶다면 default 문으로
실행문을 설정할 수 있습니다. 이처럼 예외 사항이 필요 없다면 default 문을 생략해도 됩니다. 또
default 문에는 break 문을 사용할 필요 없습니다. 이 실행문이 실행되면 자동으로 switch 문에서 나
오기 때문입니다.

그럼 이번에는 예제로 switch문에 대해 알아봅시다.

이번 예제는 classRoom이라는 변수에 사용자가 원하는 값을 넣도록 합니다.

var   classRoom = prompt('❶학년을 입력하세요',❷1학년:1, 2학년:2, 3학년:3, 기타:4');

❶질문을 입력합니다. → '학년을 입력하세요'

❷초깃값을 설정하여 답을 유도할 수 있도록 합니다.

사용자가 값을 입력하면 switch문의 조건( )에서 값을 받아 같은 값을 가지고 case의 값으로 이동하여 설
정된 실행문을 실행하도록 합니다.

| **실습하기** | 실습 파일: 04/04_04.html. 완성 파일: 04/all/04_04.html

```
10      ⟨script⟩                                                    ❶
11      var classRoom = prompt('학년을 입력하세요','1학년:1, 2학년:2,3학년:3,기타:4');
                        ❷
10      switch (classRoom){
10      case ❸ '1':{document.write('2층으로 가세요.');}
11          break ;❹
12      case   '2':{document.write('3층으로 가세요.');}
13          break ;
14      case   '3':{document.write('별관으로 가세요.');}
15          break ;
16      default :{document.write('1층 안내실로 가세요.');}
10          }
11      ⟨/script⟩
```

---

❶ classRoom변수에 사용자가 값을 넣을 수 있도록 prompt() 명령을 실행합니다.

❷ switch() 조건식에서 ❶의 값을 가져오도록 한 후

❸ case 값을 비교하여 같은 값을 가지고 있는 case에 설정된 실행문을 실행합니다.

만약에 실행문이 간결하면 중괄호{ }를 생략할 수 있습니다.

❹ 실행된 실행문 뒤에 따라오는 break문을 이용하여 switch문에서 빠져나오도록 합니다.

| 결과물 확인 |

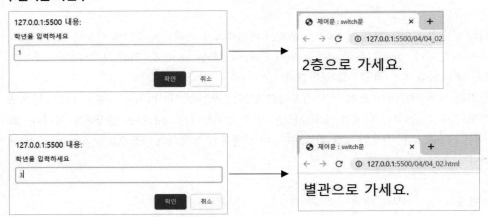

반복문 (for문)

반복문은 같은 원리를 가진 실행문을 조건이 성립될 때까지 계속 반복적으로 실행하도록 하는 제어문입니다. 반복문에는 작업 환경에 따라 for문과 while문으로 나눌 수 있는데 for문을 먼저 알아보도록 합시다.

for문의 특징은 실행하고자 하는 실행문이 반복적으로 진행할 수 있는 조건을 외부에서가 아닌 for문에서 설정할 수 있습니다.

먼저 형식과 작동 원리를 알아봅시다.

형식 완성하기

```
for(❶ let 시작값 설정 ; ❷ 목적값 설정 ; ❸ 증감식 설정 ) {
        실행문 ;
        실행문 ;
   }
```

1. 반복할 준비를 하는 지점으로 반복 카운트의 시작 값을 설정합니다. 대부분 변수를 사용하여 지정합니다.

   초기 카운트 파트라고도 불리며 대부분 변수 i , j , k 순으로 결정합니다.

   원칙은 var 명령어를 사용하지만 대부분 생략하고 변수명만 사용합니다.
2. 반복할 횟수를 점검할 식을 설정합니다.

   대부분 true, false값을 출력하여 실행문을 실행할 조건인지를 검토할 수 있게 합니다.
3. 시작 카운트에서 점검식까지 갈 수 있도록 증감연산자를 이용해 카운트를 생성합니다.

예를 들어 우리가 원하는 실행문을 5번 실행하고자 합니다. 반복 카운트의 시작은 1에서 시작하여 5일 수도 있고 0에서 시작하여 4일 수도 있습니다. 그건 작업자가 결정하면 됩니다.

❶ 우리는 1에서 5까지 카운트하기로 합시다. 그럼 'i = 1'로 설정하고
❷ i의 값이 5 이상이 되면 안 되기 때문에 'i <= 5'로 설정합니다.
❸ 실행문이 반복하면서 i의 값이 증가하도록 만들어야 하므로 증감연산자를 사용하여 'i++'로 설정합니다.

그럼 다시 정리하면

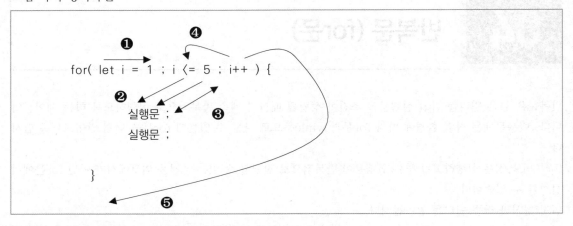

❶ i에 i을 대입하고 ❷로 넘어가 조건에 맞는지 확인합니다.

❷의 조건에서 true 값이 나오면 ❸의 실행문을 실행합니다.

❸의 실행문이 끝나면 ❹증가 식으로 가서 i의 값을 증가합니다. 이제 i의 값은 2가 됩니다.

다시 ❷의 조건으로 가서 조건식에서 true 값이 나오면 ❸의 실행문을 실행하고 ❹증가 식으로 갑니다.

i의 값이 ➔ 3

i의 값이 ➔ 4

i의 값이 ➔ 5

가 될 때 까지 실행문을 실행하고 ❹의 증가식으로 가서 i의 값을 증가합니다.

i의 값이 ➔ 6이 되면 다시 ❷의 조건식으로 갑니다. 조건식에서 false 값이 나오면 이제 ❺ for 문에서 빠져나옵니다.

그럼 실습해 봅시다.

이번 실습은 1에서 10까지 출력 후 'end'가 출력되도록 합니다.

먼저 출력값을 보면

1, 2, 3, 4, 5, 6, 7, 8, 9, 10, end

입니다. for문을 이용하여 1에서 10까지 출력하도록 한 후에 for 문을 빠져 나와 'end'가 출력되면 됩니다.

| **실습하기** | 실습 파일: 04/04_05.html. 완성 파일: 04/all/04_05.html

```
10    <script>
11    for(let i=1 ; i<=10 ; i++){          ❶
12            document.write(i+',');        ❷
13    ❹
14    }
15    document.write('end');                ❸
16    </script>
```

❶ i의 값이 1에서 10까지 증가할 때마다

❷ i의 값이 출력되고 문자데이터 ', '가 결합연산자를 이용하여 같이 출력되도록 합니다.

❸ i가 10보다 커지면 for에서 빠져나와 'end'가 출력 됩니다.

이때 주의할 점은 'end'는 반복적으로 출력이 되면 안 되기 때문에 for 문 밖으로 보내야 합니다. 만약에 ❹위치에

document.write('end'); 문장이 들어가면 출력 결과는

1, end2, end3, end4, end5, end6, end7, end8, end9, end10, end

---

이 됩니다.

다시 예제를 하나 풀어봅시다.

1에서 100까지 더하여 그 결괏값을 출력합시다.

먼저 출력 결과를 보면

1에서 100까지 더한 값은 : 5050입니다.

이 나오게 되면 됩니다.

먼저 계획을 세워봅시다.

❶ 계속 변경되는 i값을 넣을 변수 hap을 만들어 0 값을 넣어 놓습니다.

❷ for문이 실행되면

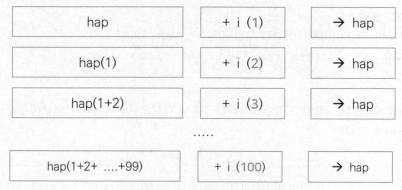

❸ i 값이 100이 넘어 101이 되면 for 문에서 빠져 나와 출력하도록 합니다.

```
9    <script>
10    //합의 값을 넣을 변수 생성
11    var hap = 0;                                    ❶
12
13    //for문 작성
14    for(let i=1 ; i<=100 ;i++){                      ❷
15        hap += i;
16    }
17    //결괏값 출력
18    document.write('1에서 100까지 더한 값은 : '+hap+' 입니다.'); ❸
19    </script>
```

이때 주의점은 처음 변수의 값을 어디에 선언하느냐가 중요합니다. 만약에 ❶ 변수 hap을 for문 안에 선언하면

```
9    <script>
10    //합의 값을 넣을 변수 생성
11    //for문 작성
12    for(let i=1 ; i<=100 ;i++){
13      ❶ var hap = 0;
14        hap += i;
15    }
16    //결괏값 출력
17    document.write('1에서 100까지 더한 값은 : '+hap+' 입니다.');
18    </script>
```

변수 hap에 계속 증가되는 i값이 저장이 되더라도 다시 '0'값으로 reset되기 때문에 i의 마지막 출력값 '100'만 출력을 하게 됩니다.

1에서 100까지 더한 값은 : 100 입니다.

반복문을 이용하여 구구단을 만들어 봅시다.

| **실습하기** | 실습 파일: 04/04_07.html. 완성 파일: 04/all/04_07.html

```
9        for (let i = 2 ; i <= 9 ; i ++){
10            document.write(i+'단')
11            document.write('<br>')
12             for( let j = 1 ; j <= 9 ; j ++){
13            document.write ( `${i} * ${j} = ${i * j} <br>')
14             }
15          }
```

결과

2단
2 * 1 = 2
2 * 2 = 4
2 * 3 = 6
2 * 4 = 8
2 * 5 = 10
2 * 6 = 12
2 * 7 = 14
2 * 8 = 16
2 * 9 = 18

〈생략〉

9단
9 * 1 = 9
9 * 2 = 18
9 * 3 = 27
9 * 4 = 36
9 * 5 = 45
9 * 6 = 54
9 * 7 = 63
9 * 8 = 72
9 * 9 = 81

반복문 (while문)

자바스크립트에서 반복문은 for문 이외에 while문과 do while문이 있습니다. for문은 for문 내에서 작동되는 카운터에 의해 실행문이 반복된다면 while문과 do while문은 반복문 외부에서 기준의 값을 가져와 특정한 조건이 달성 될 때까지 실행문이 반복된다는 점이 다릅니다.

먼저 while문 형식과 작동 원리를 알아봅시다.

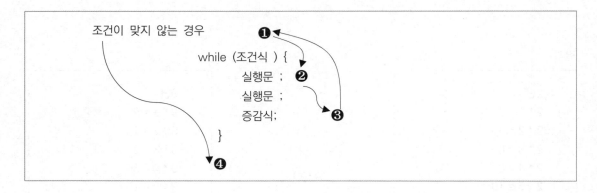

1. while()의 조건식❶ 에서 반복문이 실행될 조건을 설정합니다. 이때 조건식에는 true 또는 fasle 가 나올 수 있는 비교연산자가 많이 사용됩니다.
2. while()의 조건식에서 true 값이 나오면 반복문의 실행문 파트로 가서 ❷실행문을 실행 후 ❸ 증감식으로 가서 조건을 증가 또는 감소합니다.
3. 다시 ❶ while문의 조건식으로 가서 조건이 성립되는지 확인 후 다시 ❷실행문 파트로 가서 실행 후 다시 ❸증감 식으로 갑니다. 계속 조건이 성립될 때까지 반복 후 조건식에서 false 값이 나오면 while 문에서 나와 ❹다음의 작업을 실행합니다.

이제 실습을 해 봅시다.

| 실습하기 | 실습 파일: 04/04_08.html. 완성 파일: 04/all/04_08.html

```
var num = 10;
while(num >=0 ){
    document.write(num+'<br>');
    num--;
}
```

do-while문

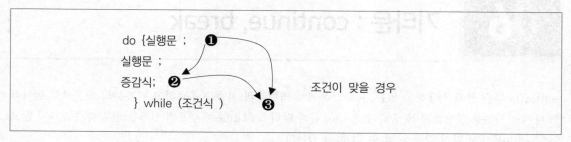

❶ do{ } 문에서 먼저 실행문을 실행합니다.

❷ 실행문 마지막에 증감식으로 가서 조건을 증가 또는 감소합니다.

❸ while 문의 조건식으로 가서 조건이 성립되는지 확인 후 조건이 true이면 다시 ❶ do문을 실행합니다. 만약에 조건이 false이면 do-while 문에서 빠져나옵니다.

do-while 문이 while 문과 다른 점은 조건이 참이 아닌 경우라도 무조건 한번 실행문이 실행된다는 점입니다.

이제 실습을 해 봅시다.

| **실습하기** | 실습 파일: 04/04_09.html. 완성 파일: 04/all/04_09.html

```
10    var num = -10;
11        do{
12            document.write(num +'<br>');
13            num--;
14        }while(num >= 0)
```

| **결과물 확인** |

기타문 : continue, break

continue 문은 현재 사용하고 있는 루프 반복에서 명령문의 실행을 종료하고 반복문의 처음으로 돌아가서 다시 반복문을 실행하게 해 줍니다. break 문과 달리 continue는 루프의 실행을 완전히 종료하지 않고 for, while문에서 다시 작동을 할 수 있게 해 줍니다.

> **｜실습하기｜** 실습 파일: 04/04_10.html. 완성 파일: 04/all/04_10.html
>
> ```
> 12.   let num;
> 13.   for ( num = 1; num <= 10; num++ )
> 14.   {
> 15.     if ( num == 3 )                    ❶ //num이 3과 같으면,
> 16.     {
> 17.       continue;                        ❷
> 18.     }
> 19.     document.write ( num, " , " );
> 20.   }
> ```

❶ num이 3과 같으면,

❷ document.write()를 1회 무시하고, for (num = 4)부터 다시 계속합니다.

결과

1 , 2 , 4 , 5 , 6 , 7 , 8 , 9 , 10 ,

break문은 현재 진행 중이 반복문을 탈출하여 나옵니다.

| **실습하기** | 실습 파일: 04/04_11.html. 완성 파일: 04/all/04_11.html

```
let num;
  for ( num = 1; num <= 10; num++ )
  {
    if ( num == 4 )                    //❶
    {
      break;                           //❷
    }
    document.write ( num, " , " );
  }
```

❶ num이 4와 같으면,
❷ for 반복문 탈출

결과

1 , 2 , 3 ,

1. switch문을 이용하여 짝수 홀수를 알아보는 프로그램을 완성하세요.

⟨script⟩

```
var num = Number( ❶ );
switch ( ❷ ) {
  case ❸ :
    console.log("홀수입니다.");
    break;
  case 0:
    alert("짝수입니다.");
    break;
  default:
    console.log("숫자가 아닙니다");
    break;
}
```

⟨/script⟩

2. for문을 이용하여 구구단의 4단을 만드세요.

```
4 × 1 =  4
4 × 2 =  8
4 × 3 = 12
4 × 4 = 16
4 × 5 = 20
4 × 6 = 24
4 × 7 = 28
4 × 8 = 32
4 × 9 = 36
```

3. if문을 이용하여 성적을 출력하려고 합니다.
0보다 작을 경우와 100점보다 클 때는 '성적을 입력하세요.'를 출력하고
99-90 경우는 '수'를 출력
89-80 '우'를 출력

79-70 '미'를 출력

69-60 '양'를 출력

59-50 '가'를 출력 하세요.

정답

1.

❶ "숫자를 입력하세요", "숫자"

❷ num%2

❸ 1

2.
```
<script>
for(i=1 ; i<=9 ; i++){
    document.write('4 x',i,' = ',4*i,'<br>');
}
</script>
```

3.
```
var num = Number(prompt("숫자를 입력하세요"));
if(num > 100 || num < 0) {
                    document.write("성적을 입력하세요.");
}
else if(num >= 90) {
                            document.write("수");
}
else if(num >= 80) {
                            document.write("우");
}
else if(num >= 70) {
                            document.write("미");
}
else if(num >= 60) {
                            document.write("양");
}
else {
                            document.write("가");
}
```

CHAPTER 05

함수

함수라 하면 프로그램 작성 시 필요한 기능을 그룹으로 묶어서 저장해 놓는 공간을 말합니다. 이렇게 필요한 기능을 그룹으로 묶어서 저장하면 그 기능이 필요할 때 다른 작업과 분리해서 따로 작업할 수도 있고, 매번 같은 코드를 작성하지 않아도 편리하게 불러들여서 작업하면 되기 때문에 그만큼 코딩 양이 줄어들게 됩니다.

이번 장에서는 이러한 기능을 할 수 있는 함수의 개념과 함수에 필요한 기본 지식 그리고 마지막으로 함수 사용법 등을 알아보기로 합니다.

함수란?

이번 장에서 공부할 내용은 함수입니다. 그럼 함수가 무엇인지부터 알아보도록 하죠. 함수는 우리가 사용하는 스마트폰의 단축번호하고 생각하면 됩니다.

그럼 함수를 알아보기 전에 핸드폰 단축번호 사용법을 알아봅시다.

핸드폰에서 단축번호 사용을 하고자 하면

   1. 단축번호 등록하기

   2. 단축번호 사용하기

로 나누어서 생각할 수 있습니다.

그럼 단축번호 등록 생성부터 생각해 봅시다.

단축번호를 등록하려면

1. 사용할 번호를 선택 후 → 2. 이름을 입력 → 3. 단축 번호로 사용할 번호를 입력하고 설정을 완성하면 됩니다.

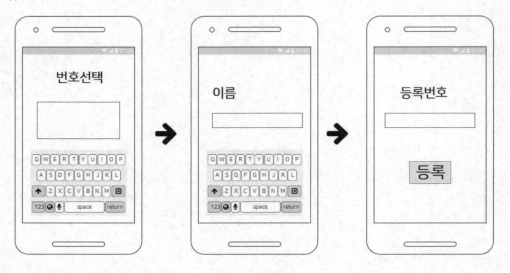

이렇게 설정이 끝나면 우리는 단축번호를 사용할 준비가 되었습니다.

그럼 이번에는 단축번호를 사용해 봅시다. 단축번호 사용방법은

1. 사용할 단축번호를 선택한다. → 2. 통화 버튼 누르기 → 3. 등록된 번호로 발신한다.

이처럼 단축번호 시스템은 한번 설정하면 우리는 그 단축번호를 선택만 하면 언제든지 등록된 번호로 발신을 할 수 있기에 매번 발신할 번호를 누르지 않아도 쉽고 정확하게 원하는 연락처로 발신을 할 수 있습니다.

프로그램을 만들 때도 마찬가지입니다. 우리가 자주 사용하는 기능이 있다면 그 기능을 등록해 놓으면 매번 그 기능을 작성하지 않아도 사용할 수 있습니다. 이러한 기능을 우리는 함수(function)라고 합니다.

그럼 함수를 만들어 사용하면 어떠한 점이 좋을까요.

1. 프로그램상에서 자주 사용하는 기능을 함수로 만들어 사용하면 같은 코드 내용을 여러 번 작성하지 않아도 사용할 수 있어 효율성이 높습니다.
2. 사용하는 기능을 함수로 만들어 사용하면 프로그램의 정리가 간결하고 기능별로 시작과 끝점을 구분하여 정리할 수 있어 충돌의 위험이 없어집니다.

예를 들어 생각해 봅시다. 우리가 쇼핑몰에서 상품을 등록할 때 상품의 기본값과 포함해야 하는 세금을 합쳐서 판매가로 등록해야 합니다. 이럴 때 상품 가격을 등록하면 상품의 가격과 세금의 값을 자동으로 계산하여 제품의 판매가로 등록할 수 있는 기능을 만들어 사용하도록 하면 우리는 계산에 실수를 줄일 수 있고 또 간편하게 제품값을 등록할 수 있을 겁니다. 이렇게 매번 사용하는 기능이 있다면 함수로 만들어 두면 편리하게 사용할 수 있습니다.

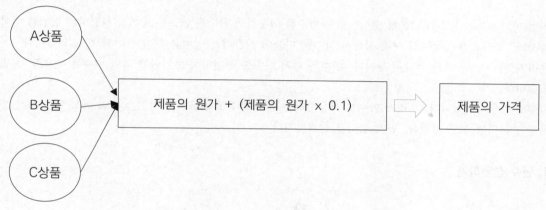

함수의 종류

함수는 사용하는 환경에 따라 크게 두 가지로 나누어서 볼 수 있습니다.
1. 사용자가 필요해서 만드는 함수 즉 사용자 정의 함수를 사용하거나
2. 브라우저에 내장된 자바스크립트 내장함수입니다.

1. 내장함수

내장함수는 지금까지 우리가 많이 사용해 보았습니다. 예를 들면 우리가 출력문으로 사용했던 document.write()에서 write(), alert(), prompt() 등과 같이 매소드라 부르던 명령어들이 바로 내장함수입니다. 이 명령어들은 우리가 특별히 코딩하지 않아도 쉽게 사용할 수 있도록 브라우저에 내장되어 있었습니다.

2. 사용자 정의 함수

사용자 함수는 사용자가 자신이 만들고 있는 프로그램의 편의를 위해 만들어 사용하는 함수입니다. 이번 장에서 우리가 생각해 보아야 할 부분은 바로 이 사용자 함수라고 보면 됩니다.
내장함수는 뒤편에 나오는 여러 객체를 살펴볼 때 각 객체에 속해 있는 매소드를 공부하게 되고 지금 우리는 사용자 함수 사용법을 파악해 봅시다.

기본 사용자 정의 함수 만들기

사용자 함수는 함수를 만드는 방법에 따라, 그리고 사용하는 방법에 따라 달라집니다.

1. 이름 있는 함수
2. 이름 없는 함수
3. 함수식

이번 파트에서는 함수의 기본형인 이름있는 함수를 이용하여 함수를 만드는 방법과 사용하는 방법을 알아 봅시다. 그리고 5-5장에서 여러 사용자 함수를 만들어 사용하는 방법을 다시 정리해 보도록 합시다.

우리가 변수 만들 때를 생각해 봅시다. 변수는 먼저 변수를 선언하여 초기화를 하면 변수를 사용할 수 있 었습니다.

함수도 마찬가지입니다. 우리가 함수를 사용하려면 먼저 함수를 만들어서 선언을 먼저 하고, 그다음 실행 문을 등록하면 하면 됩니다. 먼저 형식을 살펴봅시다.

1. 함수 선언하기

```
              ❷
❶ function 함수의 이름( ❸ ){
    기능 실행문 ;   ❹
}
```

❶ 함수는 function이란 명령어로 시작합니다.
❷ 함수의 이름은 식별자의 규칙에 맞추어 작성하면 됩니다.
❸ 매개변수는 함수에 필요한 변수값을 받는 공간으로 필요가 없어도 꼭 ( )는 생략할 수 없습니다.
❹ 함수에 필요한 실행문은 중괄호 { }로 묶어서 그룹을 만듭니다.

2. 함수 사용하기

함수를 사용하려면 만들어진 함수의 이름을 불러들여 사용합니다.

```
❶ 함수 이름 ( 인수❷ );
```

❶ 앞에서 선언한 함수의 명을 사용하면 됩니다.
❷ 함수 안에서 작동할 변수들의 필요 값(인수값)을 넣으면 함수에서 알아서 변수의 값을 끌어다 사용할 수 있습니다. 우리는 이 값을 인수(argument)라 합니다.

그럼 이번에는 예제로 실습을 해 봅시다.

이번 예제는 함수를 불러들이면 다음과 같이 '*'모양이 20개 그려지고 난 후에 'end'가 출력되도록 해 봅시다.

```
********************end
```

1. 함수의 이름: line

2. 실행: *'모양이 20개 그려지고 난 후에 'end'가 출력

먼저 〈head〉요소에 script 요소를 만듭니다. 그리고 다음과 같이 함수를 작성합니다.

| **실습하기** | 실습 파일: 05/05_00.html. 완성 파일: 05/all/05_00.html

```
3    〈head〉
4       〈meta charset="UTF-8"〉
5       〈meta name="viewport" content="width=device-width, initial-scale=1.0"〉
6       〈title〉함수만들기〈/title〉
7       〈script〉
8       function line(){                               ❶
9           for(i=1; i<=20;i++) {                       ❷
10              document.write('*');   ❸
11          }
12          document.write('end〈br〉');                  ❹
13      }
14       〈/script〉
15    〈/head〉
```

❶ line이란 이름으로 함수 선언하기

❷ for문을 만들기

❸ '*' 20개 출력하기

❹ for문이 끝나면 'end'와 〈br〉요소 생성하기

함수 line이 다 만들어졌으면 이제 함수를 불러들여서 사용해 봅시다.

〈body〉 요소 안에 script 요소를 생성하고 line()함수를 불러들입니다.

```
17       〈script〉
18          line();
19          line();                    함수 불러들이기
20          line();
21       〈/script〉
```

| 결과물 확인 |

이번에는 예제를 조금 변경해 봅시다.

| **실습하기** | 실습 파일: 05/05_01.html. 완성 파일: 05/all/05_01.html)

```
7        〈script〉
8        function line (str) {❶
9                for(i=1; i<=20;i++) {
10                       document.write (str) ; ❷
11               }
12               document.write('end<br>');
13       }
14       </script>
```

❶ line함수의 인수 자리에 str이란 변수의 이름을 넣고
❷ for문의 출력문자를 인수의 값 str로 바꾸어 봅시다.
함수 파트가 수정이 되었으면 이제 우리는 함수를 불러들이는 파트를 수정합시다.

```
〈script〉
        line( '*' );
        line( '&' );    인수의 값 변경
        line( '@' );
〈/script〉
```

| 결과물 확인 |

다음과 같이 변경되었습니다. 이것이 인수 사용법입니다. 그럼 이제 매개변수 인수에 대해서 알아봅시다.

SECTION 03 매개변수와 return문

우리가 사용자 정의 함수를 사용할 때 함수의 이름만 불러 필요한 기능을 실행시키는 것뿐 아니라 기능을 실행하기 위해서 데이터가 필요할 때가 있습니다.

일반적인 명령어로 예를 들어보면, 우리가 write( )란 명령어를 사용할 경우 '( )'에 무엇을 출력할지를 설정해야 합니다. 안 그러면 자바스크립트는 무엇을 출력할지 모릅니다. 또 우리가 계산기 프로그램을 만들고자 한다면 우리는 계산에 필요한 수를 입력받아야 계산기 프로그램을 실행할 수 있습니다. 이처럼 함수를 만들어 사용하고자 할 때 데이터가 필요한 경우, 데이터를 같이 전달하여 함수를 호출하는 통로를 우리는 매개변수와 인수라 합니다.

매개변수와 인수

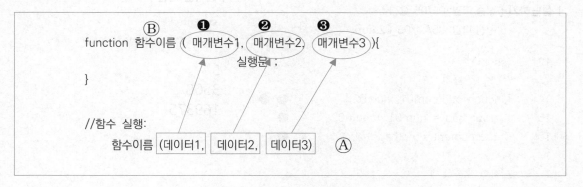

먼저 매개변수와 인수의 기본 형식과 실행 원리를 살펴봅시다.

Ⓐ 함수를 호출할 때 '( )'안에 데이터를 입력합니다. 이 경우 여러 개의 데이터가 필요하면 ', '를 이용하며, 이때 우리가 보내는 데이터를 인수라 합니다.

Ⓑ 함수 선언 시 필요한 데이터를 받을 변수의 이름을 만들어 놓습니다. 이 경우에는 함수 호출 시 보내는 인수의 순서에 맞추어서 받는 변수를 ', '로 연결하여 생성하며, 이를 매개변수라 합니다. 매개변수는 데이터 값의 연결통로로만 사용하며 가인수 함수 호출할 때 보내는 인수를 실인수라 합니다.

그럼 이제 예제를 통해서 인수 사용법을 알아봅시다.

(실습 파일: 05/05_02.html. 완성 파일: 05/all/05_02.html)

두 개의 숫자를 받아서 더하는 함수를 만들어 보겠습니다.

❶ 먼저 함수의 이름은 add라고 정하고 받아올 매개변수의 이름을 ❷num01, num02로 정합시다.

❸ 변수 'hap'을 생성한 후 두 매개변수의 값을 합하는 식을 만듭니다.

❹ ❸에서 만든 hap의 출력문을 만듭니다.

❺ add함수 호출 시 숫자 형 인수 두 개도 함께 설정하여 함수를 호출 하면 됩니다.

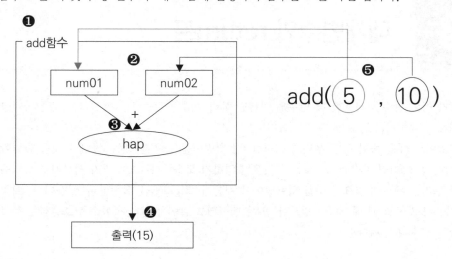

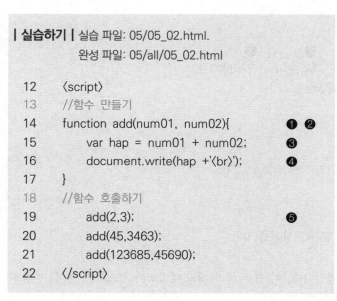

| 실습하기 | 실습 파일: 05/05_02.html.
             완성 파일: 05/all/05_02.html

```
12      <script>
13      //함수 만들기
14      function add(num01, num02){        ❶ ❷
15          var hap = num01 + num02;       ❸
16          document.write(hap +'<br>');   ❹
17      }
18      //함수 호출하기
19          add(2,3);                      ❺
20          add(45,3463);
21          add(123685,45690);
22      </script>
```

| 결과물 확인 |

실습을 하나 더 해보죠.

이번의 실습은 버튼을 클릭하여 함수를 불러들이는 방법을 살펴봅시다. 이벤트는 이번 장에서 다루는 내용은 아니지만 우리는 간단한 이벤트 핸들러를 사용하여 함수 불러들이기와 매개변수를 사용하는 법을 알아보죠. 우리가 '흔히 버튼을 클릭하면'이란 표현을 한다면, 자바스크립트는 버튼에 '마우스 이벤트 클릭을 발생'하면 이라고 해석하여 받아들입니다.

마우스를 클릭한다는 것은 이벤트가 발생하면 실행하고자 하는 작업이 있다는 말과 같습니다. 아무 이유 없이 그냥 클릭 이벤트를 사용하지는 않을 거예요. 이러한 이벤트로 원하는 작업을 연결하기 위해서는 실행문의 그룹인 함수가 필요합니다. 즉 마우스를 클릭하면 마우스 이벤트가 발생되고 요소에 on+'이벤트 이름'을 설정하여 함수를 연결하면 됩니다.

실전 예제로 배우는 자바스크립트+제이쿼리

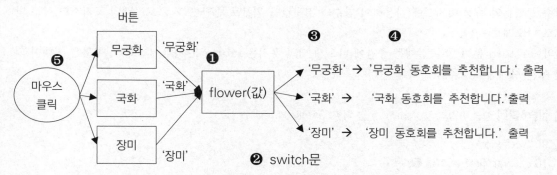

⟨button onclick = "실행함수명()"⟩ ⟨/button⟩

그럼 실습을 시작합시다.

이번에 만드는 함수는 버튼을 클릭하여 오는 매개변수의 값에 따라 동호회를 추천하는 시스템입니다.

❶ 먼저 함수의 이름을 flower라고 하고 값을 받을 매개 변수의 이름을 flowerName라고 합시다.

❷ flowerName의 값에 따라 출력문이 달라지므로 우리는 switch문을 사용해 봅시다.

❸ case에 매개변수에 오는 값을 설정하고

❹ 각각의 실행문에 alert( )명령어로 출력값을 설정합니다.

❺ 각 버튼요소에 onclick핸들러를 만들어 flower함수와 함수로 보낼 매개변수 값을 설정합니다.

❻ 값이 잘 나오는지 확인해 보세요.

| 실습하기 | 실습 파일: 05/05_03.html. 완성 파일: 05/all/05_03.html

```
9     ⟨script⟩
10    function flower(flowerName){❶
11        switch(flowerName){❷
12     ❸ case '무궁화':alert('무궁화동호회를 추천합니다.');  ❹
13        break;
14        case '장미':alert('장미동호회를 추천합니다.');
15        break;
16        case '국화':alert('국화동호회를 추천합니다.');
17        }
18    }
19    ⟨/script⟩
20
21    ⟨button type="button" onclick="flower('무궁화')"⟩무궁화⟨/button⟩ ❺
22    ⟨button type="button" onclick="flower('장미')"⟩장미⟨/button⟩ ❺
23    ⟨button type="button"   onclick="flower('국화')"⟩국화⟨/button⟩ ❺
```

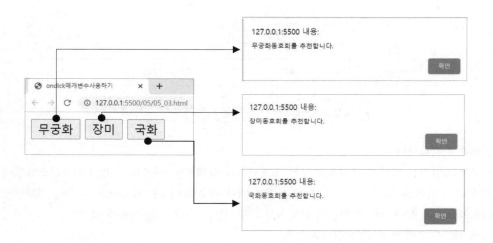

return문

return 문은 함수에서 결괏값을 함수 밖으로 넘기는 역할을 합니다. return 문이 실행되는 위치를 항상 함수 실행문의 가장 마지막에 사용하여 함수의 결괏값을 외부로 반환한 후 프로그램의 포커스를 함수 밖으로 나오게 합니다.

만약에 return 문이 함수 실행문 중간에 나오게 되면 우리는 return 문 다음에 오는 실행문은 실행이 되지 않는 상태에서 함수를 끝나게 됩니다.

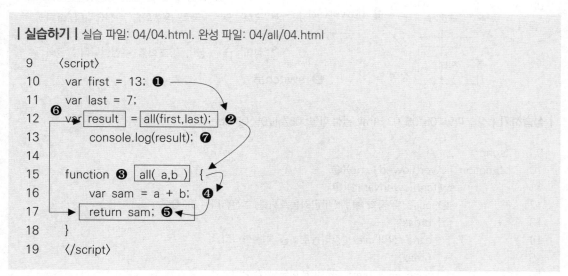

| 실습하기 | 실습 파일: 04/04.html. 완성 파일: 04/all/04.html

```
9    <script>
10     var first = 13;  ❶
11     var last = 7;
12   ❻ var  result  = all(first,last);  ❷
13       console.log(result);  ❼
14
15   function ❸  all( a,b )  {
16       var sam = a + b;  ❹
17     ▶  return sam;  ❺◀
18   }
19    </script>
```

❶ 인수로 사용할 변수를 설정합니다.

❷ 변숫값을 가지고 함수 all을 불러들이기를 합니다.

❸ 함수 all의 실행문으로 넘어가 매개변수 a,b에 인수 값을 대입한 후

❹ 변수 sam에 실행문의 값을 대입합니다.

❺ 함수 all의 결괏값 sam을 함수 외부로 반환합니다.

❻ 반환한 값을 변수 result에 저장한 후

❼ result의 결괏값을 console에 출력합니다.

SECTION 04 스코프 알아보기

함수 스코프(scope)

함수 스코프란 영역에 관한 이야기입니다. 영역이라고 하면 우리는 전역과 지역으로 나누어서 생각할 수 있습니다. 하나의 함수가 생성되면 전체 프로그램 안에서 자신만의 지역이 만들어진다고 보면 됩니다.
아래의 그림을 보고 생각해 봅시다. 우리나라를 전체 프로그램이라고 하면 경기도는 경기도 함수, 경상도라는 지역은 경상도 함수로 생각하면 됩니다.
또한, 지역 안에서 자식 지역을 만들어서 기능을 묶어서 사용할 수도 있는데 이러한 함수를 지역 함수라 합니다.

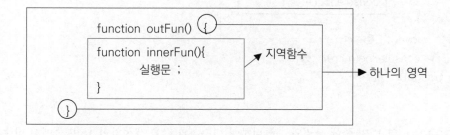

이러한 영역의 문제에서 가장 많이 신경을 써야 할 부분이 바로 변수들입니다. 우리는 지금까지 변수를 생성할 때 'var'라는 명령어로 변수를 선언하였지만, 함수가 생성되어 영역이 만들어지면서부터 우리가 사용할 수 있는 변수 종류와 체계가 더욱 넓고 복잡해집니다.
그럼 먼저 전역변수와 지역변수를 알아봅시다.

전역변수와 지역변수

전역변수는 프로그램 전역에서 모두 사용 가능한 변수를 말하며 이제까지 우리가 사용한 변수는 전역변수입니다. 지역변수는 변수가 만들어진 지역 안에서만 사용 가능한 변수를 말합니다.

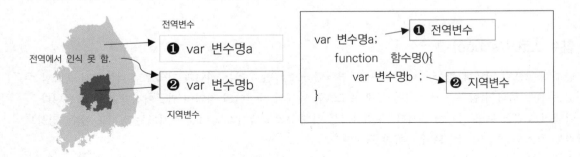

❶은 전역변수로 프로그램 내의 어느 지역이든 변수 사용 가능합니다. 하지만 지역 내에서 만들어진 변수 ❷는 만들어진 지역 이외에는 인식이 안 되어 사용하지 못합니다. 이러한 변수를 지역변수라 부릅니다.

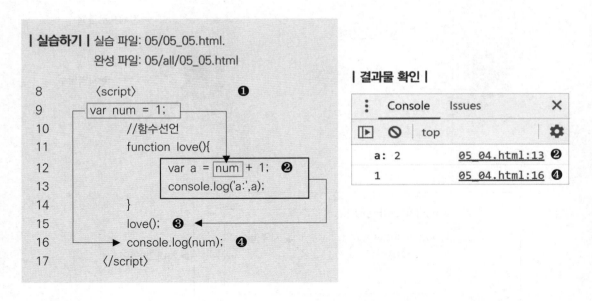

전역변수❶은 함수 love의 12번 줄에 불러와 1을 더하여 변수 a의 값을 생성하여 15번 줄에서 함수의 결괏값을 확인하였으며 16번 줄의 console.log는 ❶의 전역변수를 그대로 사용한 값입니다. 이처럼 전역변수를 사용하면 프로그램 내의 어느 곳에서든 사용합니다. 이러한 전역변수를 함수 내에서도 만들어 사용할 수는 있습니다. 이런 경우에는 몇 가지 지켜져야 할 문제점이 있는데 그 점을 살펴봅시다.

실전 예제로 배우는 자바스크립트+제이쿼리

함수 안에서 변수 만들기

함수안에서 전역변수를 만들 경우 우리는 var라는 명령어를 빼고 변수를 선언하면 됩니다.

```
function 함수명 ( ) {
            var a = '설악산';  →  ❶ 지역변수
             b = '지리산';  →  ❷ 전역으로 사용할 수 있는 변수
        }
```

❷의 경우처럼 변수를 선언할 때 var라는 명령을 빼고 변수를 선언하면 우리는 그 변수를 전역변수처럼 사용할 수는 있습니다. 하지만 이때는 변수의 존재를 먼저 인식해야 하므로 선언된 함수를 꼭 불러들여서 사용한 후에 가능합니다.

예를 들어봅시다.

| **실습하기** | 실습 파일: 05/05_06.html. 완성 파일: 05/all/05_06.html

```
8  <script>
9   var num = 1;
10    //함수선언
11    function love(){
12        str ='산';                                      //❶전역변수
13        var sum ='강';                                  //❷지역변수
14        document.write('함수내에서 출력 ', a,'<br>');
15        document.write('함수내에서 출력 ', b,'<br>');
16        return a;
17   }
18     ❸ document.write(a,'<br>');
19  </script>
```

❶에서 우리는 변수 str를 var 없이 선언했습니다. 그리고 ❸함수 밖에서 변수 a를 불러들여 확인하면 결과는

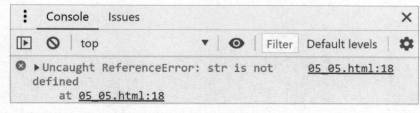

18번줄의 str을 찾지 못한다는 에러가 나옵니다.

그럼 우리가 수정을 해 봅시다. 18번에서 변수 str을 찾기 전에 ❸love함수를 먼저 실행한 후에 다시 변수 str를 불러들여 봅시다.

```
18    ❸   love();
19        document.write(str,'<br>');
20   </script>
```

| 결과물 확인 |

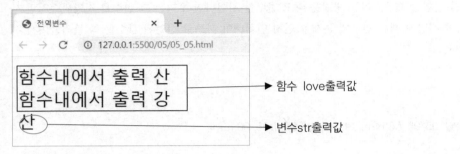

이처럼 함수 안에서 전역적으로 끌어다 쓸 수 있는 변수를 만들 수는 있지만, 우리가 이러한 변수를 사용하려면 먼저 함수를 한 번이라도 사용하여야만 가능한 점을 알아둡시다.

SECTION 05 함수 사용법

지금까지는 함수를 사용하는 방법과 함수 사용에 필요한 조건에 대해 알아보았다면 이제는 다양한 함수 사용법에 대해 알아봅시다. 하지만 함수가 사용되는 방법에 따라 세 가지 형태로 변경하여 사용됩니다. 사용방법을 보면

1. 이름있는 함수
2. 이름 없는 함수(익명의 함수)
3. 즉시 실행 함수식 입니다.

이름이 있는 함수는 사용자 함수의 기본 방법으로 함수를 선언하여 만들어진 함수의 이름으로 불러서 작업을 진행할 때 사용합니다.
이름 없는 함수는 이름이 없이 함수를 선언하여 하나의 식처럼 변수에 해당하는 함수의 값을 제공하여 사용하는 방법입니다.
즉시 실행 함수식은 함수식이라고도 불리며 정의된 함수와 함께 실행하여 즉시 그 결괏값을 받아 사용하는 방법입니다.

이름있는 함수만들기

이름있는 함수는 function이라는 명령어를 사용하여 함수 이름을 선언하고, 인수에서 필요한 데이터를 보내 함수 선언에 있는 매개 변수에서 그 데이터를 받아 사용할 수 있는 함수입니다.

```
형식 :
함수 선언:      function 함수이름(매개변수) {
                    필요한 기능의 실행문;
                }
함수 실행:      함수이름(인수) ;
```

| 실습하기 | 실습 파일: 05/05_07.html. 완성 파일: 05/all/05_07.html

```
9      <script>
       //함수선언
10     function all(a,b) { ❶
11             var result; ❷
12             result = a)b ? console.log('a가 큽니다.') : console.log('b가 큽니다.') ; ❸
13     return result; ❹
14     }
15     //변수선언 ❺
16     var first = 13;
17     var last = 7;
18     //함수사용
19     all( first , last ) ; ❻
20     all( 23 , 45 ); ❼
21     all( 1/2 , 3/4 ); ❽
22     </script>
```

❶ 함수 all을 선언하고 매개변수 a,b를 설정합니다.

❷ 함수 안에 결과를 내보낼 변수 result를 선언합니다.

❸ 삼항연산자를 이용하여 a와 b의 값을 비교하여 true, false일때의 출력값을 입력합니다.

❹ 함수에 결괏값 result를 내보냅니다.

❺ 함수 실행 시 보낼 인수 값을 변수로 선언합니다.

❻ 함수 실행 시 필요한 인수의 값은 변수를 사용하여 함수에 인수를 보낼 수도 있고 ❼ 직접인수 값을 입력하여 매개변수로 보낼 수도 있습니다.

| 결과물 확인 |

이름없는 함수(익명의 함수)

```
형식 :
var 변수의 이름 = function (매개변수){
                                      필요한 기능의 실행문;
                       }
함수 실행:          변수의 값으로 받아서 사용
```

| 실습하기 | 실습 파일: 05/05_08.html. 완성 파일: 05/all/05_08.html

```
9      〈script〉
10       ❶var all = ❷function(a,b) {
11          var result; ❸
12          a〉b ? result = 'a' : result = 'b'; ❹
13          return result; ❺
14       }
15       console.log( all(7,10)) ; ❻
16      〈/script〉
```

❶ 익명의 함수 출력값을 넣을 변수 all을 생성합니다.

❷ 익명의 함수를 선언하고

❸ 출력값을 반환할 변수 값을 선언합니다.

❹ 삼항연산자를 이용하여 a와 b의 값을 비교하여 true, false일 때의 출력값을 각각 result에 저장합니다.

❺ result 값을 내 보냅니다.

❻ 변수 all에 인수값을 넣어 출력값 확인합니다.

| 결과물 확인 |

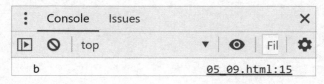

PART1 자바스크립트

115

함수식

형식1 :

var 변수의 이름 = **(** function(매개변수){

필요한 기능의 실행문;

}(인수) **)**

형식2 :

var 변수의 이름 = **(** function(매개변수){

필요한 기능의 실행문;

})(인수)

함수 실행: 변수의 값으로 받아서 사용

| 실습하기 | 실습 파일: 05/05_09.html. 완성 파일: 05/all/05_09.html

```
9    〈script〉
     // 변수선언 ❶
10    var first = 5;
11    var last = 7;
12    // 함수식 시작하기
9   ❷ var all = ❸(function(a,b){
13     var result;
14     a〉b ? result = 'a가크다' : result = 'b가크다';❹
15     return result;
16   })(first,last)❺
17   // 출력하기
18   console.log( all ) ;❻
19   〈/script〉
```

❶ 매개변수에 사용할 변수 선언합니다.

❷ 함수식의 값을 저장할 변수 all을 선언하고.

❸ 함수식 선언합니다.

❹ 삼항연산자를 이용하여 a와 b의 값을 비교하여 true, false일때의 출력값을 각각 result에 저장하도록 합니다.

❺ 사용할 데이터를 받을 매개변수를 설정합니다.

❻ 출력값 확인을 합니다.

| 결과물 확인 |

:	Console	Issues				×
▶	⊘	top	▼	⊙	Fil	⚙
	b가크다			05_10.html:19		

실전 예제로 배우는 자바스크립트+제이쿼리

화살표 함수란

화살표 함수는 기존의 함수를 훨씬 간단하게 표현할 수 있게 만든 함수로, 재사용하지 않는 이름 없는 함수인 경우 function이라는 키워드 없이 fat arrow =>를 이용해 함수를 생성하는 방식입니다.

> let 또는 const 변수명 = (매개변수) => { 실행문 }

1. 매개변수가 없는 경우

> let 또는 const 함수명 = ( ) => {실행문}

```
const main1 = () => {
    console.log('main1')
}
main1();
```

* 매개변수가 없는 경우는 '( )'를 생략할 수 없습니다.

2. 매개변수가 1개인 경우

> let 또는 const 함수명 = 매개변수 => {실행문}

```
const main2 = a => {
    console.log(a)
}
main2('welcome')
```

*매개변수가 1개인 경우는 '()'를 생략 가능합니다.

3. 매개변수가 여러 개인 경우

> let 또는 const 함수명 = (매개변수,매개변수,매개변수) => {실행문}

```
const main3 = (a,b) => {
    console.log(a + b)
}
main3(5,10)
```

*매개변수인 ()는 생략하지 않습니다.

4. 화살표 함수 단축형

단축1 : 실행문이 한 줄인 경우 {}는 생략 가능합니다.

```
const main1 = (a,b) => {console.log(a + b)}
main1(3,5)                                              //출력 8

const main2 = (a,b) => console.log(a + b)
main(3,5)
```

단축2 : 실행문이 return 문이면서 한 줄인 경우 {}와 return은 생략할 수 있습니다.

```
const main2 = a =>{ return a * 2 }
->       const main2 = a => a * 2
         console.log(main2(5))                          //출력 10
```

단축3 : 실행문 한 줄이면서 객체를 return 할 경우에 return은 생략하지만 return 되는 객체는 '()'로 감싸야 한다.

```
const main3 = a => {return {b:a}}
->          const main3 = a => ({b:a})
                console.log(main3(25))
```

출력

```
▼ Object ℹ
    b: 25
  ▶ [[Prototype]]: Object
```

1. prompt를 이용하여 두 값을 받은 후 두 값의 곱과 합을 출력하는 함수를 작성하세요.

```
57
2
```

2. prompt를 이용하여 학생의 점수를 입력하면 점수와 학점을 출력하는 프로그램을 함수 function num (jumsu)을 정의하여 작성하시오(단, 90점 이상: A 학점, 80점 이상: B 학점, 70점 이상: C 학점, 60점 이상: D 학점, 그 외는 "F").

정답
1.
```
〈script〉
function btn(){
var result1;
var result2;
var num1 =Number(prompt('숫자를 입력하세요.'));
var num2 =Number(prompt('숫자를 입력하세요.'));

result1 = num1+num2;
result2 = num1&num2;
document.write(result1,'〈br〉');
document.write(result2);
}

btn();
〈/script〉
```

2.
```
〈script〉
    function num(jumsu) {
      if (jumsu〈=100 && jumsu)=90) hak_jum="A";
      else if (jumsu〈=89 && jumsu)=80) hak_jum="B";
      else if (jumsu〈=79 && jumsu)=70) hak_jum="C";
      else if (jumsu〈=69 && jumsu)=60) hak_jum="D";
      else hak_jum="F";
      return hak_jum;
    }
  〈/script〉
〈/head〉
〈body〉
  〈script language="JavaScript"〉
      score=prompt(" 점수를 입력하세요",0);
      document.write
      ("점수는"+score+"점이고"+num(score)+"학점을 받으셨습니다.〈br〉");
  〈/script〉
```

CHAPTER 06

객체

자바스크립트는 객체 지향적 프로그램이라 합니다. 객체란 프로그램을 이루는 기본 시스템 그룹이라 보면 됩니다. 예를 들어 자동차를 생각해 봅시다. 자동차는 엔진 시스템, 운전자 시스템, 차체 시스템, 운전석 시스템 등 여러 시스템으로 나누어져 있고 이 시스템에는 여러 부속품과 그 부속품들을 움직이게 하는 파트로 나누어져 있습니다. 자바스크립트도 프로그램을 만들기 위한 여러 시스템이 있으며, 그 시스템을 구성하는 부속품과 시스템을 움직이게 하는 명령들로 이루어져 있습니다.

자바스크립트에서 이런 시스템을 사용하는 방법은 이미 자바스크립트에 내재되어 있는 시스템을 사용하는 방법과 프로그래머가 필요에 따라 시스템을 만드는 방법이 있습니다. 이번 장에서는 일반적인 객체의 개념과 사용자의 필요에 따라 객체를 만드는 방법을 알아보도록 하겠습니다.

객체란?

우리가 자바스크립트로 프로그램을 만들 때 필요한 시스템들은 어떤 것들이 있을까요? 브라우저를 제어해야 한다면 브라우저 제어 시스템이 필요하고 HTML을 제어하기 위해서는 HTML을 제어하는 시스템이 필요합니다. 또 시간을 이용한 프로그램을 만들고 싶다면 시간을 제어하는 시스템이 필요합니다. 이렇게 자바스크립트의 필요한 시스템을 우리는 객체라 말합니다.

객체란?

예를 들어 생각해 봅시다. 우리가 만약에 브라우저를 제어하고 싶다면 브라우저 객체가 필요합니다. 이 객체 안에는 브라우저의 주소, 브라우저 창의 가로 크기, 브라우저 창의 세로의 크기, 브라우저 창의 이름, 브라우저 위치, 스크롤의 위치 등 브라우저 정보를 알려주는 속성과 브라우저 창 열기, 브라우저 창 닫기, 모달 윈도우 열기 등 실제 작동을 실현하는 매소드가 존재합니다. 우리가 흔히 명령어 또는 내장함수가 여기에 속합니다.

정보 → 속성

- 브라우저 주소창
- 브라우저 가로 크기
- 브라우저 세로 크기
- 브라우저 위치
- 스크롤의 위치

작동 → 매소드( )

- 브라우저 창 열기
- 브라우저 창 닫기
- 모달 윈도우 열기
- 스크롤 움직이기
- 주소창의 주소 바꾸기

자바스크립트에서 객체를 사용하기 위한 기본 형식부터 알아봅시다.

```
형식:
    객체.매소드( );                          →   브라우저.창열기( );
        ❶객체.속성; 또는 ❷객체.속성 = 값;      →   브라우저.가로크기;
                                             →   브라우저.가로크기 = 600px;
```

실전 예제로 배우는 자바스크립트+제이쿼리

객체와 매소드( ) 그리고 속성의 연결은 '.'로 연결을 합니다. 우리는 이러한 연결을 체인 사용법이라고 부르면 필요에 따라 여러 번 연결이 가능합니다.

예 객체.객체.속성 ;　　　　　→　　　　window.loacation.href ;
　　객체.속성.속성 ;　　　　→　　　　document.style.color ;

또한 속성의 사용법을 보면 ❶속성은 속성의 값을 가져올 때 사용하며, ❷속성의 사용법은 속성에 값을 지정할 때 사용합니다.

이번에는 객체의 종류에 대해 알아봅시다.

객체의 종류

객체의 종류에는
1. 내장객체(기본객체)
2. 브라우저 객체
3. 사용자지정 객체로 크게 나눌 수 있습니다.

내장 객체

내장 객체는 자바스크립트 엔진에 내장이 되어 있는 기본 객체들로 문자(string), 날짜(Date), 배열(Array), 수학(Math) 객체 등이 여기에 속합니다.

브라우저 객체

브라우저 객체는 브라우저에 내장된 객체로 우리가 흔히 BOM(Browser Object Model)이라고 말합니다.
브라우저의 계층 구조를 보면 다음과 같습니다.

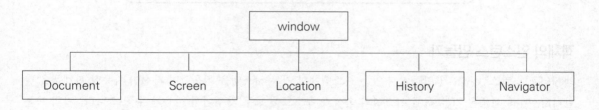

브라우저의 가장 상급객체는 window객체로 어느 객체보다 위에 존재하기 때문에 window 객체는 생략하여 사용합니다.

ex: window.document.getElementById('main') ; → document.getElementById('main') ;

윈도우 객체 안에는 여러 객체가 존재하는데 우리가 DOM(Document Object Model)이라 불리는 문서객체도 여기에 포함됩니다.

사용자 객체

사용자 객체 또는 사용자 정의 객체는 프로그램 작성 시 사용자가 필요에 따라 시스템을 설계하여 만드는 객체입니다.

예를 들면 미술관에서 미술품 관리 시스템을 만들고자 하면 먼저 미술품 번호, 미술품 제목, 제작자, 카테고리, 제작일과 같은 정보가 있는 속성들과 정보 출력과 같은 매소드를 만드는 것입니다.

객체의 프로토타입이란

앞에서 우리는 객체를 시스템이라고 정의를 했습니다. 자바스크립트에 내장된 객체 또는 사용자가 필요에 따라 만든 객체 등 모든 객체 안에는 객체의 속성과 매소드()가 설계되어 있습니다. 이러한 내부 구조도를 우리는 프로토타입이라 합니다.

날짜 객체를 살펴봅시다. 만약에 우리가 날짜 시스템 필요하다면 이 시스템에 필요한 속성이 있을 거예요.

날짜 시스템 (날짜 시스템 프로토타입)

<table>
<tr><td>정보</td><td>작동하기</td></tr>
<tr><td>
• year
• month
• day
• date
• week
• time
</td><td>
• Year값 가져오기
• Month값 가져오기
• Day값 가져오기
• Date값 가져오기
• Week값 가져오기
• Time값 가져오기
</td></tr>
</table>

객체의 인스턴스 만들기

객체의 인스턴스란 구조가 만들어져 있는 시스템에서 기본 시스템을 이용하여 자신이 사용할 복제품을 말합니다. 이 복제품은 기본 객체 시스템의 속성과 매소드를 모두 갖추어서 사용할 수 있습니다. 거의 모든 내장객체는 객체 자체를 사용하지 않고 객체의 시스템을 이용하여 새로운 사용자가 이름을 정한 복제품이 만들어집니다. 인스턴스를 만드는 방법은 var로 자신이 사용할 이름을 선언하고 new라는 연산자를 이용하여 만들고자 하는 객체의 이름을 사용하면 됩니다.

```
형식: 내재 객체 인스턴스 만들기
      var 사용할 객체 이름 =  new 객체( ); → ex)  날짜 객체를 사용하려면
                                               var today = new Date( );
```

> 형식: 사용자 객체 인스턴스만들기
> var 사용할 객체 이름 = new Object( ); → ex) 나의 객체를 만든다면
> var My = new Object( );

| **실습하기** | 실습 파일: 06/06_00.html. 완성 파일: 06/all/06_00.html)

```
10      <script>
11          var today = new Date(); ❶
12          console.log(today);❷
13          console.log(today.getFullYear());❸
14          console.log(today.setFullYear(2022));❹
15          console.log(today);❺
16      </script>
```

❶ 날짜 객체를 이용하여 나의 날짜 객체 인스턴스 today 만들기

❷ today의 값을 출력하기

❸ today의 객체의 년도만 출력하기

❹ today의 객체의 년도를 2022년으로 만들기

❺ today의 객체의 값을 다시 확인하기

| 결과물 확인 |

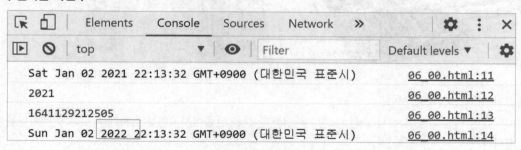

내장 객체 사용하기

SECTION 02

브라우저의 자바스크립트 엔진에 내장된 객체 중 데이터를 관리하는 Array 객체에 대해서 알아보도록 합시다.

Array 객체 사용하기

Array(배열) 객체는 데이터를 관리하는 객체입니다. 예를 들어보면 우리가 변수를 알아볼 때 변수는 데이터를 관리하는 그릇이라고 표현을 하였습니다. 그럼 변수와 배열 객체는 무엇이 틀리는지부터 알아봅시다.

김밥의 재료를 데이터로 정의한다면 변수는 Ⓐ와 같이 각각의 재료를 따로 그릇을 만들어 사용하는 방법이고 배열은 Ⓑ와 같이 하나의 그릇에 각각의 칸을 만들어 데이터를 정리하는 방법입니다.

A   B

그럼 배열의 형식을 먼저 봅시다.

배열은 A와 같이 먼저 그릇을 하나 만들고 그다음 필요한 칸을 만들어서 0번부터 차례로 필요한 데이터를 넣으면 됩니다.

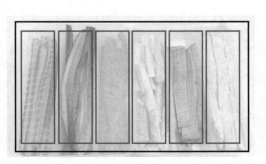

배열

A   B

배열 형식

배열 이름

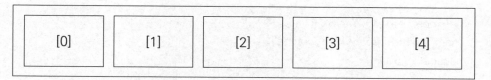

```
기본형 :
        var 배열의 이름 = new Array(배열갯수)
        배열이름[0] = 값 ;
        배열이름[1] = 값 ;
                배열이름[2] = 값 ;
```

실습을 해 봅시다.

먼저 pen 배열 인스턴스를 선언하고 Array 객체를 생성합니다. 0번부터 칸에 해당되는 데이터를 대입합니다.

| **실습하기** | 실습 파일: 06/06_01.html. 완성 파일: 06/all/06_01.html

```
11    var pen = new Array(4);
12    pen[0] ="red";
13    pen[1] ="green";
14    pen[2] ="blue";
15    pen[3] ="orange";
```

console에 배열 pen 과 배열 pen의 세 번째 데이터를 출력합니다.

```
17    console.log(pen);
18    console.log(pen[2]);
```

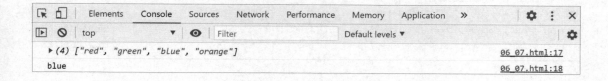

배열은 기본형 이외에 단축형을 많이 사용하는데 몇가지 단축형을 알아봅시다.

단축형1

```
21    var room = new Array();
22    room = ['red','green','blue','orange'];
23    console.log(room);
```

출력하면

단축형2

```
26    var str = new Array('red','green','blue','orange');
27    console.log(str);
```

이 밖에 여러 단축형이 존재합니다.

배열의 성격

배열은 변수와 같이 각각의 소스들을 변경할 수 있습니다.
str배열의 세 번째 소스를 pink로 변경하여 봅시다. 그리고 콘솔에 str배열을 출력하여 변경된 값을 확인해 봅시다.

```
26    var str = new Array('red','green','blue','orange');
27    console.log(str);
28
29    //배열변경
30    str[2] = 'pink';
31    console.log(str);
```

배열 속성과 매소드

속성	기능 설명
length	객체의 갯수를 수치로 나타낸다.
constructor	객체의 생성자를 참조한다.
prototype	속성과 매소드를 추가하여 배열 선언을 확장한다.

매소드	기능
concat()	하나의 배열에 다른 배열의 요소를 결합한다.
join()	문자열로 배열의 요소를 분리하여 1개의 데이터로 결합한다.
pop()	배열의 마지막 요소를 삭제한다.
push()	마지막 인덱스에 다른 요소를 추가한다.
shift()	배열의 첫 요소를 제거한다.
unshift()	배열의 처음에 요소를 추가한다.
splice()	이전 배열 요소를 삭제하고 새로운 내용물을 추가하는 형태로 배열 내용을 변경하고, 삭제된 요소들은 반환한다.
slice()	배열 값의 일부분을 선택하여 새로운 배열을 만들어 준다.
sort()	숫자 또는 문자열 순서대로 정렬한다.
reverse()	배열의 요소를 역순으로 나타낸다.

실습으로 중요한 매소드를 정리해 봅시다.

| **실습하기** | 실습 파일: 06/06_02.html. 완성 파일: 06/all/06_02.html

```
10    var str = new Array('red','green','blue','orange');
11    console.log(str);
12    var num = new Array('pen',5,false,456,'설악산');
13    console.log(num);                      //배열출력하기
14    console.log(num.length);               //배열의 갯수출력
```

☐ ☐	Elements	**Console**	Sources	Network	Performance	Memory	Application	≫		⚙	⋮	✕

▷ ⊘	top	▼	◉	Filter		Default levels ▼		⚙

```
▶ (4) ["red", "green", "blue", "orange"]                        06_08.html:11
▶ (5) ["pen", 5, false, 456, "설악산"]                          06_08.html:14
  5                                                             06_08.html:15
```

```
15    //concat()
16    var all = str.concat(num);
17    console.log(all);
```

배열 str에 배열 num 합치기 (배열str이 기준입니다.)

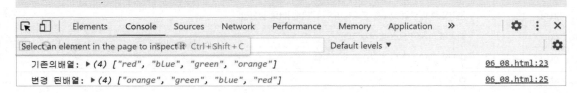

```
18    pens = ["red", "blue", "green", "orange"];
19    console.log('기존의배열:',pens);
20    pens.reverse();
21    console.log('변경 된배열:',pens);
```

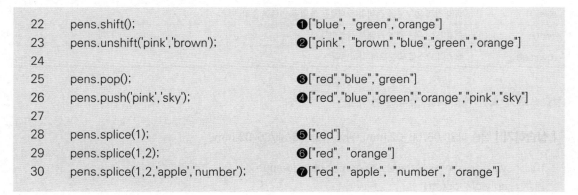

배열 자신의 요소가 변경되는 매소드

```
22    pens.shift();                            ❶["blue", "green","orange"]
23    pens.unshift('pink','brown');            ❷["pink", "brown","blue","green","orange"]
24
25    pens.pop();                              ❸["red","blue","green"]
26    pens.push('pink','sky');                 ❹["red","blue","green","orange","pink","sky"]
27
28    pens.splice(1);                          ❺["red"]
29    pens.splice(1,2);                        ❻["red", "orange"]
30    pens.splice(1,2,'apple','number');       ❼["red", "apple", "number", "orange"]
```

pens배열의 처음 값은

red	blue	green	orange

❶ shift( )매소드 배열의 처음 요소 삭제

~~red~~	blue	green	orange

❷ unshift( )는 배열의 처음 요소 앞에 추가

pink	brown	red	blue	green	orange

❸ pop( )는 배열의 마지막 요소 삭제

| red | blue | green | orange |

❹ push( )는 배열의 마지막 요소 다음에 추가

| red | blue | green | orange | pink | sky |

❺ splice(1)는 요소[1]부터 다음에 오는 요소 모두 삭제

| red | blue | green | orange |

❻ splice(1,2)는 요소[1]에서 2개의 item까지 삭제["red", "orange"]

| red | blue | green | orange |

❼ splice(1,2,'apple','number')요소[1]에서 2개의 item까지 삭제하고 item 'apple', 'number'를 추가

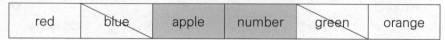

| red | blue | apple | number | green | orange |

기존의 배열에 필요한 요소를 가져와 새로운 배열로 바꾸기

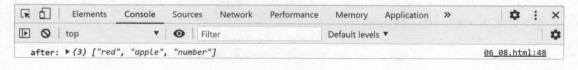

```
31    var newPens = pens.slice();          //❶ ["red", "blue", "green", "orange"]\
32    var newPens = pens.slice(1,3);        //❷["blue", "green"]
33    console.log(newPens);
```

❶ 인수가 없는 경우에는 모든 요소를 가져오고 인수가 있을 경우에는 인수번째에서 인수번째−1까지의 요소를 가져옵니다.

❷ pens의 배열 중에 요소[1]에서 [3−1]까지 가져와 새로운 배열 newPens가 만들어진 것을 볼 수 있습니다.

| 0 | 1: blue | 2 :green | 3 |

indexOf( )는 배열의 값을 통해 배열 요소번호를 알려줍니다.

```
34      var result = pens.indexOf('blue');
44      console.log(result);
```

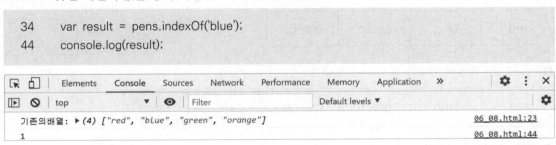

join()은 문자열로 배열의 요소를 분리하여 1개의 데이터로 만들어 줍니다. 인수 안에 문자가 없으면 ','로 구분하고 만약에 문자가 있으면 문자로 구분되어 출력합니다.

```
46      console.log(pens.join());
47      console.log(pens.join(' / '));
```

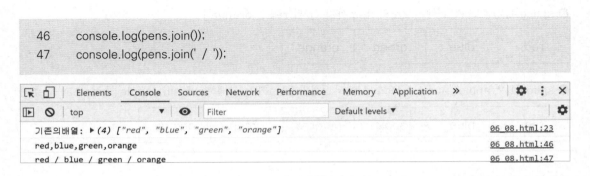

sort() 매소드는 배열의 요소를 적절한 위치에 정렬한 후 그 배열을 반환합니다. 정렬은 기본 정렬이 아니며, 문자열의 유니코드 코드 포인트를 다룹니다.

```
배열.sort([ compareFunction(비교 대상함수) ])
```

compareFunction 값이 생략되면, 배열의 element들은 문자열로 취급되어, 유니코드 값 순서대로 정렬됩니다.

```
1      let pens = ["red", "blue", "green", "orange"];
2      console.log(pens.sort());
3      let arr = new Array(1,2,3,4,11,'11',1111,123,'124',11111);
4      console.log(arr.sort());
```

출력 :

```
▶ (4) ['blue', 'green', 'orange', 'red']
▶ (10) [1, 11, '11', 1111, 11111, 123, '124', 2, 3, 4]
>  |
```

a, b 두 개의 element를 파라미터로 입력받을 경우,

1. 이 함수가 리턴하는 값이 0보다 작을 경우, a가 b보다 앞에 오도록 정렬하고,
2. 리턴하는 값이 0보다 클 경우, b가 a보다 앞에 오도록 정렬합니다.
3. 만약 0을 리턴하면, a와 b의 순서를 변경하지 않습니다.

sort() 함수로 숫자 오름차순 내림차순 정렬하기

```
//올림차순
const arr = [2, 1, 3, 10];
arr.sort(function(a, b)  {
  return a - b;
});
console.log(arr);                              //출력 : [1,2,3,10]
```

```
//내림차순
const arr = [2, 1, 3, 10];

arr.sort(function(a, b)  {
  return b - a;
});
document.writeln(arr + '<br>'); // [10, 3, 2, 1]      //출력 : [10,3,2,1]
```

문자열 정렬하기

```
//올림차순
const arr = ['banana', 'b', 'boy'];

arr.sort();
document.writeln(arr + '<br>');                 //출력 : ['b', 'banana', 'boy']
```

```
//내림차순
const arr = ['banana', 'b', 'boy'];

arr.sort(function(a, b) {
  if(a < b) return 1;
  if(a > b) return -1;
  if(a === b) return 0;
});
document.writeln(arr + '<br>');                 //출력 : ['boy', 'banana', 'b']
```

forEach()는 콜백함수로 주어진 함수를 배열 아이템 각각 함수를 실행하도록 합니다.

arr.forEach(callback(❶currentvalue, ❷index, ❸ thisArg])

❶ 요소 값
❷ 요소 인덱스
❸ 순회 중인 배열

```
let num = ['people','dog','cat','rabbit']

❶ num.forEach(function(item,index,array){
   document.write(
    `<p>
       ❷ ${index} : ${item}입니다.
     </p>`
   )
})
```

❶ 배열오브젝트 num 각각의 item들을 가져와서 ❷ p요소 안에 index의 번호와 item을 넣어서 출력하도록 합니다.

출력물:

```
0 : people입니다.
1 : dog입니다.
2 : cat입니다.
3 : rabbit입니다.
```

map() 매소드는 배열 내의 모든 요소 각각에 대하여 주어진 함수를 호출한 결과를 모아 새로운 배열을 반환할 수 있습니다. map()은 return을 실행하면 새로운 배열이 만들어지고, 실행문을 실행하면 forEach와 같이 배열 아이템 각각의 실행문을 실행합니다.

arr.map(callback(❶currentvalue, ❷index, ❸ thisArg])

❶ 요소 값
❷ 요소 인덱스
❸ 순회 중인 배열

```
let num = [1,2,3,4,5]

let str = num.map(function(item,index,array){
  document.write(
    ❶ `<p> ${item}</p>`
  )
  ❷ return item * 3
})
```

출력물:

```
❶     1
      2
      3
      4
      5
      ─────────────────────────
❷     ▶ (5) [3, 6, 9, 12, 15]
```

filter() 매소드는 주어진 함수의 테스트조건이 true 값을 가진 item만 모아서 새로운 배열로 반환합니다.

arr.filter(callback(❶ currentvalue, ❷ index, ❸ thisArg])

❶ 요소 값
❷ 요소 인덱스
❸ 순회 중인 배열

```
let num = [1,2,3,4,5,6,7,8,9]

let two = num.filter(function(item,index){
  ❶ return index % 2 === 0
})
❷ console.log(two)
two.forEach(function(item){
  ❸ document.write(item,'입니다.<br>')
})
```

출력물:

```
❷        ▶ (5) [1, 3, 5, 7, 9]


❸     1입니다.
      3입니다.
      5입니다.
      7입니다.
      9입니다.
```

reduce() 매소드는 배열의 각 요소에 대해 주어진 리듀서(reducer) 함수의 콜백함수를 실행하고, 하나의 결괏값을 반환합니다.

arr.reduce(❶ callback함수)

❶ 실행할 함수

```
arr.reduce(
(❷ accumulator, ❸ currentvalue, ❹ index, ❺ thisArg) => {❻}, ❼ 초기값
)
```

❷ accumulator: 누적될 결과값을 가질 매개 변수명
❸ 배열의 각각의 item의 값이 들어올 매개 변수명
❹ 배열의 각 item의 index 번호가 들어올 변수명
❺ reduce()를 호출한 배열
❻ reduce()가 처리할 실행문 그룹
❼ callback의 최초 호출에서 사용될 초기값. ❷의 매개변수에 처음 값으로 들어갑니다. 초기값을 제공하지 않으면 배열의 첫 번째 요소를 사용합니다. 빈 배열에서 초기값 없이 reduce()를 호출하면 오류가 발생합니다.

```
let num = [1,2,3,4,5,6,7,8,9,10];
let sum = num.reduce(hap,item,index) => {
❶      return hap + ( item * 2)
       },0)
❷      console.log(sum)
```

❶ hap이라는 매개변수에 초기값 0을 넣고 num배열의 각 item 값을 가져와 2를 곱하고 기존의 hap의 변수값에 더하여 총합을 구함으로써 최종 hap의 값을 호출합니다.

hap	num			item의 최종값	hap	
초기값 0	1	*	2	⟶ 2	2	
	2	*	2	⟶ 4	6	
	3	*	2	⟶ 6	12	
	4	*	2	⟶ 8	20	
	5	*	2	⟶ 10	30	
	6	*	2	⟶ 12	42	
	7	*	2	⟶ 14	56	
	8	*	2	⟶ 16	72	
	9	*	2	⟶ 18	90	
	10	*	2	⟶ 20	110	출력값

출력물:

❷	110

for...in문은 상속된 열거 가능한 속성들을 포함하여 객체에서 문자열로 키가 지정된 모든 열거 가능한 속성에 대해 반복합니다.

```
for (❶ 변수 of ❷ 반복객체) {
        ❸ 실행문
}
```

❶ 반복문에 사용할 index의 변수 선언
❷ 반복문에 사용할 아이템이 있는 객체명
❸ 반복문에 사용할 아이템에 사용할 실행문

```
let cars = ['red','blue','green','violet']

for(let i of cars){
  document.write(`
  ❶<p>${i}입니다.</p>
  `)
}
```

배열 cars의 각각의 index에 있는 아이템들을 엘레멘트 p안에 출력하라.

출력물:

```
❶      red입니다.
        blue입니다.
        green입니다.
        violet입니다.
```

for...of 명령문은 반복 가능한 객체(Array, String, 객체 등을 포함)에 대해서 반복하고 개별 속성값에 실행문을 적용하는 반복문입니다.

```
for (❶변수 of ❷반복객체) {
        ❸실행문
    }
```

❶ 반복문에 사용한 변수 선언
❷ 반복할 아이템이 있는 객체명
❸ 반복할 아이템에 사용할 실행문

```
let cars = ['red','blue','green','violet']

for(let i of cars){
  document.write(`
  ❶<p>${i} 입니다.</p>
  `)
}
```

배열 cars 각각의 아이템들을 엘레멘트 p안에 출력하라.

출력물:

```
❶      red입니다.
        blue입니다.
        green입니다.
        violet입니다.
```

```
let str = "boo";

for (let i of str) {
❶ console.log(i);
}
```

배열 str 각각의 아이템들을 console 창에 기록하라.

출력물:

❶   "b"
      "o"
      "o"

사용자 객체 만들기

사용자가 자신이 만드는 프로그램 안에 필요한 정보를 정의하고 사용하는 시스템을 말합니다. 예를 들어 어떤 미술관에 진열된 작품 관리 프로그램을 만들어야 한다면 그 미술관에 소장되어 있는 작품의 정보와 관리 프로그램에서 필요한 기능을 객체의 형식으로 만들어서 사용하면 됩니다.

먼저 객체를 만드는 방법부터 살펴봅시다.

사용자 객체 기본형

사용자 객체의 가장 기본이 되는 형식부터 알아보겠습니다.

```
형식:
    ❶ var 객체이름 =  new Object();
    ❷ 객체이름.속성 = 값;
    객체이름.속성 = 값;
    ❸객체이름.매소드 = function( ){ 실행문 ; }
```

사용자 객체는

❶ var 명령을 이용하여 객체의 이름 선언 후 new 연산자로 새로운 객체를 생성합니다.
  주로 객체의 이름은 대부분 대문자로 시작합니다.

❷ 속성 만들기 :만들어진 객체의 이름에 속성명을 '.'로 연결합니다.

❸ 매소드 만들기 : 만들어진 객체의 이름에 매소드명을 '.'로 연결한 후 주로 익명의 함수 형태로 실행문을 선언합니다.

미술작품 객체를 만들어 봅시다.

| 실습하기 | 실습 파일: 06/06_03.html 완성 파일: 06/all/06_03.html

```
9      〈script〉
10       var Picture = new Object();  ❶
11          Picture.image ='images/pic01.jpg';❷
12          Picture.title = '에펠탑의 신랑신부';
13          Picture.artist = '마르크 샤갈';
14          Picture.year = '유화';
15          Picture.art = function(){ document.write('〈dl〉〈dt〉', Picture.title,'〈/dt〉
                  〈dd〉〈img src='', Picture.image, ''〉〈/dd〉〈/dl〉');
```

```
            }
16      console.log(Picture);❸
17      console.log(Picture.artist);❹
18      Picture.art();❺
19    〈/script〉
```

각 단계를 차분히 만들어 봅시다.

❶ var를 이용하여 'Picture'이름의 객체 생성합니다.

```
9     〈script〉
10      var Picture = new Object();   ❶
11    〈/script〉
```

❷ 만들어진 Picture객체에 필요한 속성(image)를 만들고 속성의 값을 넣어둡니다.

```
11      Picture.image ='images/pic01.jpg';
12      Picture.title = '에펠탑의 신랑신부';
13      Picture.artist = '마르크 샤갈';
14      Picture.year = '유화';
```

❸ Picture 객체에 매소드 art를 만들기 위해 익명의 함수로 실행문을 작성합니다.

```
20      Picture.art = function(){ document.write('〈dl〉〈dt〉', Picture.title,'〈/dt〉
                〈dd〉〈img src='', Picture.image, ''〉〈/dd〉〈/dl〉');
                }
```

write 매소드안에 Ⓐ 〈dl〉요소를 넣고 그 안에 〈dt〉, 〈dd〉요소를 삽입한 후 Ⓑ 〈dt〉요소안에는 Picture.title 속성을 〈dd〉요소 안에는 Picture.image 속성을 넣습니다.

document.wrtie(' 출력물 ');

↓

document.wrtie(' 〈dl〉〈/dl〉 ');

↓

Ⓐ   document.wrtie(' 〈dl〉〈dt〉〈/dt〉〈dd〉〈/dd〉〈/dl〉 ');

Ⓑ
↓

document.wrtie(' 〈dl〉〈dt〉 Picture.title 〈/dt〉〈dd〉   Picture.image 〈/dd〉〈/dl〉 ');

ⓒ 문자 데이터의 따옴표를 정리한 후 객체의 속성과 문자 데이터를 결합연산자 또는 연결 연산자로 연결합니다.

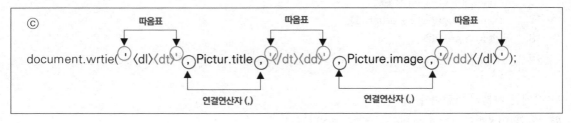

❸ ❹ console에서 Picture 객체를 확인합니다. 객체가 생성되었고 속성과 매소드가 표시되어 있습니다. 이때 매소드는 f로 표시됩니다. 사용자 객체로 만든 데이터는 속성, 매소드를 독립적으로 사용할 수 있습니다.

```
21      console.log(Picture);❸
22      console.log(Picture.artist);❹
```

❺ 매소드를 사용해보면 아래와 같이 요소가 새로 생성되고 객체의 속성이 자리 잡은 것을 볼 수 있습니다.

```
23      Picture.art();❺
```

리터널(Literal) 방식으로 만들기

리터널(literal) 방식은 어떠한 이름과 함께 데이터를 저장하는 방식입니다. 객체를 리터널방식으로 정의할 때는 선언할 객체의 이름에 {}를 사용하여 속성과 값, 그리고 매소드를 정의합니다.
이때 속성, 매소드의 이름에 값을 넣을 때는 ':'으로 사용하고 연결 연산자 ','로 연결합니다. 그리고 그룹을 닫은 '}' 다음에는 ';'으로 마무리합니다.

```
        형식:
            ❶ var  객체이름 = {❷
                    ❸ 속성명 : 값 ,❹
                    속성명 : 값 ,
                    매소드명 : function(){
                                    실행문 ;}❺
                    };
```

사용자 객체는

❶ var 명령을 이용하여 객체의 이름 선언 후 ❷{ };로 그룹을 형성합니다.

❸ 속성과 매소드를 만들 때는 이름에 :을 사용하고 ❹,로 연결합니다.

❺ 모든 소스가 만들어 지면 }로 닫고 ';'로 마무리합니다.

미술작품 객체를 만들어 봅시다.

❶ var를 이용하여 'Picture'이름의 객체 생성하고 {}로 그룹을 만듭니다.

| 실습하기 | 실습 파일: 06/06_04.html 완성 파일: 06/all/06_04.html

```
10    <script>
11    ❶ var Picture = {
12                                                 }
13    </script>
```

❷ 속성만들기: image, title, artist, year 속성을 만들어서 값을 넣습니다.

```
14    <script>
15    var Picture = {
16        ❷ image:'images/pic01.jpg',
17            title:'에펠탑의 신랑신부',
18            artist:'마르크 샤갈',
19            year:'1965'
20
21    }
```

❸ 매소드 만들기 : 매소드명 art에 function(){}로 매소드를 만들고 출력할 실행문을 넣습니다.

실행문은 <dl>요소안에 <dt><dd> 요소를 만들어 각각의 속성값이 출력 되도록 합니다.

string 데이터와 객체의 속성을 실습 06_01.html과 같이 결합연산자 또는 연결연산자를 이용하여 매소드를 만듭니다.

```
69    <dl> 속성명
70    <dt> Picture.title </dt>
71    <dd><img src="Picture.image"></dd></dl>
```

```
22        art:function(){    ❸
23          document.write('<dl><dt>',Picture.title,'</dt>
24                          <dd><img src="',Picture.image,'"></dd></dl>'); },
```

❹ ❸과 같은 방법으로 creatYear매소드를 만든다.

```
67    <p>     속성명
68    <span> Picture.artist </span>
69    <span><img src=" Picture.year "></span></p>
```

```
25        creatYear:function(){    ❹
26          document.write('<p><span>',Picture.artist,'</span>
27                          <span>',Picture.year,'</span</p>');
28        }
29
```

Picture객체가 완성이 되면 console창에 객체와 속성를 확인합니다.

```
30    ❺    console.log(Picture);
31         console.log(Picture.title);
32         console.log(Picture.artist);
```

❻ Picture.art()와 ❼Picture.creatYear()매소드를 출력합니다.

```
33      Picture.art();                          ❻
34      Picture.creatYear();                    ❼
35      </script>
```

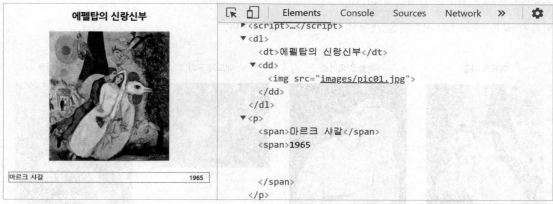

생성자 함수를 사용해 객체 만들기

기본 형식 또는 리터널 방식으로 객체를 만들면 하나의 객체가 생성됩니다. 그런데 같은 형식으로 된 여러 데이터 시스템이 필요한 경우에는 같은 형식의 객체를 여러번 만들어야 하는 단점이 있습니다. 이런 경우에는 함수의 성격을 이용하여 객체 시스템을 구축하면 됩니다. 우리는 이 방법을 생성자 함수를 이용한 객체라고 합니다.

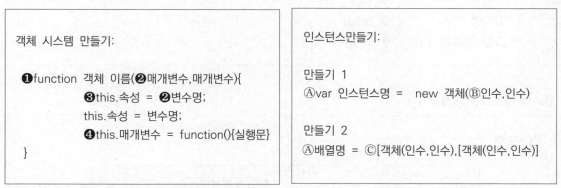

먼저 객체의 기본 시스템을 만듭니다.

❶ function으로 객체 이름 선언 후 속성에 사용할 ❷ 매개변수를 선언합니다.

❸ this 예약어를 사용하여 객체의 속성을 만든 후 사용할 매개변수를 할당합니다.

이때의 this는 지금 선언된 객체를 가리킵니다.

❹ this 예약어를 사용하여 객체의 매소드를 만든 후 익명의 함수(또는 이름있는 함수)를 이용하여 실행문 그룹을 만듭니다.

이렇게 기본 시스템이 만들어지면 사용할 데이터가 있는 인스턴스를 만듭니다. 인스턴스는 여러 방법으로 만들 수 있습니다.

첫 번째 Ⓐvar 명령어(또는 var가 생략되어도 됨)를 이용하여 인스턴스명을 선언하고 new 연산자로 생성될 객체와 Ⓑ객체의 매개변수로 보낼 인수를 설정합니다.

두 번째 방법은 배열로 만드는 방법입니다.

먼저 Ⓐvar 명령어(또는 var가 생략되어도 됨)를 이용하여 인스턴스명을 선언하고 Ⓑ배열을 만듭니다. 배열 안에 객체와 인수를 설정하면 됩니다.

다음과 같은 미술작품 시스템을 객체로 만들어 출력해 봅시다.

마르크 샤갈

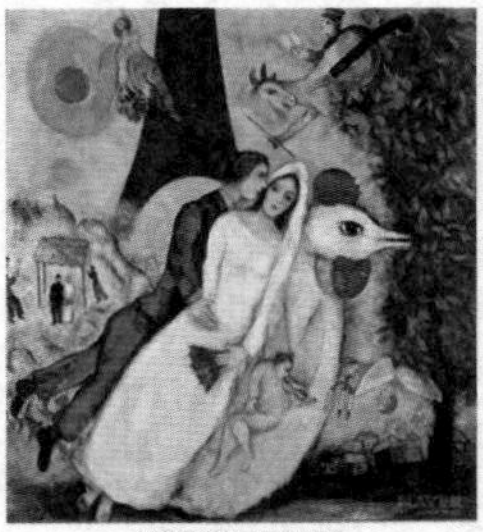

에펠탑의 신랑신부

파블로 피카소

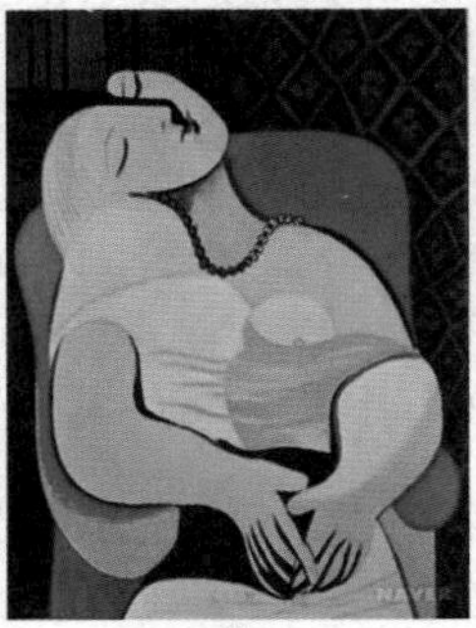

꿈

에드가 드가

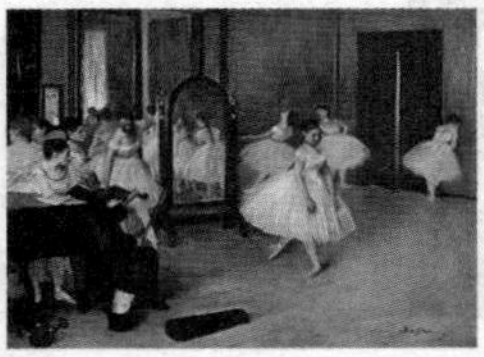

무용실

오귀스트 르누아르

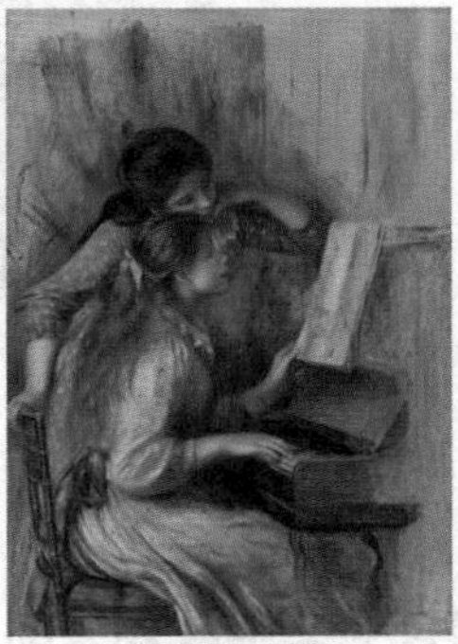

피아노치는 소녀들

객체의 시스템의 이름을 'Picture'로 정한 후 필요한 속성과 명칭을 결정합니다.

작품명	→ title
화가명	→ artist
그림 이미지 경로	→ image

필요한 매소드를 계획합니다.

매소드명: art

dl

〈dt〉 작가명 〈/dt〉

〈dd〉〈img src="이미지경로"〉〈/dd〉

〈dd〉작품명〈/dd〉

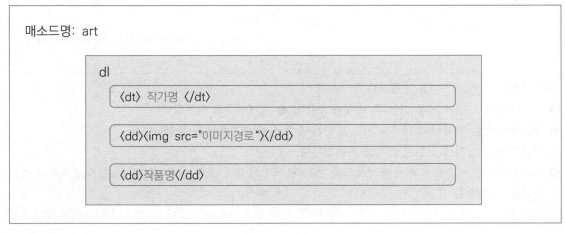

그럼 먼저 객체를 생성해 봅시다.

1. 객체생성하기

❶ function 명령어로 객체 함수 Picture를 선언합니다. 속성의 값에 사용한 매개변수 ❷ image, ❸ title, ❹artist을 같이 선언합니다.

| **실습하기** | 실습 파일: 06/06_05.html 완성 파일: 06/all/06_05.html

```
10      〈script〉
                      ❷      ❸      ❹
11      ❶function Picture(image,title, artist){
12      }
13      〈/script〉
```

this 예약자로 필요한 속성을 선언하고 매개 변숫값을 입력합니다.

```
12        this.image = image;
13        this.title = title;
14        this.artist =artist ;
```

this 예약자로 매소드 art를 선언 후 익명의 함수 형태로 출력문은 생성합니다. 문자데이터와 함수의 속성을 연결연산자 또는 결합연산자를 사용하여 생성합니다.

```
15        this.art = function(){
16          document.write('〈dl〉〈dt〉',this.artist,'〈/dt〉〈dd〉〈img src="'
          ,this.image,'"〉〈/dd〉〈dd〉',this.title,'〈/dd〉〈/dl〉');
17        }
18      }
```

2. 인스턴스 생성하기

var를 이용하여 인스턴스 Picture01을 선언하고 new 연산자를 통해 Picture을 생성합니다. 그리고 Picture 객체에 넘겨줄 인수 값을 저장합니다. 똑같은 방법으로 Picture02, Picture03, Picture04를 선언합니다.

```
20      var Picture01 = new Picture('images/pic01.jpg','에펠탑의 신랑 신부','마르크 샤갈');
21      var Picture02 = new Picture('images/pic02.jpg','꿈','파블로 피카소');
22      var Picture03 = new Picture('images/pic03.jpg','무용실','에드가 드가');
23      var Picture04 = new Picture('images/pic04.jpg','피아노치는 소녀들','오귀스트 르누아르');
```

console창에 인스턴스 Picture02를 출력해 봅니다.

```
24        console.log(Picture02);
```

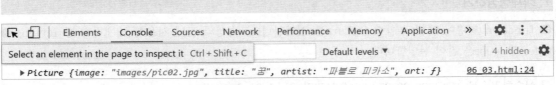

마지막으로 객체 매소드를 사용하여 브라우저에 객체를 출력합니다.

```
25        Picture01.art();
26        Picture02.art();
27        Picture03.art();
28        Picture04.art();
```

3. 배열을 사용하여 인스턴스 생성하기

이번에는 배열을 통해서 인스턴스를 생성해 봅시다.
함수 생성자를 통해 객체가 생성된 후 배열의 이름을 선언합니다.

| 실습하기 | 실습 파일: 06/06_06.html 완성 파일: 06/all/06_06.html

```
20        picture = []
```

new 연산자를 통해 Picture을 생성합니다. 그리고 Picture객체에 넘겨줄 인수 값을 저장합니다. 똑같은
방법으로 Picture02, Picture03, Picture04를 선언합니다.

```
20        picture = [
21            new  Picture('images/pic01.jpg','에펠탑의 신랑신부','마르크 샤갈'),
22            new  Picture('images/pic02.jpg','꿈','파블로 피카소'),
23            new  Picture('images/pic03.jpg','무용실','에드가 드가'),
24            new  Picture('images/pic04.jpg','피아노치는 소녀들','오귀스트 르누아르')
25        ]
```

console창에 배열 두 번째 객체를 확인하고 배열의 length를 확인합니다.

```
26      console.log(picture[1]);
27      console.log(picture.length);
```

```
 ⌖ ⧉ │ Elements   Console   Sources   »  │  ⚙  ⋮  ✕
 ▶│ ⃠ │ top              ▼  │  👁  │ Filter │  4 hidden  ⚙

                                    06_04.html:26
 ▶ Picture {image: "images/pic02.jpg", title: "꿈", ar
   tist: "파블로 피카소", art: f}
   4                                06_04.html:27
```

for문을 이용해 배열의 순서대로 Picutre.art()를 출력합니다.

```
                        ❶
29      for(i = 0 ; i <= picture.length-1 ; i++){
30          picture[i].art();  ❷
31      }
```

❶ 배열 picutre의 갯수-1
❷ picture 배열의 i 값의 art() 매소드 출력하기

프로토타입을 이용한 매소드 만들기

앞에서 정의한 바와 같이 프로토타입은 객체 시스템이 가지고 있는 원본이라고 볼 수 있습니다. 객체를 만들 때 단위 객체에 필요한 매소드가 모두 한 번에 생성이 되면 그만큼 메모리의 손실이 발생하며 또 추가되는 매소드의 관리에 문제가 생길 수 있습니다. 이러한 경우를 대비하여 우리는 prototype의 매소드를 만들어서 사용할 수 있습니다.

객체 원본을 생성할 때는 객체에 필요한 데이터의 속성만 선언하고 따로 객체의 매소드 앞에 .prototype을 붙여서 매소드를 만드는 방법입니다. 이 경우에는 원본 시스템에 모든 시스템이 갖추어 있지 않아도 되기 때문에 메모리의 손실을 막을 수 있고, 인스턴스를 생성하면서 필요한 기능을 추가할 수 있는 점이 편리합니다.

객체 시스템 만들기:

❶ function 객체함수이름(❷ 매개변수, 매개변수){
      ❸ this.속성 = ❷ 변수명;
      this.속성 = 변수명;
}

❹ 함수명.prototye.매소드명 = function(){
      실행문
}

❺ 인스턴스 생성하기(변수형 또는 배열형)

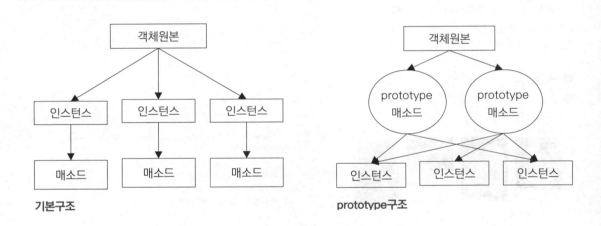

기본구조

prototype구조

| art( ) 매소드 출력화면 |

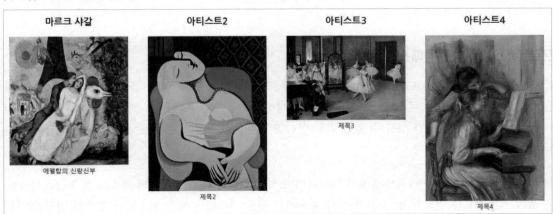

마르크 샤갈   아티스트2   아티스트3   아티스트4

에펠탑의 신랑신부   제목2   제목3   제목4

실전 예제로 배우는 자바스크립트+제이쿼리

이번 실습은 미술작품과 미술 출품 연도를 정리하는 시스템을 만들어 봅니다.

먼저 객체 원본을 만들고 prototype을 이용하여 두 개의 매소드를 만듭니다. 첫 번째 매소드는 아티스트, 그림 경로, 작품명을 이용한 미술품정리 매소드이고 우리는 이 매소드의 이름을 art로 정하고 필요한 3개의 속성을 만들어 봅시다.

에펠탑의 신랑신부:	2000
제목2:	2001
제목3:	2002
제목4:	2003

두 번째 매소드의 이름은 artYear()로 작품과 출품 년도를 정리하는 매소드입니다. 이때 필요한 속성은 앞의 3가지 속성에 작품 년도 속성이 추가되어 총 4개의 속성을 객체원본에 만듭니다.

먼저 객체 원본 시스템을 만들어 봅시다.

❶ function명령으로 객체함수를 만듭니다.
❷ 매개변수에 필요한 변수4개를 선언합니다.
❸ this를 이용하여 속성을 선언하고 필요한 매개변수를 대입합니다.

| 실습하기 | 실습 파일: 06/06_07.html 완성 파일: 06/all/06_07.html

```
11      <script>
12      ❶function Picture(❷image,title, artist,year){
13          ❸   this.image = image;
14              this.title = title;
15              this.artist =artist ;
16              this.year = year;
17          }
```

프로토타입 art( )매소드 만들기
❹ 객체이름.prototype.매소드명을 선언하고
❺ 익명의 함수로 실행문을 작성합니다.

```
18      ❹ Picture.prototype.art = ❺ function(){
19      document.write('<dl><dt>',this.artist,'</dt><dd><img src="'
        ,this.image,'"></dd><dd>' ,this.title, '</dd></dl>');
20          }
```

프로토타입 artYear( )매소드 만들기

❻ 객체 이름.prototype.매소드명을 선언하고

❼ 익명의 함수로 실행문을 작성합니다.

```
23    ❻ Picture.prototype.artYear = ❼ function(){
24        document.write('<p><span>',this.title,': </span> <span>',this.year, '</span></p>');
25    }
```

❽ 배열 picture을 선언한 후 배열을 만듭니다.

❾ new 연산자를 이용한 Picture의 인스턴스를 만들고 인수를 설정합니다.

```
31    ❽ var picture = [
32    ❾ new Picture('images/pic01.jpg','에펠탑의 신랑신부','마르크 샤갈',2000),
33        new Picture('images/pic02.jpg','제목2','아티스트2',2001),
34        new Picture('images/pic03.jpg','제목3','아티스트3',2002),
35        new Picture('images/pic04.jpg','제목4','아티스트4',2003)
36    ]
```

for문에 사용하기 위해 변수 num을 만들고, picture 배열의 개수 값을 대입하고 console창에서 확인합니다.

```
35    var num = picture.length;
36    console.log(num)
```

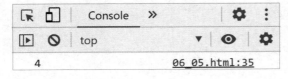

for문을 이용하여 미술품 작품 정리 매소드 art()를 출력하고

```
41    for(i=0; i<=num-1 ; i++){
42        picture[i].art();
```

for문을 이용하여 미술품 제작연도 정리 매소드 artYear()를 출력합니다.

```
45    for(i=0; i<=num-1 ; i++){
46        picture[i].artYear();
```

이 모든 과정의 정리는 다음과 같습니다.

```
21      <script>
22      function Picture(image,title, artist,year){
23          this.image = image;
24          this.title = title;
25          this.artist =artist ;
26          this.year = year;
27          }
28      //proto
29          Picture.prototype.art = function(){
30          document.write('<dl><dt>',this.artist,'</dt><dd><img src="'
        ,this.image,'"></dd><dd>' ,this.title, '</dd></dl>');
31          }
32
33      Picture.prototype.artYear = function(){
34          document.write('<p><span>',this.title,': </span> <span>',this.year, '</span></p>');
35      }
36
37      var picture = [
38        new Picture('images/pic01.jpg','에펠탑의 신랑신부','마르크 샤갈',2000),
39        new Picture('images/pic02.jpg','제목2','아티스트2',2001),
40        new Picture('images/pic03.jpg','제목3','아티스트3',2002),
41        new Picture('images/pic04.jpg','제목4','아티스트4',2003)
42        ]
43      //
44      var num = picture.length;
45      console.log(num);
46      //
47        for(i=0; i<=num-1 ; i++){
48          picture[i].art();
49        }
50      //
51        for(i=0; i<=num-1 ; i++){
52          picture[i].artYear();
53        }
```

Class 객체 만들기

ES6에서는 기존의 사용자 객체와는 다른 객체를 만들기 위한 함수 Class() 함수가 추가 되었습니다. class를 만들기 위해서는 class를 선언하는 방식과 class 식으로 만드는 방법 두 가지가 있으며, 이름 있는 함수처럼 먼저 사용한 후 선언을 하면 안 됩니다. 반드시 class를 정의하고 사용해야 합니다.

```
class 선언 : class 클래스이름 {              }
      class 표현식 : let 변수명 = class {              }
```

class 만들기

```
class 클래스이름 {
    ❶ constructor(속성명, 속성명){
        this.key이름 = 속성명;
        this.key이름 = 속성명;
    }
    ❷ 매소드명( ){
        실행문;}
}
```

❶ constructor 매소드는 class로 생성된 객체를 생성하고 사용할 데이터를 초기화하기 위한 특수한 매소드로, 오직 class 안에서만 사용 가능하며 오직 한 번만 선언이 됩니다.

❷ 클래스 안에서 사용할 매소드를 선언합니다.

154

```
class Book{
        constructor(title,actor,year){
                        this.title = title
                        this.actor = actor
                        this.year = year
        }
         list(){
                        console.log(
                        `${this.title}: ${this.actor} : ${this.year}`
                        )
        }
}

const it = [
    new Book('photoshop','A작가',2021),
    new Book('javascript','B작가',2022)
]
❶ it[0].list();
    it[1].list();
```

출력물:

> ❶   photoshop: A작가 : 2021
>   javascript: B작가 : 2022

클래스 상속(Inheritance)

클래스에서 다른 클래스로 상속하면서 클래스의 기능을 확장해 나갈 수 있으며, 상속받을 클래스를 선언할 때 extend 부모클래스 키워드를 사용하여 선언합니다.

> class 자식클래스 extends 부모클래스 {   }

```
class Rect{                                    ❶
  constructor(width,height){                   ❷
    this.width = width;
    this.height = height;
  }
  area(){
    console.log(this.width * this.height)      ❸
  }
}
const myRect = new Rect(100,300)               ❹
myRect.area();                                 ❺   //30000
```

❶ Rect 클래스 객체를 만듭니다.

❷ constructor를 이용하여 속성 width, height를 만들고 인수값을 대입합니다.

❸ area 매소드를 만듭니다.

❹ myRect이란 새로운 Rect 객체를 만들고 인수값 100과 300을 설정합니다.

❺ myRect에 매소드 action을 실행합니다.

```
class Triangle extends Rect{                   ❻
  constructor(width,height){
    super(width,height)                        ❼
  }
  area(){                                      ❽
    console.log((this.width * this.height)/2)
  }
}
const myTri = [
  new Triangle(100,300),
  new Triangle(40,70)
]

myTri[0].area();
myTri[1].area();
```

❻ 클래스 Rect의 자식 클래스

❼ super 키워드는 부모 오브젝트의 함수를 호출합니다. 즉, 부모 클래스인 Rect에서 필요한 속성의 체계를 불러옵니다.

❽ 매소드를 생성합니다.

객체 표현식

객체 표현식

객체의 속성을 접근하는 기본적인 방법은 점(.)으로 접근하는 것입니다.

```
객체이름.속성명;
```

이런 점의 표현식 이외에 괄호를 이용하여 접근하는 방법이 있습니다.

```
객체이름[속성명];
```

```javascript
const num = {
  'brand name' : 'MyBrand',
  level : 2,
  'born-year' : 2022,
  isVeryNice : true,
  '1stName' : 'javascript',
  bestCourse : {
    title : '프론트엔드',
    laguage : 'javascript',
    'level num' : 1
  },
  name:[1,2,3,4,5]
}

    console.log(num.level)                  // 출력: 2
    console.log(num['brand name'])          // 출력: MyBrand
    console.log(num['1stName'])             // 출력: javascript
    console.log(num['born'+ '-'+'year'])    // 출력: 2022
    console.log(num.bestCourse.title)       // 출력: 프론트엔드
    console.log(num.bestCourse['level num']) // 출력: 1
    console.log(num.name[2])                // 출력: 3
```

1. var num = [1,2,3,4,5];

다음의 배열에서 마지막 5를 삭제하세요.

2. var study = ['html','css','javascript,'photoshop'];

다음의 배열에서 javascript 다음에 'illustrator'를 추가하세요.

3. 아래의 배열을 만들고 다음과 같이 출력되도록 하세요.

닭	개	돼지	고양이	소

1번째 동물을 닭입니다.
2번째 동물을 개입니다.
3번째 동물을 돼지입니다.
4번째 동물을 고양이입니다.
5번째 동물을 소입니다.

4. 객체 toy를 만들었습니다.

```
<script type="text/javascript">
var toy = new Object();
    toy.size="big";
    toy.color="red";
    toy.shape="사각형";
</script>
```

다음과 같이 출력이 되도록 매소드를 만드세요.

장난감의 칼라는 red입니다.
장난감의 크기big 이고 모양은 사각형 입니다.

정답

1. num.pop()

2. study.split(3,0,'illustrator')

3.

```
〈script〉
var animal=new Array(5);
        animal[0]='닭';
        animal[1]='개';
        animal[2]='돼지';
        animal[3]='고양이';
        animal[4]='소';
var num = animal.length;
        for(i=0;i〈num-1;i++){
   document.write(i+1,'번째 동물을 '+animal[i]+'입니다.〈br〉');
        }
   〈/script〉
```

4.
```
〈script〉
document.write('장난감의 칼라는 '+toy.color +'입니다.〈br〉');
document.write('장난감의 크기'+toy.size+' 이고 모양은 '+toy.shape+' 입니다.') ;
〈/script〉
```

CHAPTER 07

내장 객체 사용하기

내장 객체 (Built-in Object)란 브라우저의 자바스크립트 엔진에 내장된 객체를 말합니다. 내장 객체의 종류에는 많은 객체들이 존재하는데, 그중 가장 많이 사용되는 객체를 알아보도록 하겠습니다. 우리가 많이 사용하는 객체는 앞에서 살펴본 배열(Array)객체 이외에 날짜(Date)객체, 수학(Math)객체 등이 있습니다. 각각의 객체에는 속성과 매소드가 존재합니다.

우리는 이러한 객체의 특징과 이 객체들이 가지고 있는 속성, 매소드에 관해 알아보고 그리고 예제를 통해서 사용법을 알아봅시다.

Date(날짜) 객체 사용하기

Date 객체는 자바스크립트에서 날짜와 시간을 관리하는 객체입니다. 우리는 6장에서 객체 생성에 대해 알아보았습니다. 내장 객체는 따로 선언하지 않고 사용할 수 있는 객체도 있지만, 지금 우리가 알아볼 Date 객체는 기본 객체 원본에 자신의 인스턴스 객체를 생성하여 사용합니다.

객체 생성하기

```
var 인스턴스 이름 = new Date();
```

실습해 봅시다.

| **실습하기** | 실습 파일: 07/07_00.html. 완성 파일: 07/all/07_00.html

```
10      ❶ var Today =  new Date(); ❷
11      ❸ console.log(Today);
12      ❹ console.log(Today.getDay());
```

❶ 사용자가 사용할 Date 객체 이름을 선언합니다.

❷ new 연산자를 이용하여 새로운 Date 객체를 생성합니다. 이때 인수의 값이 존재하지 않으면 현재의 날짜와 시간을 기준으로 Date 객체가 생성됩니다.

❸ console창에 만들어진 객체 Today를 출력합니다.

❹ console창에 만들어진 Date 객체 매소드를 이용하여 객체 Today의 요일 값을 출력해 봅니다.

만약에 특별한 날짜를 기준으로 생성하기를 원한다면 인수에 원하는 날짜를 입력하면 됩니다.

```
var 인스턴스 이름 = new Date( '년도/월/일' );
var 인스턴스 이름 = new Date( 년도,월-1,일 );
```

실습을 해 봅시다.

| **실습하기** | 실습 파일: 07/07_01.html 완성 파일: 07/all/07_01.html

```
20      var Today = new Date('2020/5/02');
21      console.log(Today);
22      var Day = new Date(2020,4,02);
23      console.log(Day);
```

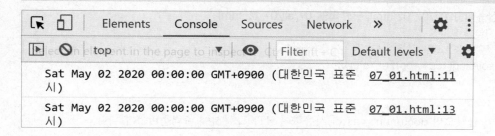

get매소드 그룹

날짜 객체의 매소드는 두 가지 그룹으로 나누어 사용합니다. get-매소드() set-매소드() 그룹으로 나눌 수 있습니다. get-매소드() 그룹은 대부분 서버의 날짜 정보를 가져와 사용하고, set-매소드()그룹은 사용자의 필요 값이 설정될 때 사용합니다. 두 그룹의 차이를 보면 get-매소드()그룹은 서버의 정보가 기준이기 때문에 값의 설정이 컴퓨터 표기 위주로 설정되어 있으며 set-매소드()그룹은 사용자의 설정값이 그대로 적용됩니다. 예를 들면 get-매소드()그룹에서 요일을 담당하는 명령어는 .getDay()입니다. 앞의 예제에서 본 바와 같이 각국에서 사용되는 요일의 명칭이 다르므로 컴퓨터 설정을 기준으로 0~6까지 Number형 값으로 설정되어 있습니다. 하지만 set-매소드()그룹에서는 요일을 설정된 날짜에 따라 자동셋팅 되기 때문에 따로 요일을 정하는 매소드가 없습니다. 그럼 get-매소드()그룹을 먼저 정리해 봅시다.

매소드	설명
getDate( )	날짜 정보에서 일(date)의 정보를 가져옵니다. 1부터 31일까지 해당 달의 일를 가져옵니다.
getDay( )	날짜 정보에서 요일(0-6)을 숫자로 가져옵니다. 0:일요일, 1: 월요일, 2:화요일, 3:수요일, 4:목요일, 5:금요일, 6:토요일
getFullYear( )	날짜 정보 중 년도를 4자리 수로 가져옵니다.
getHours( )	시간의 정보를 가져옵니다. (0-23)
getMinutes( )	분의 정보를 가져옵니다. (0-59)
getMonth( )	날짜 정보 중 월의 정보를 숫자로(0~11) 가져옵니다. 0:1월, 1:2월, 2:3월 ......,10:11월, 11:12월
getSeconds( )	초의 정보를 가져옵니다. (0-59)
getMilliseconds( )	1초를 0~999의 숫자로 밀리초로 반환하여 가져옵니다.
getTime( )	1970년 1월 1일 이후의 0시 0분 0초를 밀리초로 표시합니다.

밀리초란 1/1000초로 환산하는 방법입니다.

그럼 get그룹의 매소드를 이용하여 오늘의 날짜를 만들어 봅시다.

이번 예제의 결과문을 다음과 같이 출력해 보겠습니다.

> 오늘은 2021년 1월 7일 목요일 입니다.

먼저 Today라는 날짜객체를 생성하고 콘솔창에 객체가 잘 만들어 졌는지 확인합니다.

| 실습하기 | 실습 파일: 07/07_02.html. 완성 파일: 07/all/07_02.html

```
10      var Today = new Date();
11      console.log(Today.getFullYear());
```

콘솔창의 확인이 끝났으면 document.write()사용하여 HTML 문서에 출력준비를 합니다.

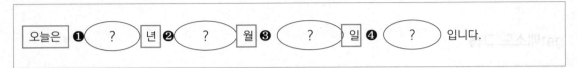

❶ getFullYear() 로 오늘의 년도 값 생성

❷ getMonth()로 오늘의 달 값 생성합니다. getMonth()는 0~11까지의 값이 출력되므로 출력값 -1을 해야 됩니다.

❸ getDate()를 이용하여 오늘의 날짜를 출력합니다.

```
12      document.write('오늘은 ',Today.getFullYear(),'년 ',Today.getMonth()+1,'월
        ',Today.getDate(),'일 ');
```

❹ 오늘의 요일은 getDay()로 값을 가져오면 되는데 출력되는 값을 0~6으로 출력됩니다.

0	→	일
1	→	월
2	→	화
3	→	수
4	→	목
5	→	금
6	→	토

우리는 switch문을 이용하여 값을 변환하여 출력되도록 합니다. 이때 주의 사항은 날짜 객체 값은 number형으로 출력되므로 case의 값을 number형으로 설정해야 합니다.

```
14    switch(Today.getDay()){
15      case 0 : document.write('일요일입니다.');
16          break;
17      case 1 : document.write('월요일입니다.');
18          break;
19      case 2 : document.write('화요일입니다.');
20          break;
21      case 3 : document.write('수요일입니다.');
22          break;
23      case 4 : document.write('목요일입니다.');
24          break;
25      case 5 : document.write('금요일입니다.');
26          break;
27      case 6 : document.write('토요일입니다.');
28          break;
29    }
```

set그룹 매소드 사용하기

set그룹은 생성된 날짜 인스턴스에 날짜 정보를 설정할 때 사용합니다. 매소드를 먼저 살펴봅시다.

매소드	설명
setDate( )	1 – 31의 숫자로 일를 지정합니다.
setFullYear()	4자리 숫자로 연도를 지정합니다.(옵션으로 달,일도 가능합니다.)
setHours()	0-23의 숫자로 시간을 지정합니다.
setMilliseconds()	밀리초를 지정한다.
setMonth()	0~11의 숫자로 월을 지정합니다.
setSeconds()	0~59의 숫자로 초를 지정한다.
setTime()	1970년 1월 1일 이후의 0시 0분 0초를 밀리초로 설정합니다.
toLocaleString()	11/09/99 12:43:22 형태로 시간과 날짜를 문자로 지정
toSource()	Date() 객체의 원형을 반환한다.
toString()	시간과 날짜를 문자열로 반환한다.

실습을 해 보겠습니다.

❶ 먼저 날짜 객체를 이용하여 DDay라는 인스턴트를 생성합니다. 날짜의 객체에 1998년 4월 10일을 설정합니다.

❷ get그룹의 매소드를 이용하여 내 생일에 관한 정보를 출력합니다.

| **실습하기** | 실습 파일: 07/07_03.html. 완성 파일: 07/all/07_03.html

```
9     var DDay =  new Date(1998,4,10);
10    document.write('내 생일은 ',DDay.getFullYear(),'년 ',DDay.getMonth(),'월
      ',DDay.getDate(),'일 입니다.〈br〉');
```

출력값을 확인하면

내 생일은 1998년 4월 10일입니다.

나타납니다.

❸ set그룹의 매소드를 이용하여 년도를 1999년, 달을 8월로 변경합니다.

```
49    DDay.setFullYear(1999);
50    DDay.setMonth(8);
```

❹다시 get그룹의 매소드를 이용하여 내 생일에 관한 정보를 출력합니다.

```
51    document.write('내 생일은 ',DDay.getFullYear(),'년 ',DDay.getMonth(),'월
      ',DDay.getDate(),'일 입니다.〈br〉');
```

출력된 정보는

내 생일은 1999년 8월 10일입니다.

로 기존의 정보가 변경되어 출력되었습니다.

Date() 객체를 이용하여 시간 차이를 계산해 봅시다.

| **실습하기** | 실습 파일: 07/07_04.html. 완성 파일: 07/all/07_04.html

```
let toDate1 = new Date('2022-4-19 12:00:00')
let toDate2 = new Date('2022-4-19 14:10:20')

let toDiff = toDate2 - toDate1
❶ console.log(toDiff)                              // 7820000
❷ console.log(toDiff / 1000)                       // 7820
❸ console.log(toDiff /(1000 * 60))                 //130.33333333333334
❹ console.log(toDiff /(1000 * 60 * 60))            //2.172222222222222
❺ console.log(toDiff / (1000 * 60 * 60 *24))       //0.09050925925925926

❻ document.write(
  `
  ${Math.floor(toDiff % (1000 * 60 * 60 *24) /(1000* 60 * 60))} 시
  ${Math.floor(toDiff % (1000 * 60 * 60) /(1000* 60))} 분
  ${Math.floor(toDiff % (1000 * 60) /(1000))} 초
  `
```

❶ 밀리초 출력
❷ 초 출력
❸ 분 출력
❹ 시간 출력
❺ 일 출력

출력물:

❻	2시 10분 20초

Math(수학) 객체 사용하기

SECTION 02

Math 객체는 수학과 관련된 기능과 속성을 제공합니다. 물론 우리가 사용하는 연산자 중에는 일반연산자가 있지만, 일반적인 계산이 아닌 최댓값, 최솟값, 또는 random(난수)이 필요한 때도 있고 반올림, 반내림이 필요할 때도 있습니다. 이러한 수학적인 부분을 도와주는 시스템이 수학 객체입니다.

Math() 객체는 다른 객체처럼 본 객체의 인스턴스를 만들어서 사용할 수도 있지만, 인스턴스를 만들지 않고 직접 객체에 매소드를 연결해 사용하기도 합니다.

객체생성

```
var num = Math.pow(2,3);
```

매소드

수학 객체의 매소드를 정리해 봅시다. 이 객체의 경우에는 많은 수학적인 계산을 도와주는 객체가 있습니다.

매소드	설명
abs(number)	숫자의 절댓값을 반환합니다.
ceil(number)	숫자의 소수점 부분을 무조건 반올림하여 줍니다.
floor(number)	숫자의 소수점 부분을 무조건 삭제해 줍니다.
round(numbe)	숫자의 소수점 부분을 반올림 또는 반 내림해 줍니다.

실습을 해 보겠습니다.

| **실습하기** | 실습 파일: 07/07_05.html. 완성 파일: 07/all/07_05.html

```
10      //round
11      document.write(Math.round(3.6678),'<br>');        ❶ // 4
12      document.write(Math.round(3.3256),'<br>');        ❷ // 3

13      //floor
14      document.write(Math.floor(3.6678),'<br>');        ❸ // 3
15      document.write(Math.floor(3.3256),'<br>');        ❹ // 3

16      //ceil
17      document.write(Math.ceil(3.6678),'<br>');         ❺ // 4
18      document.write(Math.ceil(3.3256),'<br>');         ❻ // 4
```

❶❷ round()는 반올림 또는 반 내림을 해 줍니다. 그래서 결과는 3.6678 → 4, 3.3256 → 3으로 반환됩니다.

❸❹ floor()는 소수점 이하의 수를 버립니다. 그래서 결과는 3.6678 → 3, 3.3256 → 3으로 반환됩니다.

❺❻ ceil()는 무조건 소수점 이하의 수를 반올림합니다. 그래서 결과는 3.6678 → 4, 3.3256 → 4으로 반환됩니다.

무작위수(난수) 만들기

random()	0과1 사이의 난수 발생값을 반환해 주는 매소드

random() 매소드는 0 ~ 0.99999의 수를 무작위로 추출하는데 우리는 0 ~ 1 사이로 생각하면 문제가 되지 않습니다. 아마도 계산을 생각할 때 이렇게 계산을 하면 편합니다.

먼저 무작위 수를 만들어 봅시다.

| **실습하기** | 실습 파일: 07/07_06.html. 완성 파일: 07/all/07_06.html

```
10      //무작위:random
11      document.write(Math.random(),'<br>');
```

random() 매소드를 이용하여 난수를 만들어 보았습니다. 브라우저에서 다시 새로고침을 하면 다른 수가 추출되어 나오게 됩니다.

그럼 이번에는 범위를 정하여 무작위 수를 추출해 봅시다. (0부터 최대수)

Math.random() x 최대 수

0부터 최대 수 500까지의 범위에서 무작위 수를 추출해 봅시다.

```
13      //0~500
14      document.write(Math.random()*500,'<br>');
```

다음에는 최소 수부터 최대의 수까지의 범위는

Math.random() x (최대 수–최소 수) + 최소수

입니다. 그럼 100부터 500까지의 무작위 수를 추출해 봅시다.

```
16      //최소 ~최대의 숫자
17      document.write(Math.random()*(500-100)+100);
```

이제는 소수점 없애기를 하면 floor()를 사용할지 아니면 ceil()을 사용할지 결정하면 됩니다.

Math.ceil(Math.random() x (최대 수-최소 수) + 최소수)

ceil()을 사용하여 봅시다.

```
21      document.write(Math.ceil(Math.random()*(500-100)+100));
```

마지막으로 출력값을 확인해 보면

그럼 마지막으로 최댓값과 최솟값을 받아 봅시다.

max(number,number)	여러 숫자 중 큰 수를 반환 해 줍니다.
min(number,number)	여러 숫자 중 작은 수를 반환 해 줍니다.

```
23      //최대:max
24      console.log(Math.max(23,56));
25      console.log(Math.max(23,'56'));
26
27      // 최소:min
28      console.log(Math.min(23,56));
29      console.log(Math.min('23','56'));
```

나오는 출력값은 문자형 데이터라도 모두 숫자형으로 인식되어 결괏값이 출력됩니다.

1. 오늘의 요일을 출력하세요.

2. 다음의 today객체에서 년도를 2021년, 달을 8월로 수정하여 출력하세요.

```
〈script〉
    var  today=new  Date(2016,11,05);
                document.write(today+'〈br〉');
〈/script〉
```

정답

1.
```
〈script〉
var today= new Date();
switch(today.getDay()){
        case 0:document.write('일요일입니다.');
            break;
        case 1:document.write('월요일입니다.');
            break;
        case 2:document.write('화요일입니다.');
            break;
        case 3:document.write('수요일입니다.');
            break;
        case 4:document.write('목요일입니다.');
            break;
        case 5:document.write('금요일입니다.');
            break;
        case 6:document.write('토요일입니다.');
            break;
        }〈/script〉
```

2.
```
답 〈script〉
today.setFullYear(2021);
today.setMonth(07);   ;
document.write('오늘은 ',today.getFullYear(),'년 ',today.getMonth()+1,'월입니다');〈/script〉
```

CHAPTER 08

문서객체(DOM) 사용하기

자바스크립트는 HTML 문서의 여러 요소를 자유롭게 이동하며 원하는 작업을 할 수 있는 시스템을 가졌습니다. 우리는 이것을 DOM(Document Objects Model)이라고 합니다.
우리는 이 시스템을 이용하여 자유롭게 HTML 문서의 구조를 변경하고, 속성을 변경하고 그리고 필요한 요소를 생성하기도 합니다. 이번 장에서는 문서객체를 이용하여 기존의 웹문서를 변경하는 작업을 해 보겠습니다.

DOM(문서)객체 란?

Dom객체란 Document Object Model의 약자로 우리는 DOM(돔)이라고 부릅니다. 이 말을 해석해 보면 DOM을 사용하여 웹 문서의 모든 요소를 해석할 수 있다는 뜻입니다. 이를 다시 설명하면 DOM을 통하여 문서를 해석하고 분석하여 조작할 수 있도록 하는 시스템이라고 풀이 할 수 있습니다.

노드란

HTML 문서를 구성하고 있는 개별적인 단위를 말하며 노드의 집합은 Dom이 되고, Dom을 분해하면 노드가 나옵니다.

노드의 종류

- 요소 노드(element node)
- 텍스트 노드(text node)
- 속성 노드(attribute node)입니다.

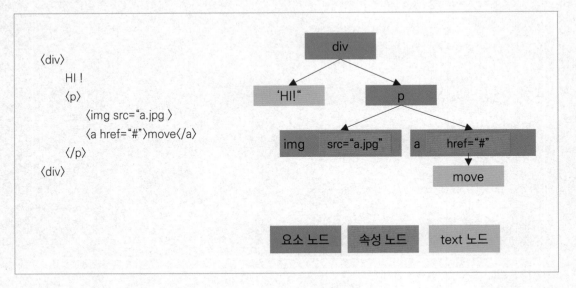

DOM트리

HTML 문서를 계층적으로 구성된 형태로 도식화 해 보면 나무에서 뿌리가 뻗어나가는 모습과 비슷하여 'DOM Tree' 또는 'Node Tree'라고 합니다.

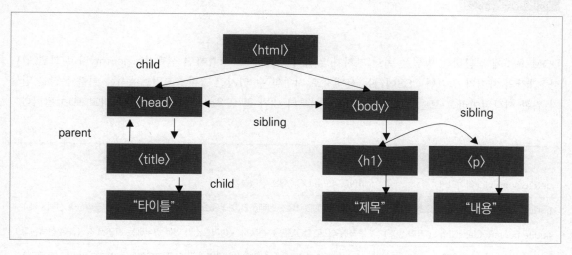

DOM 요소 선택하기

DOM 요소에 접근하는 방법은 여러 가지가 있습니다. CSS로 생각하면 선택자(selector)라고 보면 됩니다. 약간의 차이가 있다면 CSS에서는 선택자로 지칭할 수 있지만 자바스크립트에서는 이를 문장을 만들기 위한 시작점이라고 보면 좋습니다. 이곳에서부터 내가 할 일을 시작하겠다는 뜻이라고 보면 됩니다.

매소드	설명
getElementById('아이디명');	아이디명으로 DOM요소 선택하기
getElementsByTagName('요소명');	태그명으로 DOM요소 선택하기(여러요소가 있을 경우에는 배열로 정리하여 선택된다.)
getElementsByClassName('클라스명')	클라스명으로 DOM요소 선택하기(여러요소가 있을 경우에는 배열로 정리하여 선택된다.)
querySelector('css선택자')	css선택자로 DOM요소 선택하기(여러요소가 있을 경우에는 첫 번째 요소만 선택된다.)
querySelectorAll('css선택자')	같은 css선택자 모두 선택하기(여러요소가 있을 경우에는 배열로 정리하여 선택된다.)

초장기의 자바스크립트는 DOM 요소의 선택에 불편한 점이 많았습니다. 그러나 자바스크립트의 버전이 업그레이드되고 querySelector가 만들어 지면서 우리는 DOM의 요소를 쉽게 선택할 수 있습니다.
실습을 해 봅시다.

1. 아이디 값으로 선택하기

| **실습하기** | 실습 파일: 08/08_00.html. 완성 파일: 08/all/08_00.html

```
71    const main = document.getElementById('skill');
72    console.log(main);
```

2. 요소명으로 선택하기

```
74      const sub = document.getElementsByTagName('a');
75      console.log(sub);
```

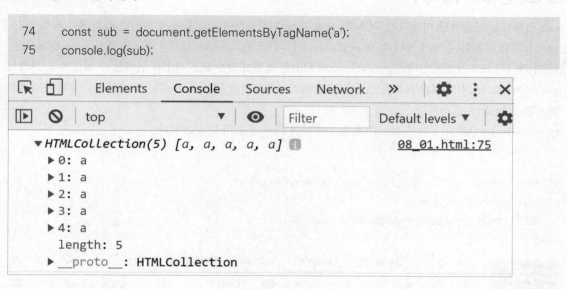

만약에 여러 요소가 있을 경우에는 배열로 정리하여 선택이 됩니다. 우리는 그 배열을 이용하여 각각의 요소를 선택할 수 있습니다.

```
77      const sub2 = document.getElementsByTagName('a')[2];
78      console.log(sub2);
```

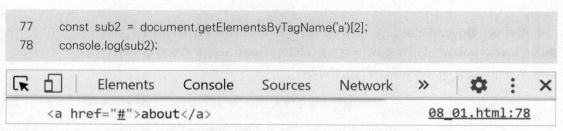

만약에 이렇게 된 요소에 스타일을 넣어 봅시다.

변수 sub2의 세 번째 a를 선택하여 style속성의 backgroundColor의 값을 red로 지정하면

```
79      sub2.style.backgroundColor= 'red';
```

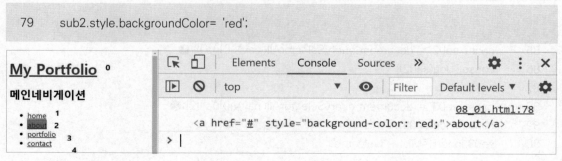

로 선택이 됩니다.

3. css 선택자 사용하기

css 선택자를 사용하면 이제까지 DOM의 요소 노드로 사용하여 단조롭게 선택되던 방식에서 속성 노드, text 노드를 사용할 수 있게 됩니다. querySelector() 와 querySelectorAll()의 차이를 보면 querySelector() 는 단 하나의 요소를 선택한다면 querySelectorAll()은 조건이 맞는 모든 요소를 선택할 수 있습니다. 그래서 querySelectorAll()도 여러 요소가 선택이 되면 배열로 정리하면 됩니다. 우리는 그 배열을 이용하여 각각의 요소를 선택할 수 있습니다.

querySelector()를 이용하여 #skill〉dl을 선택하여 스타일을 바꾸어 봅시다.

```
81    const se01 = document.querySelector('#skill〉dl');
82    console.log(se01);
83    se01.style.backgorundColor = 'yellow';
```

그럼 이번에는 ❶querySelectorALL()을 이용하여 nav〉ul〉li〉a을 선택하여 출력하고
❷변수 se03에는 nav〉ul〉li〉a중 세 번째 a를 선택하여 text 노드를 바꾸어 봅시다.
이때 우리가 사용할 속성은 innerHTML입니다.

속성	형식	설명
innerHTML	선택자.innerHTML	선택된 요소안의 노드를 가져옵니다.
	선택자.innerHTML = 값	선택된 요소안의 노드값을 변경합니다.
outerHTML	선택자.outerHTML	선택된 요소의 밖의 노드를 가져옵니다.

```
85    const se02 = document.querySelectorAll('nav〉ul〉li〉a'); ❶
86    console.log(se02);
87
88    const se03 = document.querySelectorAll('nav〉ul〉li〉a')[2];❷
89    console.log(se03);
90    se03.innerHTML = 'welcome';
```

❶의 출력을 보면 총 4개의 a요소 노드가 선택이 되었습니다.

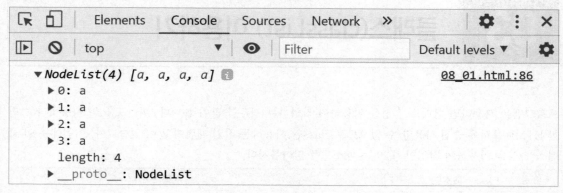

❷의 결과를 확인해 보면 text 노드가 변경 되어 있습니다.

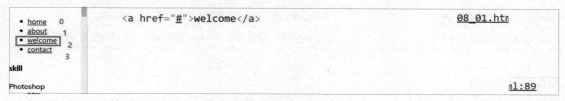

클래스(classList) 이용하기

프로그램을 사용하면 클래스 속성을 이용하여 작업하는 경우를 많이 봅니다. 아마도 id를 사용하다 보면 한 HTML 문서에 중첩 사용할 수 없으므로 class를 사용하는 작업 패턴이 많이 있습니다. 이번에는 이 클래스 속성을 이용하여 작업할 수 있는 매소드를 알아봅시다.

매소드	설명
classList.add('클래스명')	클래스명을 추가한다.
classList.remove('클래스명')	클래스명을 삭제한다.
classList.toggle('클래스명')	클래스명이 있는 경우에는 없애고, 없는 경우에는 추가한다.
classList.contains('클래스명')	해당되는 클래스명이 있을 경우 true값을, 없을 경우 false를 출력한다.

실습을 해 봅시다.

먼저 nav>ul>li:nth-child(1)과 nav>ul>li:nth-child(2)에 각각 클래스명을 추가, 삭제요청을 했습니다.

| 실습하기 | 실습 파일: 08/08_01.html. 완성 파일: 08/all/08_01.html

```
71    document.querySelector('nav>ul>li:nth-child(1)').classList.add('sub');❶
72    document.querySelector('nav>ul>li:nth-child(2)').classList.remove('num02');❷
```

```
▼<ul>
1 ▶<li class="num01">…</li>
2 ▶<li class="num02">…</li>
  ▶<li class="num03">…</li>
  ▶<li>…</li>
```
⇨
```
▼<ul>
  ▶<li class="num01 sub">…</li>
  ▶<li class>…</li>
  ▶<li class="num03">…</li>
  ▶<li>…</li>
```

로 변경되었습니다. 또 변수 sub의 ul>li:nth-child(3)에 num03클래스가 있는지 확인해 보면

```
74    const sub = document.querySelector('nav>ul>li:nth-child(3)').classList.contains('num03');
75    console.log(sub);
```

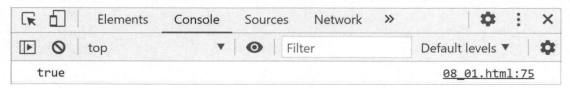

true값이 출력이 되었습니다.

SECTION
04 DOM 속성 변경하기

이번에는 선택한 DOM 요소의 속성 노드에 접근하여 변경하는 방법을 알아보겠습니다.

매소드	설명
getAttribute('속성명')	선택된 속성 노드의 값을 가져온다.
setAttribute('속성명','값')	선택된 속성 노드의 값을 변경한다.
removeAttribute('속성명')	선택된 속성 노드의 값을 없앤다.
hasAttribute('속성명')	해당되는 속성명이 있으면 true값을, 없으면 false를 출력한다.

그럼 실습을 하면서 위의 매소드에 대해 살펴봅시다.

| **실습하기** | 실습 파일: 08/08_02.html. 완성 파일: 08/all/08_02.html

```
24    <div class="cta">
25      <a href="#">DOM TEST</a>
26    </div>
```

a요소를 선택하여 a의 요소에 target 이란 속성이 있는지 확인한 후 만약에 target 속성이 있으면 target 의 값을 가져와서 출력하고 만약에 없다면 target의 속성을 추가하여 _blank로 설정을 해 봅시다.

```
28    const CTA = document.querySelector('.cta>a') ;  ❶
```

querySelector()를 이용하여 .cta>a를 변수 CTA에 설정하였습니다.

```
29      ❷if(CTA.hasAttribute('target')){
30      } else{
31      }
```

❷ if문을 이용하여 CTA의 target속성의 여부를 hasAttribute()로 확인합니다. 만약에 있으면 true, 없으면 false값이 나오게 됩니다.

```
29          if(CTA.hasAttribute('target')){
30              ❸ console.log(CTA.getAttribute('target'));
31          } else{
32              ❹ CTA.setAttribute('target','_blank');
33          }
```

❸ target속성이 있으면 target 속성값을 콘솔창에 출력하고 만약에 없으면 ❹ target속성의 값을 '_blank'로 설정하도록 했습니다.

| 결과물 확인 |

```
▼<body>
  ▼<div class="cta">
      <a href="#" target="_blank">DOM TEST</a>
    </div>
```

a의 요소에 target속성이 추가되어 값이 설정이 된 것을 확인 할 수 있습니다.
마지막으로 a 요소의 href속성을 삭제합시다.

```
36          CTA.removeAttribute('href');
```

| 결과물 확인 |

```
▼<div class="cta">
    <a target="_blank">DOM TEST</a>
  </div>
```

a요소의 href 속성이 삭제된 것을 볼 수 있습니다.

SECTION 05 HTML 요소 생성하기

이번에는 DOM의 요소에 필요한 node를 추가하는 방법에 대해 알아봅시다. DOM에 필요한 요소를 추가하기 위해서는 필요절차를 만들어야 합니다. 우리가 생각하기로는 필요한 요소를 원하는 요소에 추가하면 문제가 없어 보이지만 실제로 작업하면 노드가 생성되지 않을 경우가 많습니다.

매소드	설명
createElement()	요소를 생성한다.
createTextNode()	text콘텐츠를 생성한다.
appendChild(새로운 노드)	새로 생성된 노드를 요소가 끝나기 전에 삽입한다.
append()	새로 생성된 노드를 요소가 끝나기 전에 삽입한다.
cloneNode(옵션)	노드를 복사

createElement()와 createTextNode()는 요소와 text 콘텐츠를 생성합니다. 이것은 현재 브라우저에서 사용하기 위해 생성하여 자바스크립트에 인식을 시켜주는 과정입니다.
appendChild()와 append()는 필요한 노드를 어느 부분에 삽입하여 우리의 눈으로 결과물을 확인할 수 있는지를 알려줍니다. append()와 appendChild()는 선택된 요소가 끝나기 직전에 즉 〈/요소〉 바로 전에 넣어 줍니다.

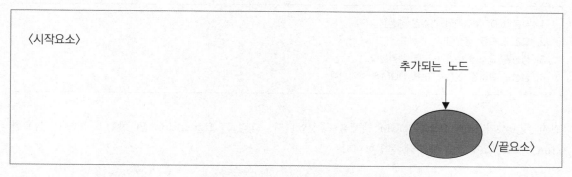

각 단계를 만들어 주어야 자바스크립트는 DOM의 필요한 요소를 추가할 수 있습니다.
실습을 하면서 확인을 해 봅시다.

HTML 문서를 확인해 보면 다음과 같이 〈figure〉요소가 있습니다. 이 요소의 안에는 현재 〈img〉요소만 있는데 우리는 〈img 〉요소 안에 〈figure〉요소를 생성하려고 합니다.

```
21    〈figure class="picBox"〉
22        〈img src="images/earth.jpg" alt="우주에서 본 지구의 모습입니다."〉
23    〈/figure〉
```

완성된 결과물은 그림과 같이 이미지 밑에 〈figcaption〉요소를 생성하고 〈img〉의 alt 값을 가져와 〈figcaption〉요소의 text 콘텐츠로 사용하려고 합니다.

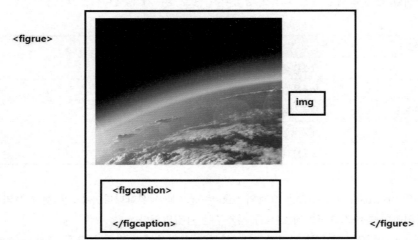

제작과정은 다음과 같이 생각해 봅시다.

1. 사용한 DOM객체와 변수를 생성한다.
2. 요소 노드를 생성한다.
3. 생성된 요소에 text 노드를 생성한다.
4. 생성된 요소를 현재 HTML DOM에 추가한다.

먼저 figure와 img 요소의 DOM 객체를 생성합니다. 그리고 〈figcaption〉의 콘텐츠 노드로 사용한 〈img〉요소의 alt 값을 변수에 선언합니다.

```
29    const BOX = document.querySelector('.picBox');
30    const BOXIMG = document.querySelector('.picBox〉img');
31    var altText = BOXIMG.getAttribute('alt');
```

요소 노드를 생성합니다.

```
32    var captionElement = document.createElement('figcaption');
```

생성된 요소 노드에 text 노드를 append()를 이용하여 삽입합니다.

```
33     captionElement.append(altText);
```

DOM의 객체 〈figure〉에 생성된 요소 노드를 삽입합니다.

```
34     BOX.append(captionElement);
```

〈img〉요소의 alt 값을 변경합니다.

```
35     BOXIMG.setAttribute('alt','pic');
```

| 결과물 확인 |

```
▼<figure class="picBox">
   <img src="images/earth.jpg" alt="pic">
   <figcaption>우주에서 본 지구의 모습입니다.</figcaption>
 </figure>
```

우주에서 본 지구의 모습입니다.

그럼 다시 실습을 하나 더 해보겠습니다.
HTML 문서를 확인하면 div 요소가 있습니다.

| 실습하기 | 실습 파일: 08/08_04.html. 완성 파일: 08/all/08_04.html

```
9     〈div〉
10
11    〈/div〉
```

이 div요소에 다음과 같이 〈img〉요소를 추가합시다.

div

먼저 작업할 순서를 결정합니다.

1. 사용할 DOM 객체를 생성합니다.
2. 반복적으로 작업하기 위해 for 문을 만듭니다.
3. for 문안에 요소 노드를 생성하고
4. 생성된 요소의 속성 노드 src의 값은 반복문의 i 값을 적용해 완성합니다.
5. 생성된 요소 노드를 현재 HTML DOM에 추가합니다.

```
52    <div>
53        <img src="images/color_1.png">
54        <img src="images/color_2.png">
55        <img src="images/color_3.png">
56        <img src="images/color_4.png">
57        <img src="images/color_5.png">
58        <img src="images/color_6.png">
59    </div>
```

for문

```
<img src= "images/color_    [1      .png">
                            2
                            3
                   i        4
                            5
                            6
```

그림 먼저 사용할 <div>를 객체로 선언합니다.

```
12        var divDom =  document.querySelector('div');
```

for 문을 만들어 조건에 1~6까지 6번이 반복이 되도록 설정합니다.

```
13        for(i=1 ; i<=6 ; i++){
14
15        }
```

<img>요소 노드를 생성합니다.

```
16        for(i=1 ; i<=6 ; i++){
17         var IMG = document.createElement('img');
18
19        }
```

생성된 요소 노드에 사용할 src속성 값을 셋팅합니다.

이미지 소스의 주소가 1 ~ 6까지 차례대로 변경이 되게 ` `(백틱)을 사용하여 속성값을 설정합니다.

```
images/color_1.png
images/color_2.png
..
images/color_6.png
```

```
images/color_   +   i   +   .png
```

```
20          for(i=1 ; i<=6 ; i++){
21            var IMG = document.createElement('img');
22            IMG.setAttribute('src',`images/color_${i}.png`);
23          }
```

마지막으로 생성된 요소 노드를 HTML DOM의 〈div〉요소가 닫히기 전에 추가되도록 합니다.

```
24          for(i=1 ; i<=6 ; i++){
25            var IMG = document.createElement('img');
26            IMG.setAttribute('src',`images/color_${i}.png`);
27            divDom.append(IMG);
28          }
```

결과를 확인해 봅시다.

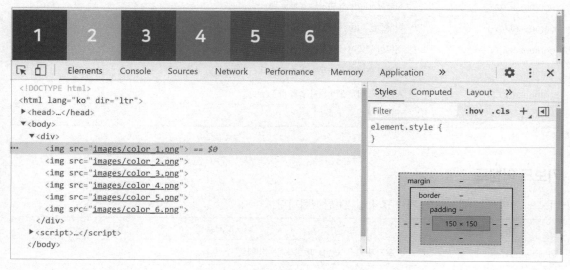

이벤트 생성하기

이벤트에 대해 알아보도록 합니다. 이벤트란 어떠한 동작이 발생이 되는 것을 의미합니다. 예를 들면 마우스 버튼을 누른다든지, 아니면 윈도우의 사이즈가 작아진다든지, 스크롤바를 움직인다든지 기존의 화면에서 무언가를 발생시키는 것을 우리는 이벤트라 합니다.
자바스크립트에서는 여러 이벤트의 종류가 있습니다.
이벤트가 발생하였을 때 작동하는 실행문을 연결하는 작업을 '이벤트처리기' 또는 '이벤트핸들러'라고 합니다. 보통 이벤트이름에 'on'을 연결하여 사용할 수 있습니다.
만약에 click 이벤트가 발생이 되었다면 onclick이란 이벤트 핸들러가 작동하여 작업을 실행합니다.

마우스 이벤트

마우스 이벤트는 마우스에서 버튼이나 휠 또는 마우스 커서가 어떠한 영역에 침범을 했을 때 발생하는 이벤트입니다.

이벤트핸들러	설명
onclick	마우스로 클릭
ondblClick	마우스를 더블 클릭
ondragDrop	마우스를 드래그하여 끌어주기
onmouseDown	사용자가 마우스 버튼을 눌렀을 때
onmouseMove	마우스를 이동시키는 이벤트
onmouseOut	어떠한 영역에서 마우스가 벗어 날때
onmouseOver	어떠한 영역에서 마우스가 올라갈 때
onmouseUp	사용자가 마우스 버튼을 놓을 때
onmove	마우스를 움직일 때

키보드 이벤트

키보드 이벤트는 키보드의 키가 조작될 때 발생됩니다.

이벤트핸들러	사용법
onkeydown	사용자가 키를 눌렀을 때 발생하는 이벤트
onkeypress	사용자가 키를 눌렀다가 놓았을 때 발생하는 이벤트
onkeyup	사용자가 키를 눌렀다가 떼었을 때 발생하는 이벤트

문서 로딩 이벤트

서버 사이드에서 문서를 가져오거나 문서를 위아래로 스크롤 할 때와 같이 웹문서를 브라우저 창에 보여주는 여러 작동에서 발생되는 이벤트입니다.

이벤트 핸들러	기능 설명
onabort	사용자의 작업을 빠져나오는 이벤트
onerror	이미지나 윈도우를 읽는 도중 에러가 발생할 때
onload	이미지나 문서 등을 로드 할때
onresize	윈도우 크기를 재조정할 때
onunload	문서 종료할때

이벤트핸들러 사용하기

함수를 알아보는 6장에서 우리는 이벤트핸들러를 사용해 보았습니다. 그럼 먼저 간단하게 복습을 해 봅시다.

```
function  함수이름(){
실행문  ;
}
DOM의  객체 .  이벤트핸들러 = 함수이름;
```

이번 실습은 〈a〉요소를 클릭하면 밑에 보이는 설명문이 나오도록 합시다.

먼저 필요한 〈a〉요소와 〈section〉으로 DOM객체를 생성합니다.

| **실습하기** | 실습 파일: 08/08_06.html. 완성 파일: 08/all/08_06.html

```
45      const BTN = document.querySelector('.cta>a');
46      const ALERT = document.querySelector('#no');
```

〈a〉요소가 클릭되면 연결한 함수 info를 생성합니다.

```
50    function info(e){
51
52    }
```

생성된 함수에 classList.toggle()을 이용하여 〈section〉 요소에 반복적으로 클래스 hide를 생성, 추가되도록 만듭니다.

```
50    function info(e){
51        ALERT.classList.toggle('hide');
52    }
```

〈a〉요소를 불러와 onclick 이벤트 핸들러를 이용하여 info 함수에 연결합니다.

```
55    BTN.onclick = info;
```

결과물을 확인해 보면

예약 합니다.
Sorry about that!
By some weird coincidence, all the rooms at Moonwalk Manor are booked out for the date you planned to take your trip. Unfortunately we are unable to provide you with sufficient lodging for your party at this time. Moonwalk Manor is very busy and your satisfaction is our top priority. When you take your first steps in the moon dust, your life will change. We are always at your service. Your satisfaction matters to us.

〈section〉 요소에 클래스 hide가 삭제되어 〈section〉 요소가 나타나지만, 스크롤이 작동되어 화면이 위로 이동합니다. 이 이유는 〈a〉요소는 클릭이란 이벤트가 발생이 되면 자동으로 href의 주소로 이동이 되는데 지금 가상주소로 설정이 되어 HTML 문서 가장 위로 이동이 됩니다.
주소창의 주소를 확인해 보면

```
http://127.0.0.1:5500/08/08_06.html#
```

파일명 뒤에 #이 추가 되었습니다.
이러한 문제를 해결하기 위해서는 함수를 연결할 때 이벤트를 넘겨준 후 후속 작업을 막아 주어야 합니다.

먼저 ❶함수의 매개변수에 e를 등록하고 ❷이벤트를 받아 e.preventDefault();를 설정하여 후속작업으로 가는 것을 막아 주면 됩니다.

```
50    function info(❶ e){
51      ❷ e.preventDefault();
52      CTA.classList.toggle('hide');
53      ALERT.classList.toggle('hide');
54    }
```

마지막으로 확인 사항이 있습니다. 이러한 이벤트핸들러는 선택된 요소에 다수의 이벤트를 작동시키지 못합니다.

```
55    BTN.onclick = info;
56    BTN.onclick = console.log('버튼클릭');
```

〈a〉 요소에 두 번의 이벤트를 연결하면 첫 번째 이벤트가 작동되지 않고 두 번째 이벤트만 작동이 됩니다. 이렇게 하나의 선택자에 여러 이벤트가 작동이 되기 위해서는 이벤트 핸들러 addEventListener()가 필요합니다.

addEventListener()

addEventListener는 하나의 선택자에 여러 개의 이벤트 핸들러를 등록할 수 있습니다.

```
function 함수이름(){
실행문 ;
}
DOM의 객체 . addEventListener('이벤트명', 함수이름(익명의 함수))
```

그럼 이번에는 이벤트 핸들러를 수정해 봅시다.

| 실습하기 | 실습 파일: 08/08_07.html. 완성 파일: 08/all/08_07.html

```
55    BTN.addEventListener('click',info);
56    BTN.addEventListener('click',function(){console.log('버튼클릭')})
```

이벤트핸들러를 수정하면 〈a〉의 같은 이벤트가 두 개로 연결이 되어도 문제가 없는 것을 확인 할 수 있습니다.

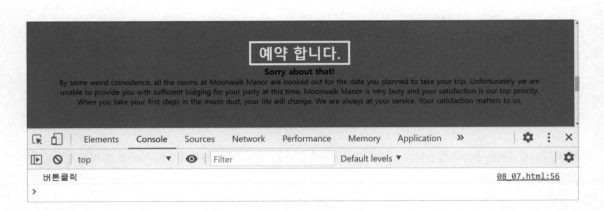

1. 아래의 html 문서를 참고하여 아이디 box요소를 클릭하면 아이디 wrap요소 안에 무작위로 위치를 이동이 되게 하세요.

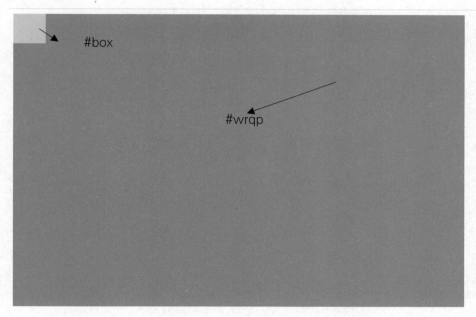

```
<html>
<head>
<meta charset="UTF-8">
<title>Math:style</title>
<style type="text/css">
body { font: 12px "나눔고딕"; }
#wrap { position:relative; width:700px; height:500px; background:#0CF; }
#box { position:absolute; left:0px; top:0px; width:50px; height:50px; background:#ff6; }
</style>
</head>
<body>
<div id="wrap">
        <div id="box"></div>
</div>
<script></script>
</body>
</html>
```

정답

```
<script type="text/javascript">
const BOX = document.querySelector('#box');
function box(e){
bLeft = Math.ceil(Math.random()*650);
bTop = Math.ceil(Math.random()*450);
 BOX.style.left = bLeft,'px';
 BOX.style.top = bTop,'px';
}
BOX.addEventListener('click',box);
</script>
```

CHAPTER 09

브라우저(BOM)
객체 사용하기

우리가 웹 문서를 사용하다 보면 브라우저를 통해 다양한 작업이 이루어지는 것을 볼 수 있습니다. 예를 들면 스크롤을 작동하면 웹 문서의 다양한 이벤트가 작동이 되거나 모달 윈도우가 나타나거나 아니면 현재 사이트에서 작동으로 다른 웹 페이지로 이동이 되는 것을 볼 수 있습니다. 또한, 여러 이미지가 시간의 간격을 두고 보여주는 흥미로운 작업을 자주 볼 수 있습니다. 이러한 작업들은 자바스크립트에 브라우저와 관련된 여러 객체가 존재하기 때문입니다. 우리는 이번 장에서 이런 브라우저 객체에 대해 알아보도록 하겠습니다.

브라우저 객체

브라우저 객체란 브라우저에 내장된 객체로 우리는 BOM(Browser Object Model)이라고 합니다. 즉 웹
브라우저 전체를 관리하는 시스템을 우리는 브라우저 객체라 하고 이 브라우저에 렌더링 되어 보이는 웹
문서를 관리하는 시스템을 도큐먼트 객체(DOM)라 합니다.

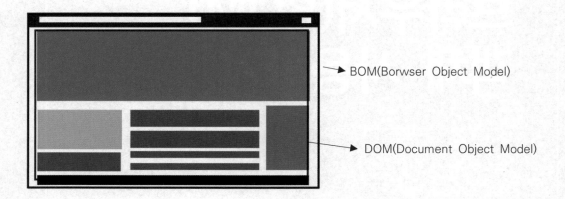

브라우저 객체의 최상위 객체인 윈도우(window) 객체 안에는 여러 객체가 존재하며 우리가 8장에서 다룬
DOM도 이 윈도우 객체의 하위 객체입니다.
브라우저의 계층적 구조를 보면 다음과 같습니다.

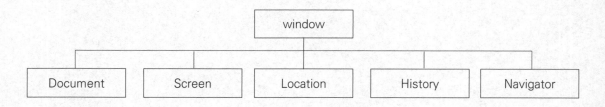

각 객체에 대해 정리해 보면 다음과 같습니다.

객체	설명
Window	브라우저 창에 있는 객체로 브라우저 안에 있는 모든 요소의 최상위 객체로 대부분 객체명은 생략하여 사용한다.
Docuement	웹문서 즉 html 문서를 만나면 만들어지는 객체
History	웹브라우저의 방문기록을 저장하는 객체.
Location	웹브라우저의 URL정보를 다루는 객체
Navigator	현재 웹브라우저 정보를 가지고 있는 객체
Screen	브라우저에 보이는 화면 정보에 대한 객체

SECTION

02   window객체

window객체는 브라우저의 최상의 객체이며 기본이 되는 객체입니다.

window객체 매소드

매소드	설명
alert()	경고용 대화상자를 보여줌
confirm()	확인, 취소를 선택할 수 있는 대화상자를 보여줌
prompt()	입력창이 있는 대화상자를 보여줌
setTimeout()	일정 간격으로 함수를 호출하여 실행한다. millisecond 단위로 지정
clearTimeout()	setTimeout 매소드를 정지시킴
setInterval()	일정 시간마다 함수를 호출하여 실행한다. millisecond 단위로 지정
clearInterval()	setInterval 매소드의 정지시킴
resizeTo()	새로운 창의 크기를 변경한다.
scrollBy()	창을 상대적인 좌표로 스크롤 된다. 창의 표시 영역을 수평방향과 수직방향에 대해 픽셀로 지정
scroll()	창을 스크롤 한다.
moveTo()	새창의 위치를 이동한다.

타이머 사용하기

원하는 작업을 일정한 간격을 두고 실행하도록 만드는 작업을 우리는 타이머라고 합니다. 이러한 타이머는 setTimout() 또는 setInterval()매소드를 사용하여 만들 수 있습니다.

두 매소드의 차이를 먼저 알아봅시다.

먼저 setTimeout()은 타이머를 지정된 시간에 한번만 작동을 시킬 수 있고, setInterval()은 일정한 시간 간격을 두고 반복적으로 타이머를 작동시킬 수 있습니다.

만약에 타이머 작업이 필요 없게 될 경우에는 타이머를 정지시켜야 되는데 setTimeout()은 clearTimeout()으로 setInterval()은 clearInterval()로 정지할 수 있습니다.

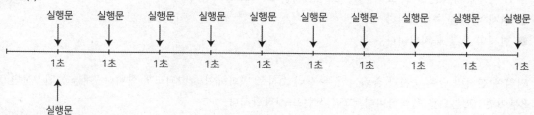

1. setInterval( ) , clearInterval( ) 사용하기

setInterval()은 일정한 시간 간격을 두고 반복적으로 원하는 작업을 실행하고자 할 때 사용되며 이러한
setInterval() 작업을 취소할 때는 clearInterval()을 사용합니다.
먼저 형식을 살펴봅시다.

setInterval()설정하기

```
        기본형:,
        function 함수명( ){실행문  ;}
    ❶ var 변수명 = setInterval( 함수명 , 시간간격 );
    ❷ var 변수명 = setInterval( '함수명( )' , 시간간격 );
```

❶ setInterval()은 window객체의 매소드 이므로 window객체명은 생략을 합니다.

또 타이머의 실행문은 이름 있는 함수를 사용하여 타이머에 실행문을 등록합니다.

❷ setInterval() 설정 시 '함수명( )'의 형식을 취할 경우에는 따옴표(' ')를 사용해야 합니다.

```
        ❸ var 변수명 = setInterval( 익명의 함수(function(){실행문} , 시간간격 );
```

❸ 타이머의 실행문을 함수로 연결하지 않고 직접 실행문을 설정할 경우에는 실행문의 그룹을 이름 없는
함수의 형태로 설정해야 합니다.

clearInterval()설정하기

```
        var 변수명 = clearInterval( setInterval( )변수명 );
```

실습을 해 봅시다.
1초마다 현재의 시간을 알려주는 시계를 만들어 봅시다.

❶   ❷   ❸

오후 11 : 36 : 26

❶ 현재의 시간을 만듭니다. 12시간 단위로 시간을 설정하며

   0~12시 까지는 오전 표시, 13-24시까지는 오후로 출력합니다.

❷ 현재의 분을 출력합니다.

❸ 현재의 초를 출력합니다.

만약에 한자리 단위 숫자가 출력되면 두 자리 숫자로 변화하여 출력되도록 합니다. 예를 들면 9시면 09시,
8분이면 08분으로 출력합니다. 그럼 작업을 시작합시다.

먼저 querySelector()를 이용하여 필요한 DOM의 객체를 만듭니다.

| 실습하기 | 실습 파일: 09/09_00.html. 완성 파일: 09/all/09_00.html

```
16      var hrText = document.querySelector('.num01');
17      var minText = document.querySelector('.num02');
18      var secText = document.querySelector('.num03');
```

현재 시간을 설정할 함수를 생성하고 time()함수를 불러들이기 합시다.

```
21      function time(){   }
22      time();
```

함수 time안에 사용할 Date()객체를 생성하고 시간, 분, 초를 대입할 변수를 만듭니다.

```
22      var date =  new Date();              //Date() 객체생성
23      var hr = date.getHours();            //시간을 저장 할 변수 생성
24      var min = date.getMinutes();         //분을 저장 할  변수 생성
25      var sec = date.getSeconds();         //초을 저장 할  변수 생성
```

consol창에 변수의 값을 확인합니다.

```
27      console.log(hr);
28      console.log(min);
29      console.log(sec);
```

☐☐	Elements	Console	Sources	Network	Performance	Memory	Application	»	⚙	⋮	✕

▶	Toggle device toolbar Ctrl + Shift + M	Filter	Default levels ▼	⚙

```
5                                                        09_00.html:28
31                                                       09_00.html:29
0                                                        09_00.html:27
```

이제 시간을 설정합시다.

먼저 변수 hr의 값이 0-12시까지는 '오전', 13-24시인 경우에는 '오후'가 세팅되도록 if()문의 조건 'hr〉12'를 확인합니다.

```
32      if(hr)12){} else {}
```

hrText에 hr의 값이 12보다 클 경우: hr-12로 값을 변경하여 출력합니다.

ex: 값:14 ➔ 14-12 ➔ 값:2

변경된 값이 만약에 한자리 숫자이면, 즉 (hr−12)의 값이 10보다 작으면 '0'을 추가하여 출력하도록 삼항 연산자를 이용합니다.

hr−12 〈10을 경우 '오후 0' + hr−12

hr−12 〈10이 아닌 경우 '오후' + hr−12 로 출력합니다.

이 경우 결합연산자 방법을 백틱(")방법으로 바꾸면 '오후 0 ${hr-12} '으로 변경됩니다.

```
32      if(hr>12){
33          hrText.innerHTML = hr-12 〈 10 ? '오후 0${hr-12} :'  : '오후 ${hr-12} :' ;
34      } else {  }
```

else문도 같은 경우로 문자 데이터 '오전'을 추가하여 화면에서 출력값을 확인합니다.

```
32      if(hr>12){
33          hrText.innerHTML = hr-12〈10 ? '오후 0${hr-12} :'  : '오후 ${hr-12} :' ;
34      }
35        else{
36          hrText.innerHTML = hr〈10 ? '오전 0${hr} :'  : '오전 ${hr} :';
37        }
```

오전 00 : 현재분 현재초

같은 방법으로 분의 값을 설정합시다. 만약의 min의 값이 10보다 작다면 문자데이터 '0'을 추가하여 값을 출력하고 10보다 같거나 크면 값을 변경하지 않고 출력하면 됩니다.

```
45      //분
46      minText.innerHTML = min〈10 ? '0${min} :' : '${min} :';
47      //초
48      secText.innerHTML = sec〈10 ? '0${sec}' : '${sec}';
49      }   // time 함수 끝남
```

화면에 출력을 확인합니다.

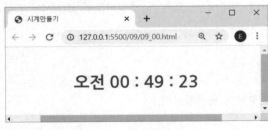

다음은 타이머를 작동하여 함수time()을 1초에 1번씩 불러들이기를 합시다.

```
51    var timeT = setInterval(time,1000);
```

브라우저 화면에서 1초마다 현재시간이 변경되는 것을 확인합니다.

오전 00 : 58 : 41

전체코드를 확인하면

```
22    //변수만들기
23    var hrText = document.querySelector('.num01');
24    var minText = document.querySelector('.num02');
25    var secText = document.querySelector('.num03');
26
27    //함수만들기
28    function time(){
29        var date =  new Date();
30        var hr = date.getHours();
31        var min =  date.getMinutes();
32        var sec = date.getSeconds();
33
34        console.log(hr);
35        console.log(min);
36        console.log(sec);
37
38    //시간
39        if(hr>12){
40            hrText.innerHTML = hr-12<10 ? `오후 0${hr-12} :`   : `오후 ${hr-12} :` ;
41        } else{
42        hrText.innerHTML = hr<10 ? `오전 0${hr} :` : `오전 ${hr} :`;
43      }
44    //분
45        minText.innerHTML = min<10 ? `0${min} :` : `${min} :`;
46    //초
47        secText.innerHTML = sec<10 ? `0${sec}` : `${sec}`;
48      }
49    //타이머만들기
50    var timeT = setInterval(time,1000);
51    //타임 함수 불러들이기
52    time();
```

실습을 하나 더 해보겠습니다. 이번에는 버튼을 사용하여 요소를 play 또는 stop 되도록 합시다.
먼저 작동 원리를 보면
❶ 아이디값이 play인 button을 클릭하면 ❸ p 요소가 움직입니다.
❷ 아이디값이 stop인 button을 클릭하면 ❸ p 요소가 정지됩니다.

❶〈button id="play"〉　　❷〈button id="stop"〉

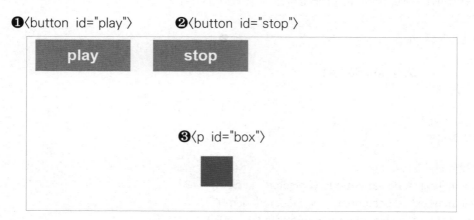

❸〈p id="box"〉

❸요소의 움직이는 원리를 정리해 봅시다. 먼저 스타일을 살펴보면 다음과 같습니다.

position: absolute; left: 0px; top: 200px;

우리는 #box의 left 값을 1px씩 움직이는 함수를 만들어 10/1000초마다 타이머를 작동 되도록 합니다.
그럼 작업을 시작해 봅시다. 먼저 필요한 DOM의 객체와 움직이는 값의 시작 값을 변수로 선언합니다.

| **실습하기** | 실습 파일: 09/09_01.html. 완성 파일: 09/all/09_01.html

```
37    const PLAY = document.querySelector('#play');        //아이디 play선택
38    const STOP = document.querySelector('#stop');        //아이디 stop선택
39    var a=0;                                             //left의 기본값 설정
```

move라는 함수를 만들어 변수 a값을 1px씩 증가하여 아이디 BOX의 새로운 left값으로 저장되도록 합니다.

```
41    function move(){
42        a+=1;                                            //a값을 1씩 증가
43        document.getElementById('box').style.left=a+"px";  // left의 기본값 설정
```

함수 play를 만들어 10/1000초마다 move함수를 실행할 pMove타이머 설정합니다.

```
45    function play(){
46        pMove = setInterval('move()',10)               //10/1000초마다 타이머 작동
47    }
```

pMove타이머를 정지할 함수 stop을 만듭니다.

```
48    function stop(){
49      pStop = clearInterval(pMove); //pMove 타이머 정지
50    }
```

객체 PLAY에 클릭 이벤트가 발생하면 play 함수를 연결하고, 객체 STOP에 클릭 이벤트가 발생하면 stop 함수를 연결합니다.

```
51    PLAY.addEventListener('click',play);
52    STOP.addEventListener('click',stop);
```

브라우저로 실행하여 결과를 확인합니다.

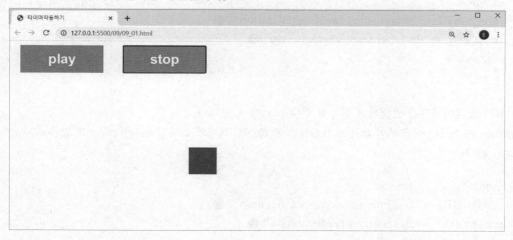

2. setTimeout() ,clearTimeout() 사용하기

setTimeout()은 일정한 시간이 지난 후 원하는 작업을 실행하고자 할 때 사용됩니다.
이러한 setTimeout() 작업을 취소할 때 clearTimeout()을 사용합니다.
먼저 형식을 살펴봅시다.

```
기본형:,
function 함수명( ){실행문 ;}
var 변수명 = setTimeout( 함수명 , 시간간격 );

타이머 중지:
clearTimeout(변수명)
```

Ⓐ버튼 요소를 클릭하면 1초 후에 Ⓑ두번째 p 요소가 보이게 합니다.

먼저 html문서를 확인합시다.'

| **실습하기** | 실습 파일: 09/09_02.html. 완성 파일: 09/all/09_02.html

```
39      ⟨button⟩클릭하면 1초 후에 안내문 보기⟨/button⟩ Ⓐ
40      ⟨div⟩
41       ⟨p⟩클릭하면 1초 후에 보입니다. ⟨/p⟩
42       ⟨p⟩ welcome.⟨/p⟩ Ⓑ
43      ⟨/div⟩
```

button요소와 div 요소를 각각 ❶BTN, ❷DIV로 선택합니다.

```
44      ⟨script⟩
45       const BTN =  document.querySelector('button'); ❶
46      const DIV =  document.querySelector('div');❷
47      ⟨/script⟩
```

❸객체 BTN에 클릭이벤트가 발생하면 연결할 함수 play를 만듭니다.
❹ setTImeout 매소드를 이용하여 ❻ 1초(1000) 후에 ❺DIV 객체의 스타일 height 속성의 값을 500px이 되도록 합니다.

```
44      ⟨script⟩
45       const BTN =  document.querySelector('button'); ❶
46      const DIV =  document.querySelector('div');❷
47      function  play(e){❸
48         ❹setTimeout(function(){
49             DIV.style.height= 500+'px';❺
50          },1000); ❻
51        }
52
53      ⟨/script⟩
```

Ⓐ객체 BTN에 클릭이벤트가 발생하면 play함수를 연결합니다.

```
53        BTN.addEventListener('click',play);Ⓐ
54      ⟨/script⟩
```

| 결과물 확인 |

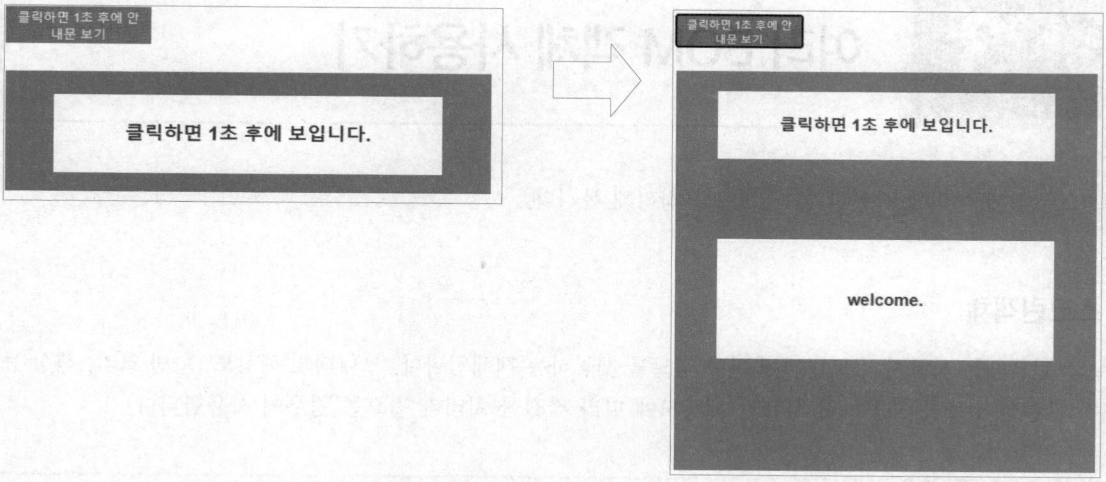

클릭하면 1초 후에 안내문 보기
클릭하면 1초 후에 보입니다.
클릭하면 1초 후에 안내문 보기
클릭하면 1초 후에 보입니다.
welcome.

여러 BOM 객체 사용하기

윈도우객체 이외에 사용할 여러 객체를 정리해 봅시다.

스크린객체

스크린객체는 사용자의 모니터에 관한 정보를 제공하는 객체입니다. 모니터의 해상도, 화면 크기, 색상 등에 관련한 정보를 제공하며 사용자 해상도에 따라 적절한 처리가 필요한 경우에 사용합니다

속성	설명
height	전체 화면의 세로의 크기
width	전체 화면의 가로의 크기
availHeight	작업표시줄을 제외한 화면의 세로크기
availWidth	작업표시줄을 제외한 화면의 가로크기
colorDepth	화면의 색상 수 정보

| **실습하기** | 실습 파일: 09/09_03.html. 완성 파일: 09/all/09_03.html

```
48    〈script〉
49        var sWidth =  screen.width;          //스크린 가로사이즈
50        var sHeight =  screen.height;         //스크린 세로사이즈
51        var sColor =  screen.colorDepth;      //화면의 색상 후
52        console.log(sWidth);
53        console.log(sHeight);
54        console.log(sColor);
55    〈/script〉
```

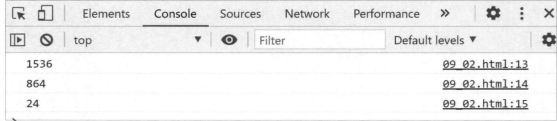

1536		09_02.html:13
864		09_02.html:14
24		09_02.html:15

location객체

location객체는 사용자가 사용하는 웹 브라우저의 주소 입력줄의 주소를 관리하는 객체로 현재의 URL에 대한 정보를 저장하기 위하여 사용합니다.

매소드

매소드	기능 설명
toString()	location.href를 반환합니다.
assign()	location.href를 설정합니다.
reload()	문서를 새로 고치거나 다시 읽게 해 준다.
replace()	현재 문서를 URL 문서로 대체한다.

속성

속성	기능 설명
hash	표식 이름을 설정하거나 검색
host	url 주소의 호스트 이름과 포트를 설정하거나 검색
hostname	url 주소의 호스트 이름이나 호스트의 ip 주소 설정 및 검색
href	문서의 url 주소를 설정하거나 검색
pathname	문서의 디렉토리 위치를 설정하거나 검색
port	포트번호를 설정하거나 검색
protocol	프로토콜 종류를 설정하거나 검색
search	검색엔진을 호출할 때 사용

```
17        var local = location.href;
18        console.log(local);
```

history객체

history 객체는 사용자가 방문했던 URL 리스트 정보를 저장해 두는 곳으로서 히스토리 리스트를 조작하는 기능을 제공 합니다.

매소드	기능 설명
back()	현재의 웹 브라우저에서 방문한 이전 페이지로 이동한다.
forward()	현재의 웹 브라우저에서 방문한 다음 페이지로 이동한다.
go()	상대 숫자를 설정하여 방문한 페이지로 이동한다.

속성	기능 설명
current	현재 문서의 URL 정보
length	history 객체의 주체에 대한 길이 정보
next	history 객체에서 다음 문서의 URL 정보
previous	history 객체에서 이전 문서의 URL 정보
search	검색 문자

```
window.history.go(-2);
```

navigator객체

navigator객체는 웹사이트의 방문자가 사용하는 브라우저 정보와 운영체제 정보를 제공하는 객체입니다.

속성	설명
appCodeName	현재 브라우저의 코드명의 정보를 반환함
appName	현재 브라우저의 이름의 정보를 반환함
appVersion	현재 브라우저의 버전의 정보를 반환함
language	현재 브라우저가 사용하는 언어정보를 반환함
product	현재 브라우저의 엔진 정보를 반환함
platform	현재 브라우저의 운영체제 정보를 반환함
onLine	현재 브라우저의 온라인 상태 정보를 반환함
userAgent	현재 브라우저의 운영체제의 종합 정보를 반환함

```
var NaviInfo = "User-agent header sent: " + navigator.userAgent;
console.log(NaviInfo);
```

1. console창에 스크린의 가로와 세로의 크기를 출력하세요.

2. 아래의 html 문서를 참고하여 두 버튼을 클릭하여 아이디 box요소를 오른쪽으로 움직이고 멈추게 만드세요.

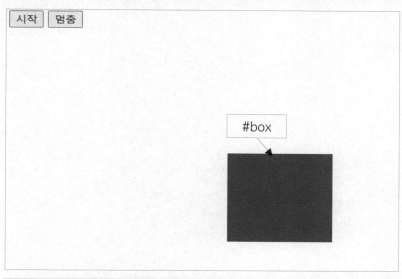

```
〈html〉
〈head〉
〈meta charset="UTF-8"〉
〈title〉Math:style〈/title〉
  〈style〉
    #box {
        position: absolute;
        left: 100px;
        top: 200px;
        width: 130px;
        height: 130px;
        z-index: 1;
        background-color: #666F;
    }
  〈/style〉

〈/head〉
〈body〉
        〈input type="button" value="시작" class="start"〉
        〈input type="button" value="멈춤" class="stop"〉
        〈p id="box"〉〈/p〉
〈script〉〈/script〉
〈/body〉
〈/html〉
```

정답

1

```
<script>
    console.log(screen.width);
    console.log(screen.height);
</script>
```

2.
```
<script>
    var a = 100;
    function move(){
      a+=4;
      document.querySelector('#box').style.left = a + 'px';   // 20px
    }
    function start(){
timer=setInterval(move,40);
    }
    function stop() {
clearInterval(timer);
    }

    const BOX = document.querySelector("box");
    const START = document.querySelector(".start");
    const END = document.querySelector(".stop");
    START.addEventListener('click',start);
    END.addEventListener('click',stop);
</script>
```

실전 예제로 배우는

자바스크립트
+ 제이쿼리

PART

02

제이쿼리

CHAPTER 01

제이쿼리 라이브러리 사용하기

제이쿼리는 "적게 쓰고 더 많이"라는 슬로건을 가진 자바스크립트 라이브러리입니다. 제이쿼리를 사용하면 HTML 문서 안에 클라이언트 자바스크립트의 DOM 객체에 쉽게 접근하고 매우 단순하게 프로그래밍을 할 수 있습니다. 이러한 제이쿼리는 존 레식에 의해 2006년 뉴욕시 바캠프 (Barcamp NYC)에서 공식으로 소개된 이후 지금까지 가장 사랑받는 자바스크립트 라이브러리라 할 수 있습니다.

라이브러리란?

우리는 제이쿼리를 자바스크립트의 '라이브러리'라고 합니다. '라이브러리'란 무엇일까요?
라이브러리는 보통 프로그램 언어로 만들기에는 많은 시간과 고난도의 기술이 필요한 작업을 쉽고 간편하게 작업을 할 수 있도록 도와주는 명령어 셋트 입니다. 즉 필요한 작업을 명령어로 묶어 놓은 함수의 집단이라고 생각하면 됩니다.

프로그램 라이브러리란?

〈p〉요소가 생성되도록 자바스크립트를 사용하여 만들어 봅시다.

| **실습하기** | 실습 파일: 01/01_01.html. 완성 파일: 01/all/01_01.html

```
10    window.addEventListener("DOMContentLoaded", function(evt) {
11        const CONTENT = document.getElementById("content");
12        const P = document.createElement("p");
13        var TEXT = document.createTextNode("welcome 자바스크립트");
14        P.appendChild(TEXT);
15        CONTENT.appendChild(P);
16    });
```

자바스크립트로 작업을 하면 위와 같이 작업이 됩니다.
그럼 이번에는 제이쿼리로 작업을 해 봅시다.

```
18    $("document").ready(function() {
19        $("#content2").append("<p>welcome 자바스크립트</p>");
20    });
```

같은 작업을 해도 간단하고 쉽게 작업을 할 수 있습니다.
이렇게 라이브러리로 작업을 하면 자바스크립트로 작업을 하는 것보다 몇 개의 명령어로 쉽고 간단하게 작업을 할 수 있습니다. 현재 사용되고 있는 라이브러리의 종류는 여러 가지입니다. React, Vue, Ember, Angular, Node 등 여러 종류의 라이브러리가 사용되고 있습니다. 라이브러리는 각자 자신만의 특성화된 파트를 가지고 있습니다. 모든 라이브러리가 같은 기능을 하는 것은 아닙니다. 그래서 우리가 라이브러리를 사용하기 위해서는 그 특성을 먼저 파악하고 적재적소에 알맞게 사용해야 합니다.

jQuery 이용하기

제이쿼리를 사용하기 위해서는 먼저 제이쿼리 라이브러리가 필요합니다. 이 파일은 제이쿼리에 필요한 명령어들의 실행문들이 정리되어 있어 우리가 작업하기 이전에 먼저 이 명령어 집합의 파일을 연결해야만 합니다. 이 실행문이 있어야 우리가 작업하는 제이쿼리 명령어들과 필요한 실행문들이 실행됩니다. 그럼 이 라이브러리 함수부터 연결해 봅시다.

먼저 제이쿼리 라이브러리를 다운로드할 수 있는 사이트로 이동합시다.

http://jquery.com/

jquery 함수 다운로드하기

사이트를 방문하면 다운로드 메뉴가 보입니다. 이곳에서 제이쿼리 라이브러리를 내려받을 수 있습니다

제이쿼리 라이브러리는 두가지 종류입니다.

jquery.js (compressed production jQuery)	제이쿼리 라이브러리 원본으로 개발자용이라고 불립니다. 비압축 버전으로 실제 제이쿼리 개발 파일입니다.
jquery.min.js (uncompressed, development jQuery)	사용자용 파일이라 불리며 실제 원본 파일의 공간문자, 줄 바꿈이 생략된 압축 파일입니다. 원본 파일에 비해 메모리가 작아서 일반적으로 사용됩니다.

우리는 이 두 파일 중에 압축 버전을 사용할 겁니다.

jQuery

For help when upgrading jQuery, please see the upgrade guide most relevant to your version. We also recommend using the jQuery Migrate plugin.

Download the compressed, production jQuery 3.5.1

Download the uncompressed, developm

오른쪽 버튼 클릭
다른이름으로 링크 저장

Download the map file for jQuery 3.5.1

You can also use the slim build, which excludes the ajax and effects modules:

만약에 제이쿼리 함수를 저장하여 사용할 수 없는 경우라면 CDN 사용을 권장합니다. 단 이 CDN을 사용할 때는 꼭 인터넷이 연결된 컴퓨터에서 사용하여야만 됩니다.

CDN 사용하기

CDN은 보통 인터넷 서비스 제공자(ISP, Internet Service Provider)가 제공하는 주소에 직접 연결해 데이터를 전송받는 방식으로 제이쿼리 라이브러리를 연결할 수 있는 서비스를 제공하는 곳의 주소를 이용합니다.

제이쿼리 사이트(모든 버전 가능)

제이쿼리 사이트	https://code.jquery.com/

일반적인 개발자 도움 사이트

Google	https://developers.google.com/speed/libraries#jquery
Microsoft CDN	https://docs.microsoft.com/en-us/aspnet/AJAX/cdn/overview#jQuery_Releases_on_the_CDN_0
CDNJS CDN	https://cdnjs.com/libraries/jquery

제이쿼리 다운로드 페이지에서 연결된 주소로 이동 가능합니다.

Other CDNs

The following CDNs also host compressed and uncompressed versions of jQuery releases. Starting with jQuery 1.9 they may also host sourcemap files; check the site's documentation.

Note that there may be delays between a jQuery release and its availability there. Please be patient, they receive the files at the same time the blog post is made public. Beta and release candidates are not hosted by these CDNs.

- Google CDN
- Microsoft CDN
- CDNJS CDN
- jsDelivr CDN

HTML 문서에 제이쿼리 라이브러리 연결하기

제이쿼리 라이브러리를 사용하기 위해서는 제이쿼리 라이브러리를 HTML 문서에 불러들이기를 해야 합니다.

불러들이는 방법은 html 문서의 〈head〉영역에 〈script〉요소를 이용하여 삽입합니다.

```
〈head〉
    〈meta charset="UTF-8"〉
    〈meta name="viewport" content="width=device-width, initial-scale=1.0"〉
    〈title〉제이쿼리 시작하기〈/title〉
    〈script src="파일경로/제이쿼리라이브러리파일명.js"〉〈/script〉
〈/head〉
```

이 책의 실습 파일에는 각 해당 폴더에 이미 js폴더를 생성하여 jquery.min.js 파일을 세팅해 놓았습니다. 그러므로 지금은 따로 다운로드를 하지 않고 라이브러리 경로만 연결하여 사용하면 됩니다.

```
<head>
    <meta charset="UTF-8">
    <meta name="viewport" content="width=device-width, initial-scale=1.0">
    <title>제이쿼리 시작하기</title>
    <script src="js/jquery.min.js"></script>
</head>
```

제이쿼리 라이브러리 버전

제이쿼리 라이브러리는 자주 업그레이드를 진행합니다. 그래서 이전 버전으로 사용 했던 기능이 삭제되거나 변경되는 일이 종종 발생합니다.

만약에 예전 버전의 명령어를 계속 사용하려면 Migrate plugin을 제리쿼리 라이브러리 다음에 연결해야 합니다.

Migrate plugin은 제이쿼리 라이브러리 다운로드 페이지에서 다운로드할 수 있습니다.

1. https://jquery.com/download/에서 [Download the compressed, production jQuery Migrate 3.3.2]를 내려받습니다.

jQuery Migrate Plugin

We have created the jQuery Migrate plugin to simplify the transition from older versions of jQuery. The plugin restores deprecated features and behaviors so that older code will still run properly on newer versions of jQuery. Use the *uncompressed development* version to diagnose compatibility issues, it will generate warnings on the console that you can use to identify and fix problems. Use the *compressed production* version to simply fix compatibility issues without generating console warnings.

There are two versions of Migrate. The first will help you update your pre-1.9 jQuery code to jQuery 1.9 up to 3.0. You can get that version here:

Download the compressed, production jQuery Migrate 1.4.1

Download the uncompressed, development jQuery Migrate 1.4.1

The second version helps you update code to run on jQuery 3.0 or higher, *once you have used Migrate 1.x and upgraded to jQuery 1.9 or higher*:

Download the compressed, production jQuery Migrate 3.3.2

Download the uncompressed, development jQuery Migrate 3.3.2

2. script 요소를 이용하여 먼저 제이쿼리 라이브러리 파일을 연결하고 그다음 migrate plugin 파일을 연결합니다.

```
〈head〉
    〈meta charset="UTF-8"〉
    〈meta name="viewport" content="width=device-width, initial-scale=1.0"〉
    〈title〉제이쿼리 시작하기〈/title〉
     〈script src="js/jquery.js"〉〈/script〉
    〈script src="js/jquery-migrate-1.4.1.min.js"〉〈/script〉
〈/head〉
```

SECTION
02

제이쿼리 서식

제이쿼리 라이브러리를 사용하기 위해 제이쿼리 라이브러리의 서식을 알아봅시다.

제이쿼리는 제이쿼리 라이브러리가 연결되면, 제이쿼리 라이브러리를 불러들이기를 합니다. 그다음 html 문서가 준비하고 DOM의 객체를 이동하여 작업을 진행합니다.

1. 제이쿼리 라이브러리 연결하기

```
<script src="../../js/jquery-3.4.1.min.js"></script>
```

2. 스크립트 요소를 이용하여 라이브러리 불러들이기

```
<script>
 jQuery(   );
</script>
```

3. 문서가 준비가 되면

```
<script>
 jQuery( document.ready(   ) );
</script>
```

4. 실행문을 실행합니다. 이때 실행문은 그룹을 만들어 사용하므로 익명의 함수 형식을 이용합니다.

```
<script>
 jQuery( document.ready( function ( ){실행문 ;}  )  );
</script>
```

제이쿼리 라이브러에서는 'jquery'를 대신하여 '$'의 기호를 사용합니다. 그래서

```
<script>
  jQuery(
    document.ready(
      function ( ){실행문 ;}
    )
  );
</script>
```

→

```
<script>
  $(
    document.ready(
      function ( ){실행문 ;}
    )
  );
</script>
```

실전 예제로 배우는 자바스크립트+제이쿼리

로 바꾸어 사용할 수 있습니다.

그리고 제이쿼리 함수를 불러들이고 body 문서를 확인 후 제이쿼리를 작동하므로 우리는 document.ready( )의 명령을 생략하여 사용하기도 합니다.

```
<script>
  $(
    document.ready(
      function ( ){실행문 ;}
    )
  );
</script>
```

```
<script>
  $(
      function ( ){실행문 ;}
  );
</script>
```

지금까지의 내용을 정리해 보면 우리는 제이쿼리를 사용하기 위해서는 먼저 제이쿼리 라이브러리를 연결한 후에 라이브러리를 불러들여야 제이쿼리를 사용할 수 있습니다. 라이브러리를 연결 후 불러들이는 방법은 두 가지 형식으로 사용할 수 있습니다.

```
형식 1:
<script> $( document.ready( function ( ){실행문 ;}  ) ); </script>

형식 2:
<script> $( function ( ){실행문 ;} ); </script>
```

제이쿼리 기본 문장 만들기

제이쿼리는 먼저 DOM 객체에서 필요한 요소로 이동하여 작업을 시작합니다. 우리는 작업의 시작점을 선택자라고 부릅니다.

선택자는 '$( )'안에 따옴표(' ')를 사용하여 선택자 이름을 넣으면 됩니다. 이때 사용하는 따옴표는 작은 따옴표(' ')를 사용해도 되고 큰따옴표(" ")를 사용해도 무방합니다. 단지 앞에서 정리한 따옴표의 법칙만 잘 지켜지면 됩니다.

이렇게 먼저 선언한 선택자에 우리가 필요한 명령어를 마침표(.)를 이용하여 사슬 형태로 연결하여 실행 문장을 만들면 됩니다.

```
형식 1:
                    $('선택자명') .명령어 ( )
형식 2:
             $('선택자명') .명령어 ( )  .명령어 ( )
```

명령어 사용법

제이쿼리 명령어는 크게 두 가지로 나누어서 생각해 볼 수 있습니다.

1. 선택자에서 필요한 작업을 하는 명령어

$('선택자') .명령어 ( )

2. 여러 실행문을 문장의 형식으로 작성해서 사용하는 명령어는 실행문을 익명의 함수의 형식으로 바꾸어 사용합니다.

$('선택자') .명령어(function ( ){실행문 ; }) ;

실습 파일 '01/01_01.html'파일을 열어 봅시다.

1. body 요소 안의 html을 확인합니다.

| **실습하기** | 실습 파일: 01/01_01.html. 완성 파일: 01/all/01_01.html

```
30    <button type="button">sample</button>
31    <div> </div>
32    <p></p>
```

2. 그럼 먼저 제이쿼리 라이브러리를 연결합니다.

제이쿼리 라이브러리는 각 폴더의 js 폴더가 만들어져 있고 그 폴더 안에 'jquery.min.js' 파일이 있습니다. head 요소 안에 script 요소를 이용하여 라이브러리를 연결합니다.

```
6    <!--준비하기-->
7    <script src="js/jquery.min.js"></script>
```

3. body 요소가 끝나기 전에 script 요소를 만들어 제이쿼리 라이브러리를 불러들입니다.

```
15    <script>
16      $(function(){
17
18      });
19    </script>
```

4. 먼저 $('div')선택자에 text('jquery시작') 명령어를 적고 브라우저에서 확인합니다.

```
20    〈script〉
21        $(function(){
22            $('div').text('jquery시작');
23        });
24    〈/script〉
```

| 결과물 확인 |

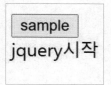

5. 이번에는 $('button')선택자에 .click()명령어를 넣고 그 안에 익명의 함수를 넣습니다.

```
17        $('button').click(function(e){
18
19            });
```

익명의 함수 안에 다음과 같이 선택자와 명령어를 넣습니다.

```
17        $('button').click(function(e){
18            $('p').text('welcome').css('color','red');
19            });
```

전체를 확인하면 다음과 같습니다.

```
14        $(function(){
15            $('div').text('jquery시작');
16
17            $('button').click(function(e){
18                $('p').text('welcome').css('color','red');
19            });
20        });
```

마지막으로 브라우저에서 버튼을 클릭하여 결과물을 확인합니다.

sample
jquery시작

welcome

이처럼 제이쿼리에서 사용할 수 있는 명령어는 두가지로 나누어서 기억하면 좋겠습니다.

형식1 $('선택자명') .명령어 ( )
형식2 $('선택자') .명령어(function ( ){실행문 ; }) ;

그럼 이제 선택자에 대해서 알아봅시다.

SECTION 03 선택자

제이쿼리 작업을 시작하기 위해서는 HTML 문서에서 원하는 DOM의 객체 즉 HTML 요소를 선택해야 합니다. 이런 선택의 기능을 선택자(Selection)라 합니다. 선택하는 방법은 직접적인 선택 방법과 이미 선택한 선택자를 기준으로 인접해 있는 요소를 선택하는 인접 선택 방법이 있습니다. 인접 선택 방법은 HTML 문서를 동적으로 이동하며 선택한다고 해서 Traversing이라고 합니다.

노드 트리를 보며 알아봅시다.

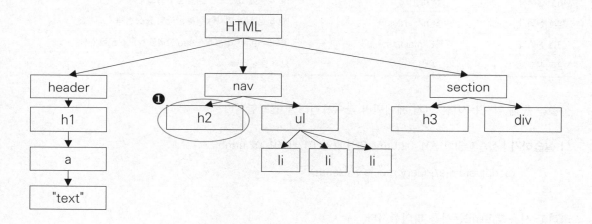

❶의 h2를 선택하는 방법은

직접적인 방법으로 사용하면 $('nav〉h2') 라고 선택할 수도 있고, 또 인접 선택 방법을 사용하여 먼저 $('nav') 요소를 선택한 후 체인을 이용하여 nav의 자식인 h2라고 하여 '.children('h2')'를 붙이는 방법도 있습니다. 형식을 한번 보면 다음과 같습니다.

```
직접방법 :          $('nav〉h2').css('background-color','red');
인접선택방법:        $('nav').children('h2').css('background-color','red');
```

이번 장에는 일반적인 직접 선택 방법을 이용한 선택자에 대해 알아보도록 합시다.

기본선택자

기본선택자는 일반적인 css1, css2, css3버전에서 사용하는 선택자를 제이쿼리로 이용하여 선택하는 방법입니다.

형식은 알아보면 다음과 같습니다.

형식: $('기본선택자')

선택자	사용법	설명
요소 선택자	$('p')	지정한 p 요소모드
아이디 선택자	$('#main')	id속성값 main과 일치하는 요소
클래스 선택자	$('.sub')	class속성값 sub와 일치하는 요소 선택
종속 선택자	$('div p)	div 에 있는 자식 또는 자손인 p 요소 선택
자식 선택자	$('div>h2)	div 자식인 h2 요소 선택
이웃 선택자	$('h2+p')	h2 다음에 있는 모든 형제 중 p 요소 선택
형제 선택자	$('h2~article')	h2 바로 뒤에 위치한 형제 article 요소 선택
그룹 선택자	$('#main, .sub,p')	아이디 main 과 클래스 sub 그리고 p 요소 모두 선택
모든 선택자	$('*')	모든 요소 선택

실습을 통해 알아봅시다. 먼저 제이쿼리 라이브러리를 연결합시다.

| 실습하기 | 실습 파일:01/01_02.html. 완성 파일: 01/all/01_02.html)

```
7       <script src="js/jquery.min.js"></script>
```

그리고 사용할 html문서를 확인합시다.

```
17      <p><button  id="btn">버튼</button></p> ❶
18      <ul id="list1">
19          <li class="a">list1 item a</li>
20          <li class="b">list1 item a</li>
21          <li class="c">list1 item b</li>
22          <li class="d">list1 item b</li>
23      </ul>
24      <p class="num">class a</p>
25      <q>normal 01</q>
26      <p class="b">class b</p>
27      <p>normal 02</p>
28      <em id="first">변경전</em>
29      <p id="second">아무것도 없습니다.</p>
30      <p class="olde"><strong>변경되었습니다.</strong></p>
```

p요소 안의 ❶button 요소를 클릭하여 여러 선택자를 선택한 요소의 스타일과 text 노드를 변경해 봅시다.

먼저 script 요소를 사용하여 제이쿼리 라이브러리를 불러들입니다.

```
25    <script>
26        $(function(){
27                //실행문사용
28        });
29    </script>
```

먼저 버튼을 클릭하여 실행문을 실행할 준비를 합니다.

```
25    <script>
26    $(function(){
27        $('#btn').click(function(){
28                //실행문
29        });
30    });
31    </script>
```

다음과 같이 선택자를 사용하여 스타일과 text 노드를 변경합니다.

```
33        $('.a').css('color','red'); ❶
34        $('#list1').css('background-color','yellow');❷
35        $('#first').text('jquery 시작');❸
36        $('.num+q').css('background-color','pink');❹
37        $('.num~p').css('background-color','orange');❺
```

❶ 클래스값 a인 요소를 선택하여 스타일 color의 값을 red로 변경합니다.

❷ 아이디값 list1인 요소를 선택하여 스타일 background-color의 값을 yellow로 변경합니다.

❸ 아이디값 first인 요소를 선택하여 text 노드 값을 'jquery 시작'으로 변경합니다.

❹ 클래스값이 num인 요소 다음에 오는 형제요소 q를 선택하여 스타일 background-color의 값을 pink로 변경합니다.

❺ 클래스값이 num인 요소 형제 p요소 모두를 선택하여 스타일 background-color의 값을 orange로 변경합니다.

결과를 확인해 봅시다.

탐색 선택자 사용하기

탐색 선택자는 기본 선택자를 선택한 요소 중 원하는 요소를 필터링하여 한 번 더 선택하는 방법입니다. 배열의 인덱스(index)처럼 위치를 기준으로 선택하는 방법과 선택된 요소의 속성과 text 노드를 검색하여 선택하는 방법이 있습니다. 위치 선택자부터 살펴봅시다.

위치 선택자는 css3 선택자를 그대로 사용하는 경우와 제이쿼리 선택자를 사용하는 경우 두가지로 나누어서 사용할 수 있습니다.

css3 선택자는 index의 순서가 1부터 시작이고, 제이쿼리 선택자는 index의 순서가 0부터 시작합니다. 먼저 css3 선택자를 이용한 선택 방법에 대해 알아봅시다.

1. css3 선택자

선택자	사용법	설명
:first-child	li:first-child	부모 요소 기준으로 첫 번째 li 요소 선택
:last-child	li:last-child	부모 요소 기준으로 마지막 번째 li 요소 선택
:nth-child(index) :nth-child(n+index)	li:nth-child(2) li:nth-child(3n+2)	부모 요소 기준으로 두 번째 li 요소 선택 부모 요소 기준으로 세 개씩 묶어서 묶음 중 각각 두 번째 li 요소 선택
:nth-last-child(index) :nth-last-child(n+index)	li:nth-last-child(2) li:nth-last-child(3n+2)	부모 요소 기준으로 마지막 요소부터 시작하여 두 번째 li 요소 선택 부모 요소 기준으로 마지막 요소부터 시작하여 세 개씩 묶어서 묶음 중 각각 두 번째 li 요소 선택
:nth-of-type(index) :nth-of-type(n+index)	li:nth-of-type(2) li:nth-of-type(3n+2)	선택한 요소 li 중 두 번째 li 요소 선택 선택한 요소 li 중 세 개씩 묶어서 묶음 중 각각 두 번째 li 요소 선택
:nth-last-of-type(index) :nth-last-of-type(n+index)	li:nth-last-of-type(2) li:nth-last-of-type(3n+2)	선택한 요소 li 중 마지막 요소부터 시작하여 두 번째 li 요소 선택 선택한 요소 li 중 마지막 요소부터 시작하여 세 개씩 묶어서 묶음 중 각각 두 번째 li 요소 선택

index번호 1	index번호 2	index번호 3	index번호 4	index번호 5
li:nth-child(1)	li:nth-child(2)	li:nth-child(3)	li:nth-child(4)	li:nth-child(5)

실습해 봅시다.

script 요소를 사용하여 제이쿼리 라이브러리를 불러들인 후 제이쿼리를 사용할 준비를 합시다. 그리고 ❶ 버튼을 클릭한 후 원하는 요소를 선택하여 스타일을 변경해 봅시다.

| 실습하기 | 실습 파일: 01/01_03.html. 완성 파일: 01/all/01_03.html

```
10      <p><button id="btn_01">Click Me</button></p> ❶
```

11	⟨ul class="box01"⟩	19	⟨ul class="box02"⟩	27	⟨ul class="box03"⟩
12	⟨li⟩내용1⟨/li⟩	20	⟨li⟩내용1⟨/li⟩	28	⟨li⟩내용1⟨/li⟩
13	⟨li⟩내용2⟨/li⟩	21	⟨li⟩내용2⟨/li⟩	29	⟨li⟩내용2⟨/li⟩
14	⟨li⟩내용3⟨/li⟩	22	⟨li⟩내용3⟨/li⟩	30	⟨li⟩내용3⟨/li⟩
15	⟨li⟩내용4⟨/li⟩	23	⟨li⟩내용4⟨/li⟩	31	⟨li⟩내용4⟨/li⟩
16	⟨li⟩내용5⟨/li⟩	24	⟨li⟩내용5⟨/li⟩	32	⟨li⟩내용5⟨/li⟩
17	⟨li⟩내용6⟨/li⟩	25	⟨li⟩내용6⟨/li⟩	33	⟨li⟩내용6⟨/li⟩
18	⟨/ul⟩	26	⟨/ul⟩	34	⟨/ul⟩

```
37    ⟨script⟩
38    $(function(){
39    $('#btn_01').click(function(e){
40        $('.box01 li:nth-child(2)').css('border','2px solid red');❶
41        $('.box02 li:nth-child(3n+1)').css('background-color','#666');❷
42        $('.box03 li:nth-child(odd)').css('border','2px solid blue');❸
43    });
44    });
45    ⟨/script⟩
```

❶ 클래스 box01안의 li중 두 번째 li을 선택하여 스타일 변경하기
❷ 클래스 box02안의 li를 3개씩 묶은 후 각각 첫 번째 li을 선택하여 스타일 변경하기
❸ 클래스 box03안의 li중 홀수 번째 li을 선택하여 스타일 변경하기

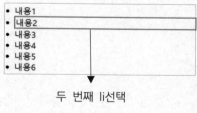

두 번째 li선택

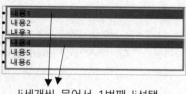

li세개씩 묶어서 1번째 li선택

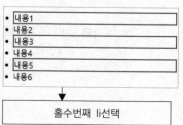

홀수번째 li선택

2. 제이쿼리 선택자

선택자	사용법	설명
:even	li:even	li 중 index 번호가 짝수 번째인 li 선택
:odd	li:odd	li 중 index 번호가 홀수 번째인 li 선택
:eq(index)	li:eq(2)	li 중 index 번호 2(3번째)인 li 선택
:gt(index)	li:gt(2)	li 중 index 번호 2(3번째)인 li 뒤에 있는 모두 li 선택
:lt(index)	li:lt(2)	li 중 index 번호 2(3번째)인 li 앞에 있는 모두 li 선택
:first	li:first	li 중 첫 번째 li 선택
:last	li:last	li 중 마지막 li 선택
:only-child	span:only-child	부모 요소 안에서 span 요소가 하나인 span 선택

index번호 0	index번호 1	index번호 2	index번호 3	index번호 4
li:eq(0)	li:eq(1)	li:eq(2))	li:eq(3)	li:eq(4)

실습해 봅시다.

먼저 HTML을 확인합니다.

| 실습하기 | 실습 파일: 01/10_04.html. 완성 파일: 01/all/01_04.html

```
10    <ul>
11    <li><img src="images/flw_01.jpg" width="150"></li>
12    <li><img src="images/flw_02.jpg" width="150"></li>
13    <li><img src="images/flw_03.jpg" width="150"></li>
14    <li><img src="images/flw_04.jpg" width="150"></li>
15    <li><img src="images/flw_05.jpg" width="150"></li>
16    <li><img src="images/flw_06.jpg" width="150"></li>
17    </ul>
```

제이쿼리 라이브러리를 연결하고❶ 스크립트 요소로 제이쿼리 라이브러리를 불러들여서❷ 준비를 마칩니다

```
<script src="js/jquery.min.js"></script> ❶
<script>
$(function(){});❷
<script>
```

```
15    <p><button id="btn_01">Click Me</button></p>
```

버튼을 클릭하여 원하는 요소를 선택하여 스타일을 변경합니다. ❸

```
$(function(){❷
    ('#btn_01').click(function(e){❸


    }
});
```

순번에 맞추어 선택하여 스타일을 변경합니다.

```
24    <script>
25        $(function(){
26            $('#btn_01').click(function(e){
27                $('ul>li:eq(2)').css('border','2px solid red');  ❸
28                $('ul>li:lt(2)').css('border','2px solid yellow');  ❹
29                $('ul>li:gt(2)').css('border','2px solid blue');  ❺
30                //
31                $('ul>li:odd').css('background-color','#666');  ❻
32                $('ul>li:even').css('background-color','green');  ❼
33            });
34        });
35    </script>
```

❸ li 중 인덱스 번호가 2인 li 선택하여 스타일 변경
❹ li 중 인덱스 번호가 2인 li 보다 앞인 li 모두 선택하여 스타일 변경
❺ li 중 인덱스 번호가 2인 li 보다 뒤인 li 모두 선택하여 스타일 변경
❻ li 중 인덱스 번호가 홀수인 li 선택하여 스타일 변경
❼ li 중 인덱스 번호가 짝수인 li 선택하여 스타일 변경

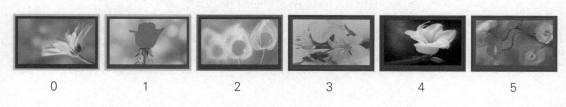

| 0 | 1 | 2 | 3 | 4 | 5 |

기타선택자

선택자	기능설명
:has(요소)	특정 요소를 포함하는 요소 선택
:contains('text 노드')	특정 text를 포함한 요소 선택
:empty	빈요소 선택
:parent	다른 요소를 포함한 요소를 찾는다. 빈칸 하나만 들어 있어도 선택된다.
:header	제목 요소를 찾는다.
:not(조건)	조건에 해당되지 않는 요소만 선택

실습해 봅시다.

제이쿼리 라이브러리를 연결하고❶ 스크립트 요소로 제이쿼리 라이브러리를 불러들여서❷ 준비를 마칩니다.

| **실습하기** | 실습 파일: 01/01_05.html. 완성 파일: 01/all/01_05.html

```
〈script src="js/jquery.min.js"〉〈/script〉 ❶

〈script〉
$(function(){});❷
〈/script〉
```

먼저 HTML요소를 확인합니다.

```
15    〈h3〉제목2〈/h3〉
16    〈header〉제목3〈/header〉
17    〈button id="btn" type="button"〉클릭〈/button〉
18    〈ol〉
19      〈li〉첫번째 내용 〈/li〉
20      〈li〉두번째 〈span〉text〈/span〉내용  〈/li〉
21      〈li〉세번째 내용〈/li〉
22      〈li〉〈/li〉
23      〈li〉네번째 내용〈strong〉text〈/strong〉내용  〈/li〉
24      〈li〉다섯번째 〈span〉text〈/span〉내용〈span〉text〈/span〉내용〈/li〉
25      〈li〉여섯번째 내용〈/li〉
26    〈/ol〉
```

그리고 ❸ 버튼을 클릭한 후 원하는 요소를 선택하여 스타일을 변경합니다

```
$(function(){
    ('#btn').click(function(e){❸


    }
});
```

```
27   〈script〉
28   $(function(){
29   $('#btn').click(function(e){
30       $('li:has(span)').css('border','3px solid red'); ❹
31       $('span:only-child').css('background-color','skyblue');❺
32       $('li:contains("세번")').css('border','3px solid #111');❻
33       $('li:empty').text('jQury');❼
34       $(':header').css('background-color','pink');❽
35       $('li:not(:first-child)').css('background-color','yellow');❾
36   });
37   });
38   〈/script〉
```

❹ span 요소를 포함하는 li 요소 선택하여 스타일 변경
❺ 부모 요소 안에서 span 요소가 하나인 span 선택하여 스타일 변경
❻ '세번'이라는 text 노드를 포함한 li 요소 선택하여 스타일 변경
❼ 콘텐츠가 없는 요소 선택하여 스타일 변경
❽ header line요소(h1~h6) 선택하여 스타일 변경
❾ 첫 번째 li 요소를 제외한 모든 li 요소 선택하여 스타일 변경

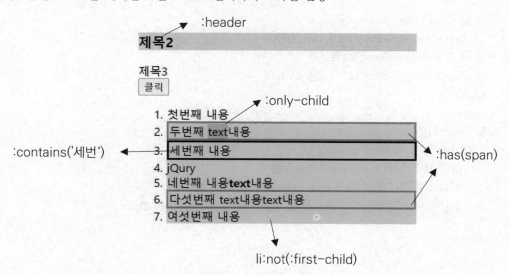

속성선택자

요소의 속성의 값으로 선택하는 방법입니다.

선택자	사용법	설명
$('[속성]')	$('a[href]')	a 요소 중 href 속성이 있는 a 요소 선택
$('[속성="값"]')	$(title="main"])	id속성과 값이 "main"인 요소 선택
$('[속성*="값"]')	$('div[id*="bird"])	id 속성에 값이 "bird"가 포함 되어 있는 요소 선택
$('[속성$="값"]')	$('div[id$="rd"])	id속성의 값이 'rd'으로 끝나는 요소 선택
$('[속성^="값"]')	$('div[id^="bi"])	id속성에 값의 'bi'로 시작되는 요소 선택
$('[속성!="값"]')	$('div[id!="bird"])	id속성에 값이 'bird'가 아닌 div 모두 선택
$('[속성1="값1"] [속성2="값2"]')	$('div[id="bird"] [title^="aclass"])	id 값이 bird이고 title속성의 값이 "aclass"로 시작되는 div 요소선택
:only-child	span:only-child	부모 요소 안에서 span 요소가 하나인 span 선택

실습해 봅시다.

제이쿼리 라이브러리를 연결하고❶ 스크립트 요소로 제이쿼리 라이브러리를 불러들여서❷ 준비를 마칩니다.

> **| 실습하기 |** 실습 파일: 01/01_06.html. 완성 파일: 01/all/01_06.html
>
> ```
> <script src="js/jquery.min.js"></script> ❶
> <script>
>     $(function(){});❷
> </script>
> ```

그리고 ❸ 버튼을 클릭한 후 원하는 요소를 선택하여 스타일을 변경합니다.

```
10    <p><button id="btn_01">Click Me</button></p>❸
11    <ul>
12    <li id="first" title="a1a">내용</li>
13    <li class="second" title="bb"> 내용 </li>
14    <li id="third" title="cerc">내용</li>
15    <li class="fourth" title="ded">내용 </li>
16    </ul>
17    <script>
18    $(function(){
19        $('#btn_01').click(function(e){
20            $('li[title^="a"]').css('color','white');❹
21            $('li[title!="bb"]').css('background-color','green');❺
22            $('[title="bb"][class^="s"]').css('background-color','yellow');❻
23        });
24    });
25    </script>
```

❹ title속성의 값이 'a'로 시작하는 li 요소 선택하여 스타일 변경

❺ title속성의 값이 'bb'로 끝나는 li 요소를 제외한 모든 li 요소 선택하여 스타일 변경

❻ title속성의 값이 'bb'이고로 클래스의 속성이 's'로 시작하는 li 요소 선택하여 스타일 변경

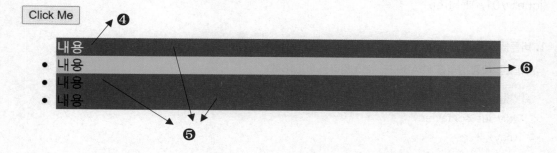

(jquery/01/01.html)

1. 버튼을 클릭하면 아이디 #first 다음의 li에 스타일을 적용합니다.

   스타일: 배경 칼라를 #9AB92E, text 칼라를 #05184D

```
<button id="btn01">button</button>
<div id="container">
<nav>
   <ul class="list">
      <li id="first">One</li>
      <li>Two</li>
      <li>Three</li>
   </ul>
</nav>
</div>
```

button

- One
- Two
- Three

2. 버튼을 클릭하면 2번째 li를 제외한 모든 li에 다음의 스타일을 적용하세요.

   스타일: background-color: #9AB92E, border: 1px 점선 #05184D

```
<button id="btn02">button</button>
<ul class="nav1">
      <li> 0 </li>
      <li> 1 </li>
      <li> 2 </li>
      <li> 3 </li>
   </ul>
```

button

- 0
- 1
- 2
- 3

3. 버튼을 클릭하면 콘텐츠가 없는 li 요소에 텍스트 노드 "orange"를 넣으세요

```
<button id="btn03">button</button>
<ul class="nav2">
    <li>apple</li>
    <li>banana</li>
    <li></li>
</ul>
```

button

- apple
- banana
- orange

4. 버튼을 클릭하면 3번째 li요소 앞의 모든 li 요소의 스타일을 적용하세요.

background-color "#9AB92E", 보더 "1px 점선 #05184D

```
60    <div id="container">
61      <ul class="nav1">
62        <li> 0 </li>
63        <li> 1 </li>
64        <li> 2 </li>
65        <li> 3 </li>
66      </ul>
67
68      <ul class="nav2">
69        <li> 0 </li>
70        <li> 1 </li>
71        <li> 2 </li>
72        <li> 3 </li>
73        <li> 4 </li>
74      </ul>
75    </div>
```

5. 버튼을 클릭하면 id의 값이 'f'로 시작하고 id의 값이 s를 포함하는 li요소의 스타일을 적용하세요.

스타일2:background-color #00C8C3, 보더 "1px 점선 #05184D

```
1    <button>button</button>
2    <ul class="box05">
3        <li id="first" title="a1a">This is paragraph </li>
4        <li class="second" title="bb">This is paragraph </li>
5        <li id="third" title="cerc">This is paragraph </li>
6        <li class="fourth" title="ded">This is paragraph </li>
7    </ul>
```

6. 버튼을 클릭하면 요소li의 속성 title의 값이 bb가 아닌 li 요소의 스타일을 변경합니다.

background-color #00C8C3, 보더 "1px 점선 #05184D

```
10   <button>button</button>
11   <ul class="box06">
12       <li id="first" title="a1a">This is paragraph </li>
13       <li class="second" title="bb">This is paragraph </li>
14       <li id="third" title="cerc">This is paragraph </li>
15       <li class="fourth" title="ded">This is paragraph </li>
16   </ul>
```

실전 예제로 배우는 자바스크립트+제이쿼리

정답

1.
```
$('#btn01').click(function(){
$('#first+li').css('background-color','#9AB92E').css('color','#05184D');
});
```

2.
```
$('#btn02').click(function(){
$('ul.nav1>li:not(:eq(1))').css('background-color',"#9AB92E").css('border','1px dotted #05184D');
});
```

3.
```
$('#btn03').click(function(){
$('ul.nav2>li:empty').text('orange');
});
```

4.
```
$('#btn04').click(function(){
$('div#container li:lt(2)').css('background-color',"#9AB92E").css('border','1px dotted #05184D');
});
```

5.
```
$('#btn05').click(function(){
$('ul.box05>li[id^="l"][id*="s"]').css('background-color',"#00C8C3").css('border','1px dotted #05184D');
});
```

6.
```
$('#btn06').click(function(){
$('ul.box06>li[title!="bb"]').css('background-color',"#00C8C3").css('border','1px dotted #05184D');
});
```

DOM의
객체 변경하기

이번 장에서는 제이쿼리를 이용한 DOM 객체의 노드 변경에 대해 알아보겠습니다. DOM 객체의 노드는 1.요소 노드, 2.속성 노드, 3.text 노드로 나누어집니다. 제이쿼리에서 이러한 노드의 생성, 복제, 추가, 삭제, 이동, 변경하는 명령어에 대해 알아보도록 합시다.

기본 콘텐츠의 변경

하위 text 노드, 요소 노드 변경과 가져오기

종류	설명
$(선택자).text();	선택자의 하위 text 노드의 값을 읽어오기
$(선택자).text("내용")	선택자의 하위 text 노드 변경
$(선택자).html();	선택자의 하위 요소 노드의 값을 읽어오기
$(선택자).html("<></>")	선택자의 하위 요소 노드 변경

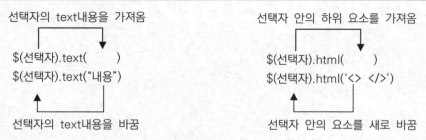

선택자의 text내용을 가져옴   선택자 안의 하위 요소를 가져옴

$(선택자).text(   ) $(선택자).html(   )
$(선택자).text("내용") $(선택자).html('<> </>')

선택자의 text내용을 바꿈   선택자 안의 요소를 새로 바꿈

| 실습하기 | 실습 파일: 02/02_00.html. 완성 파일: 02/all/02_00.html

```
30
31    <button id="btn01">text수정</button>   Ⓐ
32    <button id="btn02">text가져오기1</button>   Ⓑ
33
34    <p id="first"> text1</p>
35    <p id="second"> 시작시간</p>
36
37    <ul>
38    <li>오후1시 classA에서 시작합니다.</li>
39    <li>오후 8시 classB에서 시작합니다.</li>
40    </ul>
41    <script>
42
43    $(function(){
44        $('#btn01').click(function(){
45            $('#first').text('수업시작');❶
46        });
47        $('#btn02').click(function(){
48            var some = $('ul>li:eq(0)').text();❷
49            $('#second').text(some);❸
50        });
51    });
52    </script>
```

Ⓐ #btn01을 클릭하면	Ⓑ #btn02을 클릭하면
↓	↓
❶ #first에 text 노드 변경한다.	❷ 변수 some에 ul요소 첫 번째 li의 text 노드값을 저장
	↓
	❸ #second에 text 노드 변경한다.

| **실습하기** | 실습 파일: 02/02_01.html. 완성 파일: 02/all/02_01.html

```
30    <button id="btn01">요소 변경</button> Ⓐ
31    <button id="btn02">이미지 가져오기</button> Ⓑ
32    <p id="first">변경전</p>
33    <p id="second"> 이미지 가져오기</p>
34    <ul>
35        <li><img src="images/pic_04.jpg" alt="sample01"></li>
36        <li><img src="images/pic_03.jpg" alt="sample01"></li>
37    </ul>
38    <!--script-->
39    <script>
40        $(function(){
41        $('#btn01').click(function(e){
42            $('#first').html('<strong>중요사항</strong>');❶
43        });
44        $('#btn02').click(function(e){
45            var pic = $('ul)li:first-child').html();❷
46            $('#second').html(pic);❸
47        });
48        });
49    </script>
```

Ⓐ #btn01을 클릭하면	Ⓑ #btn02을 클릭하면
↓	↓
❶ #first에 HTML 노드 변경한다.	❷ 변수 some에 ul요소 첫 번째 li의 요소 노드값을 저장
	↓
	❸ #second에 요소 노드 변경한다.

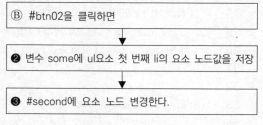

요소의 속성 변경하기

종류	설명
$(선택자).attr("속성명")	선택자의 속성의 해당 값을 가져온다.
$(선택자).attr("속성명","속성값")	선택자의 속성의 값을 변경한다.
$(선택자).removeAttr("속성명")	선택자의 속성값을 제거한다.

선택자의 src속성의 값 변경

$('div').attr('src','../images/flower.jpg');
$('a').attr('href');

선택자의 href값 가져오기

| **실습하기** | 실습 파일: 02/02_02.html. 완성 파일: 02/all/02_02.html

```
13    〈section〉
14    〈p class="btn"〉
15        〈button id="btn01"〉이미지 가져오기〈/button〉 Ⓐ
16        〈button id="btn02"〉링크 변경하기〈/button〉〈/p〉 Ⓑ
17    〈p class="box01"〉
18        〈img src="images/img01.png" alt="sample"〉〈/p〉
19    〈p class="box02"〉
20        〈a href="http://www.naver.com"〉다음으로 변경하기〈/a〉〈/p〉
21
22    〈div〉
23    〈img src="images/img02.png" alt="sample"〉〈/div〉
24    〈/section〉
25
26    〈script〉
27    $(function(){
28    $('#btn01').click(function(e){Ⓐ
29        var num01 = $('div〉img').attr('src');❶
30        $('.box01〉img').attr('src',num01);❷
31    });
32
33    $('#btn02').click(function(e){Ⓑ
34        var num02 = "http://www.daum.net";❸
35        $('.box02〉a').attr('href',num02).text('다음사이트');❹
36    });
37    });
38    〈/script〉
```

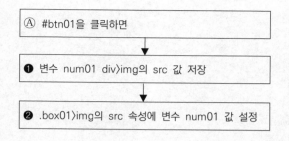

요소의 스타일 변경하기

종류	설명
$(선택자).css("속성명")	선택자 스타일의 해당 값을 가져온다.
$(선택자).css("속성명","속성값")	선택자 스타일의 속성의 값을 변경한다.
$(선택자).css({속성:'값',속성:'값'});	선택자에 여러 스타일 한번에 설정하기

1. 선택자에 여러 스타일 한 번에 설정하기

선택자에 여러 스타일을 한 번에 설정하는 방법은 두 가지 형식으로 사용할 수 있습니다.

```
형식1:
        $(선택자).css({속성:'값' , 속성:'값'});
                            $('p').css({backgroundColor:'red', color:'green'});
형식2:
        $(선택자).css({'속성':'값' , '속성':'값'});
                            $('p').css({'background-color':'red',color:'green'});
```

css() 명령어에서 속성명이 두 단어인 경우에는

Ⓐ 따옴표 사용할 때는 우리가 알고 있는 css 속성명을 그대로 사용하면 됩니다.

　ex) css({ 'background-color' , 'red' });

Ⓑ 따옴표를 사용하지 않을 때는 '–'를 빼고 두 번째 단어를 대문자로 사용해야 합니다.

　ex) css({ backgroundColor , 'red' });

| **실습하기** | 실습 파일: 02/02_03.html. 완성 파일: 02/all/02_03.html

```
50      <button id="btn01">버튼</button>
51      <p> 텍스트 텍스트 텍스트 텍스트 텍스트 </p>
52      <script>
```

```
53        $(function(){
54          $('#btn01').click(function(){
55            $('p').css({
56                             'background-color':'red',
57                             'font-size':'2em',
58                             'border':'1px solid green',
59                             'font-weight':'bolder'});
60          });
61        });
62        </script>
```

버튼

텍스트 텍스트 텍스트 텍스트 텍스트

| 실습하기 | 실습 파일: 02/02_04.html. 완성 파일: 02/all/02_04.html

```
36      $(function(){
37                  $('#btn01').click(function(){ Ⓐ
38                      var num01 = $('.box01').css('background');❶
39                      $('.box02').css('background',num01);❷
40                  });
41                  $('#btn02').click(function(){ Ⓑ
42                      var num02 = $('.box01').css('border');❸
43                      $('.box03').css('border',num02);❹
44                  });
45              });
46
```

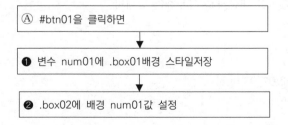

Ⓐ #btn01을 클릭하면

❶ 변수 num01에 .box01배경 스타일저장

❷ .box02에 배경 num01값 설정

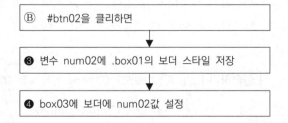

Ⓑ #btn02을 클리하면

❸ 변수 num02에 .box01의 보더 스타일 저장

❹ box03에 보더에 num02값 설정

실전 예제로 배우는 자바스크립트+제이쿼리

클래스 사용하기

선택자	설명
$(선택자).addClass()	선택자에 class첨가
$(선택자).hasClass()	선택자에 특정한 class가 있는 지 찾기
$(선택자).removeClass()	선택자에 class제거
$(선택자).toggleClass()	선택자에 class추가 제거 반복

| 실습하기 | 실습 파일: 02/02_05.html. 완성 파일: 02/all/02_05.html

```
21    <button id="btn01">클래스 넣기</button>
22    <button id="btn02">클래스 지우기</button>
23    <p><a href="http://www.naver.com">링크</a></p>
24    <script>
25    $(function(){
26      $('#btn01').click(function(e){  Ⓐ
27          $('p').addClass('backLink');  ❶
28      });
29      $('#btn02').click(function(e){  Ⓑ
30        $('p').removeClass('backLink');  ❷
31      });
32    });
33    </script>
```

Ⓐ#btn01을 클릭하면 ❶p요소에 클래스 추가
Ⓑ#btn02을 클릭하면 ❷p요소에 클래스 없애기

| **실습하기** | 실습 파일: 02/02_06.html. 완성 파일: 02/all/02_06.html

```
14      <p class="blue">Click to toggle</p>
15      <p class="blue highlight">highlight</p>
16      <p class="blue">on these</p>
17      <p class="blue">paragraphs</p>
18      <script>
19          $(function(){
20          $('p').click(function(e){  Ⓐ
21            $(this).toggleClass('highlight');❶
22            });
23          });
24          </script>
```

Ⓐ p요소를 클릭하면 ❶this 선택자를 사용하여 내가 클릭한 p요소에 클래스가 존재하면 클래스 없애기,
  클래스 존재하지 않으면 클래스 추가됩니다.

SECTION 02 DOM 객체 변형하기

객체의 추가하기

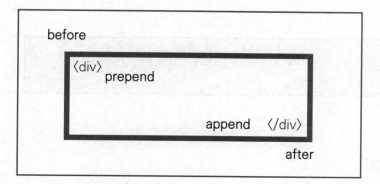

선택자	설명
$(선택자).prepend("〈〉〈/〉")	선택자의 내부 맨 앞에 자식요소 추가
$(선택자).append("〈〉〈/〉")	선택자의 내부 맨 뒤에 자식요소 추가
$(선택자).before("〈〉〈/〉")	선택자 앞에 요소 노드 추가
$(선택자).after("〈〉〈/〉")	선택자 뒤에 요소 노드 추가

| 실습하기 | 실습 파일: 02/02_07.html. 완성 파일: 02/all/02_07.html

```
25    〈section〉
26    〈button id="btn01"〉버튼〈/button〉
27    〈p id="first"〉
28    본문의 내용입니다.
29    〈/p〉
30    〈/section〉
31    〈script〉
32    $(function(){
33    $('#btn01').click(function(e){Ⓐ
34    $('p').prepend('〈ins〉추가된내용〈/ins〉')
35    .append('〈strong〉참조바람〈/strong〉')
36    .before('〈h1〉제목1〈/h1〉')
37    .after('〈p class="last"〉end〈/p〉');
38    });
39    });
40    〈/script〉
```

DOM 간지 편집하기

| 버튼 |

本문의 내용입니다.

Ⓐ 버튼을 클릭하면 p요소를 기준으로 요소 노드가 추가됩니다.

| 버튼 |

제목1

추가된내용
본문의 내용입니다.
참조바람

prepend

end

객체의 이동하기

선택자	설명
$(선택자).prependTo("target")	선택자를 target 요소 자식 중 첫 번째 자식으로 이동
$(선택자).appendTo("target")	선택자를 target 요소 자식 중 마지막 자식으로 이동
$(선택자).insertBefore("target")	선택자를 target 요소 앞으로 이동
$(선택자).insertAfter("target")	선택자를 target 요소 뒤로 이동

앞으로　　뒤로

Ⓐ#prev을 클릭하면 ❶ li요소 중 마지막 li요소가 ul의 첫 번째 자식으로 이동
Ⓑ#next을 클릭하면 ❷ li요소 중 첫번째 li요소가 ul의 마지막 번째 자식으로 이동

| 실습하기 | 실습 파일: 02/02_08.html. 완성 파일: 02/all/02_08.html

```
26    <div id="box">
27    <ul>
28    <li><img src="images/pic1.jpg" alt="이미지01"></li>
29    <li><img src="images/pic2.jpg" alt="이미지02"></li>
30    <li><img src="images/pic3.jpg" alt="이미지03"></li>
31    <li><img src="images/pic4.jpg" alt="이미지04"></li>
32    </ul>
33    <p>
34    <button id="prev">앞으로</button>
35    <button id="next">뒤로</button>
36    </p>
37    </div>
38    <script>
39    $(function(){
40    $('#prev').click(function(e){Ⓐ
41    $('ul)li:eq(3)').prependTo('ul');❶
42    });
43    $('#next').click(function(e){Ⓑ
44    $('ul)li:eq(0)').appendTo('ul');❷
45    });
46    });
47    </script>
```

요소 묶기

7.태그 묶기	
$(선택자).wrap(<>)	선택자 각각을 요소로 감싸기
$(선택자).wrapAll(<>)	선택 집합 전체를 요소로 감싸기
$(선택자).wralInner(<>)	선택자 안을 요소로 감싸기
$(선택자).unwrap()	감싸고 있는 태그 제거

```
23    <p>
24    <button id="btn01">버튼</button>
25    <button id="btn02">all</button>
26    <button id="btn03">inner</button>
27    <button id="btn04">remove</button>
28    </p>
29    <div>
30    <strong> 텍스트텍스트</strong>
31    <strong> 텍스트텍스트</strong>
32    <em>나만 틀려요</em>
33    <strong> 텍스트텍스트</strong>
34    </div>
35    <script>
36    $(function(){
37      //wrap
38      $('#btn01').click(function(e){ Ⓐ
39        $('strong').wrap('<p>');❶
40      });
41      //wrapAll
42      $('#btn02').click(function(e){Ⓑ
43        $('strong').wrapAll('<p>');❷
44      });
45
46      $('#btn03').click(function(e){Ⓒ
47        $('div').wrapInner('<p>');❸
48      });
49
50      $('#btn04').click(function(e){Ⓓ
51        $('strong').unwrap();❹
52      });
53    });
54
55    </script>
```

Ⓐ #btn01을 클릭하면 ❶ strong 요소를 p 요소가 각 각 감쌉니다.

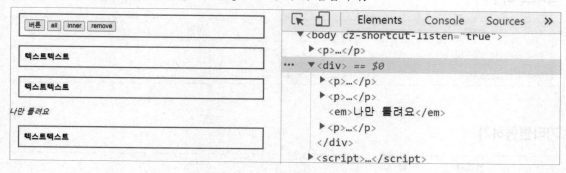

Ⓑ #btn02을 클릭하면 ❷ strong 요소를 모두 한 번에 p 요소가 감쌉니다.

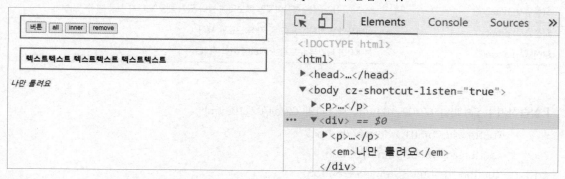

Ⓒ #btn03을 클릭하면 ❸ div요소 안에 자식요소가 생성됩니다.

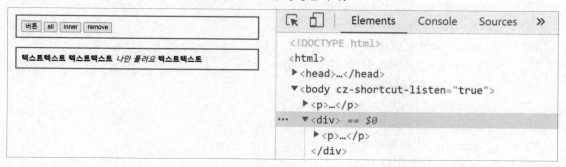

Ⓓ #btn04t을 클릭하면 ❹ strong요소의 부모 요소를 없앱니다.

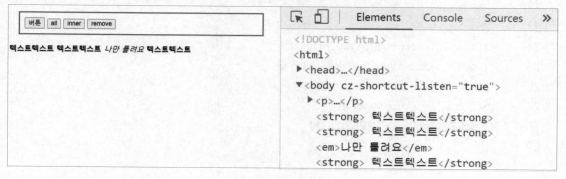

객체의 바꾸기

선택자	설명
$(선택자).replaceWith()	선택자를 다른 요소로 변경합니다.
$(선택자).replaceAll()	선택자로 요소를 변경합니다.

기타변형하기

선택자	설명
$(선택자).remove()	선택자와 일치하는 노드 제거
$(선택자).detach()	remove()와 같은 형상이지만 메모리에 남아 있기 때문에 다시 사용 할 수 있습니다.
$(선택자).empty()	선택자와 일치하는 노드 중 자식 노드들 제거
$(선택자).clone()	선택자와 똑같은 노드를 복제하여 기억합니다.

| **실습하기** | 실습 파일: 02/02_10.html. 완성 파일: 02/all/02_10.html

```
8     <button id="btn01">replace</button>
9     <button id="btn02">html</button>
10    <button id="btn03">remove</button>
11    <button id="btn04">empty</button>
12    <button id="btn05">clone</button>
13    <button id="btn06">detach</button>
14    <p class="no01">요소바꾸기바꾸어 주세요. </p>
15    <p class="no02">콘텐츠바꾸기바꾸어 주세요. </p>
16    <p class="no03">없애기</p>
17    <p class="no04">비우기 </p>
18    <p class="no05">채우기 </p>
19    <p class="no06">복제하기</p>
20    <p class="no07">자르기</p>
21    <script>
22    $(function(){
23      //replace
24      $('#btn01').click(function(e){              Ⓐ
25    $('p.no01').replaceWith('<h1>제목</h1>');❶
26      });
27      $('#btn02').click(function(e){              Ⓑ
28    $('p.no02').html('<h1>제목2</h1>');❷
29      });
```

```
30          $('#btn03').click(function(e){                    ⓒ
31          $('p.no03').remove();❸
32          });
33          $('#btn04').click(function(e){                    ⓓ
34      $('p.no04').empty();❹
35          });
36          $('#btn05').click(function(){                     ⓔ
37      var num01 = $('p.no06').clone();❺
38      $('p.no05').prepend(num01);
39      //console.log(num01);
40          });
41          $('#btn06').click(function(){                     ⓕ
42      var num02 = $('p.no06').detach();❻
43      //console.log(num02);
44      $('p.no07').prepend(num02);
45          });
46      });
47      </script>
```

ⓐ #btn01을 클릭하면 ❶ p.no01를 〈h1〉로 변경

ⓑ #btn02을 클릭하면 ❷ p.no02안의 콘텐츠를 〈h1〉으로 변경

ⓒ #btn03을 클릭하면 ❸ p.no03 없앱니다.

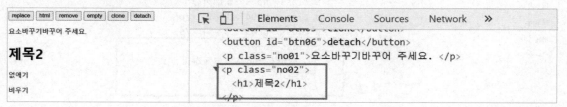

Ⓓ #btn04를 클릭하면 ❹ p.no04의 콘텐츠를 모두 없앱니다.

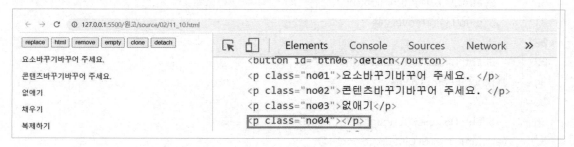

Ⓔ #btn05을 클릭하면 ❺ p.no06을 복사하여 변수 num01에 저장하여 p.no05의 자식요소로 추가합니다.

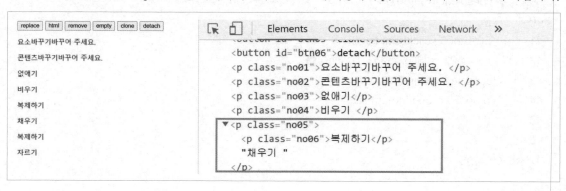

Ⓕ #btn06을 클릭하면 ❻ p.no06을 cut하여 변수 num02에 저장하여 p.no07의 자식요소로 추가합니다.

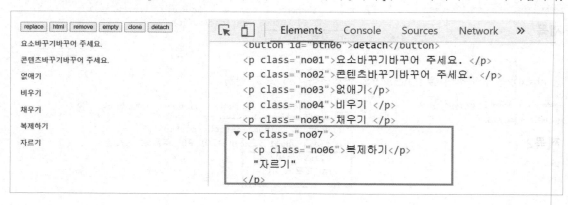

1. html을 확인하고 버튼 요소를 클릭하면 다음과 같이 요소가 추가되도록 합니다.

   아이디 container 안의 p 요소 뒤에 p 요소를 이용하여 "반갑습니다."를 넣어 주세요.

```
1    <button id="btn01">button</button>
2    <div id="container">
3      <p>안녕하셨어요</p>
4    </div>
```

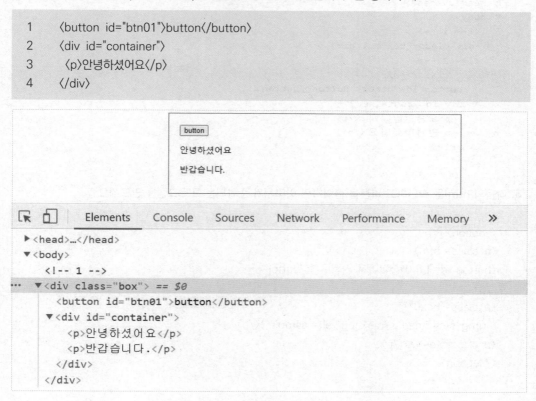

2. html을 확인하고 버튼 요소를 클릭하면 다음과 같이 요소가 추가되도록 합니다.

   아이디 container2 안의 p요소 앞에 p요소를 이용하여 "오랜만입니다."를 넣어 주세요.

```
1    <button id="btn02">button</button>
2    <div id="container2">
3      <p>안녕하셨어요</p>
4    </div>
```

3. 다음의 html을 확인하고 버튼을 클릭하면 이미지가 순화되는 프로그램을 만드세요.

```
<section>
<p class="btn">
<button id="btn01">이미지 가져오기</button>
</p>
<p class="box01">
   <img src="images/pic1.jpg" alt="sample"></p>
<p class="test">1</p>
</section>
```

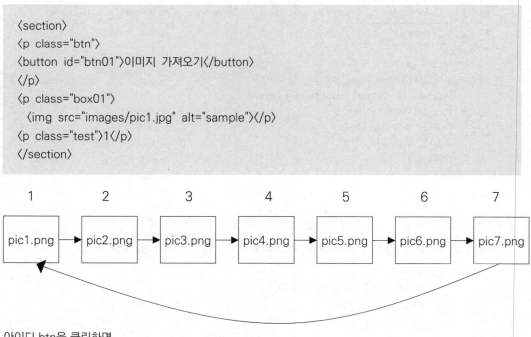

아이디 btn을 클릭하면
img 요소의 src 속성을 변경한다. 이때 src 속성의 이미지 파일명이 pic1.png부터 pic7.png까지 버튼이 클릭되면 계속 순차적으로 변경된다. 만약에 pic7.png 파일이 로드되면 다시 pic1.png로 이미지가 변경된다.

4. 0~14.png 이미지가 무한 루프가 되게 만드세요.

정답

1.
```
$('#btn01').click(function(){
// $('#container>p').after('<p>반갑습니다.</p>');
$('#container').append('<p>반갑습니다.</p>');
});
```

2.
```
$('#btn02').click(function(){
$('#container2>p').before('<p>오랜만입니다.</p>');
// $('#container2').prepend('<p>오랜만입니다.</p>');
});
```

3.
```
1      <script>
2        $(function(){
3        var i=1;
4        $('#btn01').click(function(e){
5        if (i<7){
6                i++;
7                var imgName = 'images/pic'+ i +'.jpg';
8                $('p.box01>img').attr('src',imgName);
9                $('p.test').text(i);
10       }else{
11               i=1;
12               $('p.box01>img').attr('src','images/pic1.jpg');
13               $('p.test').text(1);
14       }
15       });
16     });
17     </script>
```

4

```
1    <script>
2    $(function(){
3        var i = 2 ;
4        setInterval(function(){
5        var localSrc = "img/ani/";
6        if(i<=14){
7                $('#img').attr('src',localSrc+i+'.png');
8                i++; }
9        else{i=1;
10                $('#img').attr('src','img/ani/1.png');       }
11        },60);
12        });
13    </script>
```

CHAPTER 03

탐색이동 매소드

연습문제

제이쿼리에서 원하는 작업을 하기 위해서는 먼저 선택자를 선택해야 합니다. 요소를 선택하는 방법은
직접적인 선택 방법과 이미 선택한 선택자를 기준으로 인접해 있는 요소를 선택하는 인접 선택 방법이
있습니다. 인접 선택 방법은 HTML 문서를 동적으로 이동하며 선택한다고 해서 Traversing이라고
합니다. 이번 장에서 우리는 한번 선택자로 선택 후 DOM을 이동하여 원하는 요소를 선택하는 방법에
대하여 알아봅시다.

이동 매소드의 형식

> 형식:
> $(선택자).이동 매소드().명령어(); ❶
> $(선택자).이동 매소드('selector').명령어();❷

❶ 선택자로 선택 후 이동 매소드를 이용하여 원하는 선택자로 이동합니다.
❷ 선택자로 선택 후 이동 매소드를 이용하여 조건에 맞는 selector를 선택합니다.

순번 이동 매소드

선택자	의미
.first()	선택한 요소 집합 중 첫 번째 요소를 찾는다.
.last()	선택한 요소 집합 중 마지막 요소를 찾는다.

위치 이동 매소드

명령	의미
.next()	선택한 요소의 바로 다음에 있는 형제 요소를 찾는다.
.nextAll()	선택한 요소 다음에 있는 형제 요소를 모두 찾는다.
.prev()	선택한 요소의 바로 앞에 있는 형제 요소를 찾는다.
.prevAll()	선택한 요소의 바로 앞에 있는 형제 요소를 모두 찾는다.

관계 이동 매소드

명령	의미
.children()	선택요소의 자식 요소를 모두 찾는다.
.parent()	선택한 요소의 부모 요소를 찾는다.
.parents()	문서 트리를 거슬러 올라가면서 선택 요소의 조상 요소를 모두 찾는다.
.parentsUntil(selector)	문서 트리를 거슬러 올라가면서 selector를 만날 때까지 조상 요소를 모두 찾는다. selector를 명시하지 않았다면 html요소까지 계속 찾는다.
.siblings()	선택한 요소의 형제 요소를 모두 찾는다.

탐색 기타 이동 매소드

명령	의미
.find(selector)	이미 선택한 요소의 자손 요소를 모두 찾는다. selector 넘겨받아서 찾은 자손 요소를 제한할 수도 있다. .children()매소드와 비슷하지만 찾는 범위가 넓어 더 느리다
.not(selector)	선택한 요소 중에서 selector에 해당하는 요소를 제거한다.
.offsetParent()	CSS속성 top, left 등의 기준이 되는 조상 요소를 찾는다. 문서 트리를 거슬러 올라가면서 position 속성이 relative, absolute, fixed로 지정된 가장 가까운 조상 요소를 찾는다.
.selice(start, end)	선택한 요소 중 start +1번째부터 end번째까지 찾는다. end는 생략할 수도 있다.
.each(function(){실행문})	모든 요소 각각에 함수를 실행하는 매소드
add()	이미 선택한 요소에 다른 요소를 추가한다.

| 실습하기 | 실습 파일: 03/03_00.html. 완성 파일: 03/all/03_00.html

```
 9      <div id="box_01">
10        <p class="button">click</p>
11        <p class="back"></p>
12      </div>
13
14      <div id="box_02">
15        <p class="button">click</p>
16        <p class="back"></p>
17      </div>
18
19      <div id="box_03">
20          <p class="button">clickn</p>
21          <p class="back"></p>
22        </div>
23      <script>
24          $('div#box_01').button').click(function(e){ Ⓐ
25            $(this).next('p').css('background','red'); ❶
26        });
27      $('div#box_02').button').click(function(e){ Ⓑ
28          $(this).siblings('p').css('background','yellow'); ❷
29      });
30      $('div#box_03').button').click(function(e){ Ⓒ
31          $(this).parent('div').css('background','pink'); ❸
32      });
33      </script>
```

Ⓐ div#box_01〉.button을 클릭하면 ❶ 클릭한 button의 다음에 있는 p요소에 스타일을 적용한다.

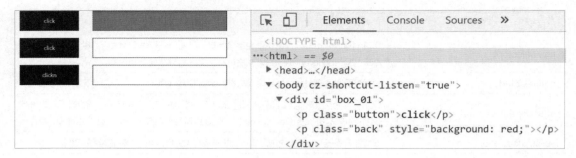

Ⓑ div#box_02〉.button을 클릭하면 ❷ 클릭한 button의 형제인 p요소에 스타일을 적용한다.

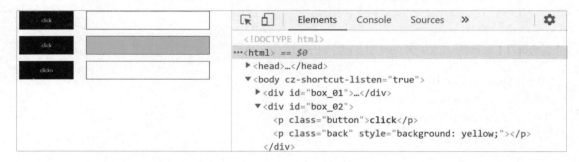

ⓒ div#box_013〉.button 클릭하면 ❸ 클릭한 button의 부모요소인 div에 스타일을 적용한다.

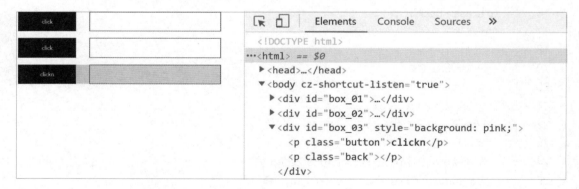

1. html을 확인하고 버튼 요소를 클릭하면 다음과 같이 스타일을 변경합니다.

```
1      <div id="example">
2              <p>This  is  paragraph  1</p>
3              <p id="para1">This  is  paragraph  2</p>
4              <p>This  is  paragraph  3</p>
5              <p>This  is  paragraph  4</p>
6              <p>This  is  paragraph  5</p>
7      </div>
```

a. 아이디 para1 앞의 요소 border 넣기

b. 아이디 para1 뒤의 요소 border 넣기

c. 아이디 para1 부모 요소 border 넣기

```
This is paragraph 1
This is paragraph 2
This is paragraph 3
This is paragraph 4
This is paragraph 5
```

정답

```
var elem = $("#para1");
elem.prev().css("border", "3px solid red");
elem.next().css("border", "3px solid green");
elem.parents().css("border", "3px solid pink");
```

CHAPTER **04**

이벤트 : Event

이벤트란 사용자가 웹 사이트에 기존에 없던 사건을 발생하는 행위입니다. 우리는 자바스크립트에서 이벤트와 이벤트 핸들러에 대한 경험을 이미 하였습니다. 그럼 이번 장에서는 제이쿼리를 이용하여 여러 이벤트의 종류와 이벤트 핸들러에 대해 알아보겠습니다.

이벤트 등록하기

형식

> 형식:
> $(선택자). 이벤트명령어(function(e){ 실행문 ;}) ; ❶
> $(선택자). 이벤트핸들러('이벤트명',function(e){실행문 ;}) ❷

❶ 이벤트 명령어는 하나의 선택자에 이벤트 하나를 등록하여 실행문을 실행하는 방법입니다.

❷ 이벤트 매소드는 하나의 선택자에 여러 이벤트를 등록하여 실행문을 실행할 수 있습니다.

```
$('div#box_02').button').dblclick(function(e){
    $(this).next('p').css('background','yellow');
  });
```

```
$('div#box_02').button').on('click',function(e){
    $(this).next('p').css('background','yellow');
  });
```

이벤트 등록 매소드 사용하기

on( )	이벤트 타입과 이벤트 핸들러를 설정할 수 있다.
one( )	이벤트 발생을 한번만 실행한다. one("이벤트 타입",function(){ })

❶ 선택자의 이벤트가 발생되면 실행문을 실행합니다.

❷ 선택자의 이벤트가 여러 번 발생하여도 한 번만 실행문이 실행하도록 합니다.

> 형식:
> $(선택자). on('이벤트명',function(e){실행문 ;}); ❶
> $(선택자). one('이벤트명',function(e){실행문 ;}); ❷

| 실습하기 | 실습 파일: 04/04_00.html. 완성 파일: 04/all/04_00.html

```
8      <button>화면을 변경</button>
9        <div></div>
10       <script>
11       $(function(){
12       $('button').one('click',function(e){
13         alert('주의하세요');
14       });
15       });
16       </script>
```

이벤트 삭제하기

off()	이벤트를 삭제하기

❶ 선택자의 이벤트가 실행 되지 않게 합니다.

```
형식:
        $(선택자). off('이벤트명');   ❶
```

| 실습하기 | 실습 파일: 04/04_01.html. 완성 파일: 04/all/04_01.html)

```
9      <p>Click or double click here.</p>
10     <script>
11     $(function(){
12     $('p').on('click',function(e){
13     alert('welcome');
14     });
15     $('p').off('click');  ❶
16     });
17     </script>
```

❶ 라인 11의 click 이벤트를 막아주는 역할을 합니다.

강제로 등록하기

trigger()	선택자에 정의한 이벤트 함수를 강제로 실행하기
triggerHandler()	선택자에 정의한 이벤트 함수를 강제로 실행하지만 단, 첫번째 엘리먼트에만 작동한다. 즉 한번만 실행된다.

❶ 선택자의 이벤트가 실행되지 않게 합니다.

형식:
$('selector').trigger('선택할 이벤트');

```
31    $('#testEle2').on('click', function() {
32       $('#testspan').trigger('click');
33    });
```

마우스 이벤트

$(선택자).click()	선택자에 마우스 포인터를 눌렀다 떼었을 때
$(선택자).dblclick()	선택자를 더블 클릭하였을 때
$(선택자).mousedown()	선택자에 마우스 버튼을 눌렀을 때
$(선택자).mouseup()	선택자에 마우스 버튼을 떼었을 때
$(선택자).mouseenter()	선택자에 마우스가 진입했을 때
$(선택자).mouseleave()	선택자에 마우스가 벗어났을 때
$(선택자).hover()	mouseenter()와 mouseleave()를 한 번에 사용할 때 형식: hover(function(){mouseenter할 일},function(){mouseleave할 일});
$(선택자).move()	마우스커서가 해당 선택자 위에서 움직일 때 실행

〈a〉요소의 클릭 이벤트

a요소는 클릭이라는 이벤트를 만나면 a 요소 속성 중 href의 값으로 이동이 됩니다. 이런 a의 요소에 클릭하여 실행문을 실행하고자 하면 href의 값으로 이동을 막아야 합니다. 이러한 방법으로는 이벤트의 실행문이 끝나는 시점에 return false의 값으로 막아 줄 수 있습니다.

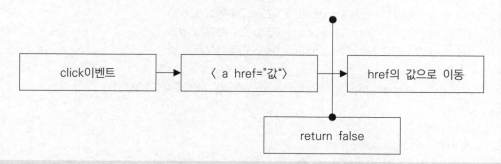

```
click이벤트  →  〈 a href="값"  →  href의 값으로 이동

                return false
```

| 실습하기 | 실습 파일: 04/04_02.html. 완성 파일: 04/all/04_02.html

```
9    〈span〉〈a href="img/sea.jpg"〉화면 변경〈/a〉〈/span〉
10   〈p〉〈img id="img01" src="img/flower.jpg" alt="꽃"〉〈/p〉
11   〈script〉
12   $(function(){
13     $('button').click(function(e){Ⓐ
14       $('p〉img').attr('src','img/building.jpg');❶
```

```
15      });
16      $('a').click(function(e){Ⓑ
17          $('p>img').attr('src','img/Jellyfish.jpg');❷
18          return false;❸
19      });
20      });
21      </script>
```

Ⓐ button를 클릭하면 ❶ img요소의 src값을 변경

Ⓑ a 요소를 클릭하면 ❷ img요소의 src값을 변경 ❸ return false로 href의 값으로 이동을 막음.

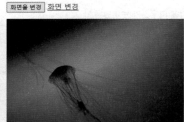

| 실습하기 | 실습 파일: 04/04_03.html. 완성 파일: 04/all/04_03.html

```
9       <ul id="btn">
10      <li><a id="btn01" href="img/house_01.jpg">주택1</a></li>
11      <li><a id="btn02" href="img/house_02.jpg">주택2</a></li>
12      <li><a id="btn03" href="img/house_03.jpg">주택3</a></li>
13      <li><a id="btn04" href="img/house_04.jpg">주택4</a></li>
14      </ul>
15      <p><img id="back_img" src="img/house_05.jpg" alt="주택5" /></p>
16      <script>
17      $(function(){
18      $('li>a').click(function(e){ Ⓐ
19          var pic = $(this).attr('href');❶
20          $('p>img').attr('src',pic);❷
21          return false;❸
22      });
23      });
24      </script>
```

Ⓐ a요소를 클릭하면 ❶ 변수 pic를 생성하여 a요소의 href값을 저장하고

❷ img요소의 src값을 변경한다. ❸ return false로 href의 값으로 이동을 막음.

이 방법을 쓰면 여러 a요소를 한 번에 설정 할 수 있어 편리합니다.

- [주택1](#)
- [주택2](#)
- [주택3](#)
- [주택4](#)

마우스의 이벤트는 서로 상관관계를 가지고 있습니다. 예를 들면 click 이벤트가 발생하려면 mousrdown 이벤트가 먼저 발생되고 그다음 mouseup 이벤트가 발생하여야 click 이벤트가 완성이 됩니다. 또 더블클릭도 click이라는 이벤트가 두 번 발생이 되어야 더블클릭 이벤트가 완성됩니다.

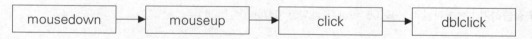

그럼 이번에는 a 요소에 더블클릭 이벤트가 발생이 되었을 때의 문제점 해결에 대해 알아보도록 합시다.

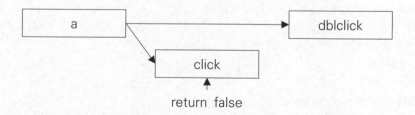

| 실습하기 | 실습 파일: 04/04_04.html. 완성 파일: 04/all/04_04.html

```
9    <ul id="list_btn">
10   <li><a href="img/room_01.jpg">room01</a></li>
11   <li><a href="img/room_02.jpg">room02</a></li>
12   <li><a href="img/room_03.jpg">room03</a></li>
13   <li><a href="img/room_04.jpg">room04</a></li>
14   </ul>
15   <p id="back_pic"><img src="img/room_05.jpg" alt="room05" /></p>
```

```
16          <script>
17          $(function(){
18          $('ul>li>a').dblclick(function(e){Ⓐ
19                          var pic = $(this).attr('href');❶
20                          $('p>img').attr('src',pic);❷
21                      }).click(function(e){Ⓑ
22                          return false;❸
23                      });
24          });
25          </script>
```

Ⓐ a요소를 더블클릭하면 ❶ 변수 pic를 생성하여 a요소의 href값을 저장하고 ❷ img요소의 src 값을 변경합니다. Ⓑ 클릭 이벤트에는 ❸ return false로 href의 값으로 이동을 막습니다.

on을 이용한 라이브이벤트 등록

on( ) 명령어를 이용한 이벤트 등록 방법으로 이벤트를 등록한 이후에는 새로 추가된 요소나 복제된 요소로 이벤트가 등록되지 않습니다. 한번 예제를 풀어 봅시다.

| 실습하기 | 실습 파일: 04/04_05.html, 완성 파일: 04/all/04_05.html

```
9       <button>li 요소를 추가</button>
10      <ul id="linkBtn">
11      <li><a href="img/flower.jpg"> 꽃</a></li>
12      <li><a href="img/sea.jpg"> 바다</a></li>
13      </ul>
14      <p><img src="img/flower.jpg" alt=" 꽃" /></p>
15      <script>
16      $(function(){
17      $('li>a').on('click',function(e){ Ⓐ
18        var pic = $(this).attr('href');
19        $('p>img').attr('src',pic);
20        return false;
21      });
22        //콘텐츠 추가
23      $('button').on('click',function(e){Ⓑ
24        $('ul').append('<li><a href="img/building.jpg">빌딩</a></li>');
25      });
26      });
27      </script>
```

Ⓐ 의 경우는 처음부터 생성된 요소에 문제가 없이 이벤트가 등록이 되지만 Ⓑ의 button 통해 추가로 생성된 a요소는 이벤트가 등록이 되지 않아 에러가 발생합니다.

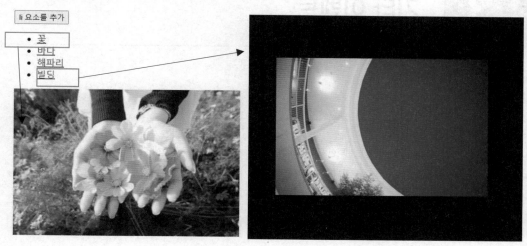

이런 경우에는 on( ) 명령어를 라이브방식으로 형식을 변경하면 됩니다.

> 형식:
> $('이벤트 대상의 상위 요소').on('이벤트명','이벤트 대상',function(e){실행문 ;});

그럼 라인 17~21번까지 수정합시다.

| 실습하기 | 실습 파일: 04/04_06.html. 완성 파일: 04/all/04_06.html

```
17    $('body').on('click','li>a',function(e){
18        var pic = $(this).attr('href');
19        $('p>img').attr('src',pic);
20        return false;
21    });
```

키보드 이벤트

명령어	설명
keydown()	선택한 요소에서 키보드를 눌렀을 때 이벤트가 발생
keyup()	선택한 요소에서 키보드를 키가 올라갈 때 이벤트가 발생
keypress()	선택한 요소에서 키보드를 키가 내려갈 때 이벤트가 발생

윈도우 이벤트

매소드	내용
resize()	브라우저의 가로 사이즈가 변경될 때 이벤트 발생
scroll()	브라우저의 스크롤이 움직일 때 이벤트 발생
load()	소스가 로딩될 때 이벤트 발생
ready()	HTML문서가 로딩이 완료되면 이벤트 발생

윈도우의 스크롤이 작동되면 스크롤 Top 값을 가져오는 작업을 해 봅시다.

| **실습하기** | 실습 파일: 04/04_07.html. 완성 파일: 04/all/04_07.html

```
289    〈script〉
290    $(window).on('scroll',function(){ Ⓐ
291      var num = $('html, body').scrollTop();❶
292      $('#tt').text(num);❷
293      if(num >= 0 && num < 2000){❸
294              $('#tt').css('left','1000px');}❹
295      else{
296              $('#tt').css('left','1500px');❺
297      }
298    });
299    〈/script〉
```

Ⓐ window의 스크롤 이벤트가 작동되면

❶ 변수 num에 html 문서의 스크롤 top 위칫값을 저장한다.

❷ 변수 num의 값을 아이디 tt의 텍스트 노드 값으로 대입한다.

실전 예제로 배우는 자바스크립트+제이쿼리

❸ num의 값이 0px에서 2000px 사이면 아이디 tt의 left 속성값을 1000px로 변경한다.

❹ num의 값이 0px에서 2000px 사이면 아이디 tt의 left 속성값을 1000px로 변경한다.

❺ num의 값이 2000px 보다 크면 아이디 tt의 left 속성값을 1500px로 변경한다.

| 결과물 확인 |

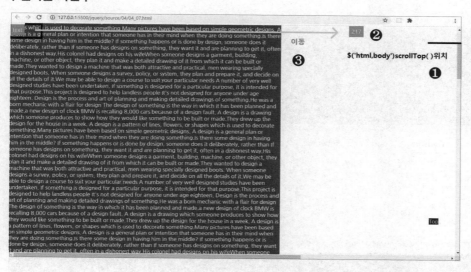

다른 실습을 해 봅시다.

이번에는 윈도우의 크기가 변경되는 이벤트가 생성되면 윈도우의 가로 크기에 따라 〈body〉 요소의 배경 칼라 속성을 변경합시다.

| 실습하기 | 실습 파일: 04/04_08.html. 완성 파일: 04/all/04_08.html

```
53      $(window).on('resize',function(e){Ⓐ
54              var wWidth = $(window).width();❶
55              console.log(wWidth);
56              if(wWidth >= 1200){❷
57                      $('body').css('background-color','red');
58              }else if(wWidth <1200 && wWidth>=980){❸
59                      $('body').css('background-color','blue');
60              }else if(wWidth < 980){❹
61                      $('body').css('background-color','pink');
62              }
63      });
64  });
```

Ⓐ 브라우저의 크기가 변경되면

❶ 변수 wWidth에 브라우저의 가로크기를 저장한다.

❷ 변수 wWidth의 값이 1200px보다 같거나 크면 〈body〉요소의 배경칼라를 'red' 값으로 변경한다.

❸ 변수 wWidth의 값이 1200px보다 작고 980px 보다 같거나 크면 〈body〉요소의 배경칼라를 'blue' 값으로 변경한다.

❹ 변수 wWidth의 값이 980px보다 작으면 〈body〉요소의 배경칼라를 'pink' 값으로 변경한다.

❷ 결과

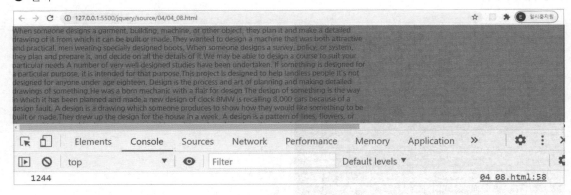

❸결과

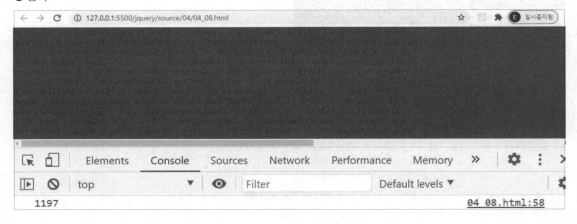

❹ 결과

1. html을 확인하고 다음과 같이 작동되는 갤러리를 완성합니다.

```
1    <!--큰이미지-->
2    <div id="wrap">
3    <div id="bigImage">
4      <img src="pic/flw_01.jpg" alt="이미지01" width="800px">
5    </div>
6       <!--작은이미지 목록-->
7    <div id="all">
8      <p id="prev"><img src="pic/prev.png" width="23" height="23"></p>
9      <p id="next"><img src="pic/next.png" width="23" height="23"></p>
10    <div id="show_view">
11    <ul>
12      <li><a class="smallImage" href="pic/flw_01.jpg">
13            <img src="pic/flw_01.jpg" ></a></li>
14      <li><a class="smallImage" href="pic/flw_02.jpg">
15            <img src="pic/flw_02.jpg"></a></li>
16      <li><a class="smallImage" href="pic/flw_03.jpg">
17            <img src="pic/flw_03.jpg" ></a></li>
18      <li><a class="smallImage" href="pic/flw_04.jpg">
19            <img src="pic/flw_04.jpg"></a></li>
20      <li><a class="smallImage" href="pic/flw_05.jpg">
21            <img src="pic/flw_05.jpg"></a></li>
22    </ul>
23    </div> <!--/show_view-->
24    </div> <!--/all-->
25    </div><!--/wrap-->
```

a. 아이디 prev 요소를 클릭하면 마지막 li요소가 ul요소의 첫 번째 요소로 이동한다.

b. 아이디 next 요소를 클릭하면 첫번째 li요소가 ul요소의 마지막 요소로 이동한다.

c. li의 a 요소를 클릭하면 클릭한 a 요소의 href값을 가져와 아이디 bigImage의 자식인 img요소의 src값으로 변경하여 큰 이미지를 변경한다.

div#wrap

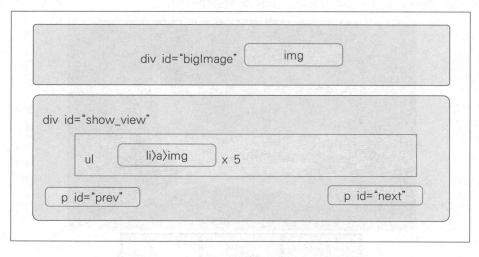

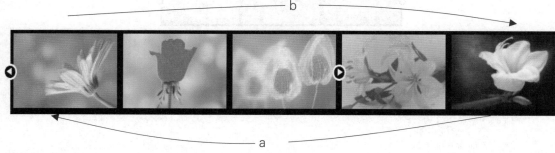

정답

```
1    <script>
2    $(function(){
3    // 버튼클릭
4    $('p#prev').click(function(){
5        $('div#show_view ul>li:last').prependTo('div#show_view ul');
6    });
7    //버튼클릭
8    $('p#next').click(function(){
9        $('div#show_view ul>li:first').appendTo('div#show_view ul');
10   });
11   // a 요소 클릭
12   $('div#show_view li>a').click(function(){
13       $('div#bigImage>img').attr('src' , $(this).attr('href'));
14       return false;
15   });
16   });
17   </script>
```

CHAPTER 05

효과와 애니메이션

이펙트 명령어

SECTION 01

이펙트 매소드 사용하기

> 형식:
>
> $(선택자).이펙트명령어(❶시간, '❷easing', ❸콜백 함수function(){실행문;});

❶ 효과가 적용되는 시간을 나타냅니다. 적용방법은 두 가지입니다.
  1. 키워드값: slow, normal, fast
  2. 밀리언초: 1초 1,000으로 계산

❷ 가속도를 설정합니다. 필요가 없는 경우는 생략할 수 있습니다.
  키워드값: linear(일정 속도로 유지), swing(조금씩 빨라 졌다 느리게 끝냄)

❸ 콜백 함수는 이펙트가 끝난 후에 실행할 실행문을 설정합니다. 필요가 없는 경우는 생략할 수 있습니다. 익명의 함수로 설정해야 합니다.

show()	요소를 시간에 맞추어서 나타나게 한다.
hide()	요소를 시간에 맞추어서 안 보이게 한다.
toggle()	show()와 hide() 자동 반복한다.
slideDown()	요소가 아래로 시간에 맞추어서 나타나게 한다.
slideUp()	요소가 위로 시간에 맞추어서 안 보이게 한다.
slideToggle()	sildeDown()과 slideUp()을 자동 반복한다.
fadeIn()	숨겨진 요소가 점점 투명도가 올라가면서 선명해 진다.
fadeOut()	요소가 점점 투명해지면서 숨겨진다.
fadeTp()	요소가 지정한 투명도가 적용된다.
fadeToggle()	fadeIn()와 fadeOut()를 자동 반복

보이기	show()	slideDown()	fadeIn()	display:block
안보이기	hide()	slideUp()	fadeOut()	display:none
토글	toggle	slideToggle	fadeToggle()	
기타			fadeTo()	

1. show() hide() toggle()

```
43      <div id="effect01">
44      <p class="button">
45      <button class="btn01">show</button>
46      <button class="btn02">hide</button>
47      <button class="btn03">toggel</button>
48      </p>
49      <p class="back01"></p>
50      </div>
```

```
//show, hide
   $('div#effect01 button.btn02').on('click',function()  ❶
      $('p.back01').hide(500);
   });
   $('div#effect01 button.btn01').on('click',function()  ❷
      $('p.back01').show(500);
   });
   $('div#effect01 button.btn03').on('click',function()  ❸
      $('p.back01').toggle(500);
   });
```

❶ 선택자 div#effect01 button.btn02 을 클릭하면 p.back01을 0.5초 동안 hide 시킨다.

❷ 선택자 div#effect01 button.btn02 을 클릭하면 p.back01을 0.5초 동안 show 시킨다.

❸ 선택자 div#effect01 button.btn03 을 클릭하면 p.back01을 0.5초 동안 hide와 show 이펙트가 번갈아 가며 적용됩니다.

hide(), show(),toggle()명령어는 만약에 시간이 입력이 되면 기준 방향으로 사선으로 변경되고 ,만약에 시간이 없이 실행되면 display 속성 none, block값이 적용됩니다.

2. slideDown(), slideUp, slideToggle

```
50      <div id="effect02">
51      <p class="button">
52      <button class="btn01">slideDown</button>
53      <button class="btn02">slideUp</button>
54      <button class="btn03">slideToggel</button>
55      </p>
56      <p class="back02"></p>
57      </div>
```

```
$('div#effect02  button.btn01').on('click',function() ❶
  $('p.back02').slideDown(500);
});
$('div#effect02  button.btn02').on('click',function() ❷
  $('p.back02').slideUp(500);
});
$('div#effect02  button.btn03').on('click',function() ❸
  $('p.back02').slideToggle(500);
});
```

❶ 선택자 div#effect02 button.btn01을 클릭하면 p.back02을 0.5초 동안 아래 방향으로 보이게 합니다.

❷ 선택자 div#effect02 button.btn02를 클릭하면 p.back02을 0.5초 동안 위 방향으로 사라집니다.

❸ 선택자 div#effect02 button.btn03을 클릭하면 p.back02을 0.5초 동안 slideDown과 slideUp 이펙트가 번갈아 가며 적용됩니다.

3. fadeIn( ), fadeOut( )

```
59    <div id="effect03">
60    <p class="button">
61    <button class="btn01">fadeIn</button>
62    <button class="btn02">fadeOut</button>
63    </p>
64    <p class="back03"></p>
65    </div>
```

```
//fade
$('div#effect03  button.btn01').on('click',function() ❶
  $('p.back03').fadeIn(500);
});

$('div#effect03  button.btn02').on('click',function() ❷
  $('p.back03').fadeOut(500);
});
```

❶ 선택자 div#effect03 button.btn01을 클릭하면 p.back03을 0.5초 동안 fade 효과로 보이게 합니다.

❷ 선택자 div#effect03 button.btn02를 클릭하면 p.back03을 0.5초 동안 fade 효과로 안 보이게 합니다.

4. fadeTo( ) fadeToggle( )

```
67    <div id="effect04">
68      <p class="button">
69        <button class="btn01">fadeTo</button>
70        <button class="btn02">fadeToggel</button>
71      </p>
72      <p class="back04"></p>
73    </div>
```

```
$('div#effect04 button.btn01').on('click',function() ❶
  $('p.back04').fadeTo(500, 0.4);
});


$('div#effect04 button.btn02').on('click',function() ❷
  $('p.back04').fadeToggle(500);
});
```

❶ 선택자 div#effect04 button.btn01을 클릭하면 p.back04를 0.5초 동안 ade 효과로 투명도 0.4로 보이게 합니다.

❷ 선택자 div#effect04 button.btn02를 클릭하면 p.back04을 0.5초 동안 fadeIn과 fadeOut 이펙트가 번갈아 가며 적용됩니다.
만약에 fadeTo의 효과가 적용되면 fadeToggle()은 fadeIn의 값이 fadeTo()의 값으로 변경되어 적용됩니다.

콜백함수

콜백 함수는 이펙트가 끝난 후에 실행할 실행문을 설정합니다. 그럼 콜백 함수로 설정된 실행문과 일반적인 실행문과의 차이를 알아봅시다.
선택된 요소가 slideDown() 후에 스타일을 변경하고자 합니다.

```
27    <div id="box01"> ❶
28        <p><button class="btn01">콜백함수 사용 안함</button></p>
29        <p class="back back01"></p>
30    </div>
31    <div id="box02"> ❷
32        <p><button class="btn02">콜백함수 사용</button></p>
33        <p class="back back02"></p>
34    </div>
35    <script>
36        $(function(){
37        $('button.btn01').on('click',function(e) ❶
38            $('.back01').slideDown(500);
39            $('.back01').css('background','yellow');
40        });
41        $('button.btn02').on('click',function(e) ❷
42            $('.back02').slideDown(500,function(){
43                $(this).css('background','yellow');
44            });
45        });
46        });
47    </script>
```

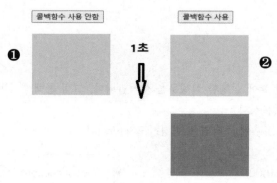

❶ 콜백함수가 적용이 되지 않으면 38번과 39번에 slideDown()명령과 css() 명령이 한꺼번에 작동이 되어 나타난다.

❷ 콜백함수가 적용이 되면 slideDown()명령 작동된 후에 css() 명령이 작동된다.

$(:not(:animated)) 선택자 사용하여 광클릭 문제 해결하기

이펙트 명령어를 사용할 때 광클릭과 같이 이벤트가 여러 번 작동 시킬 수 있습니다. 이럴 경우에는 이벤트의 작동 수 만큼 이펙트도 계속 작동되어 문제가 발생됩니다. 이러한 광클릭을 막아주는 방법 중에 선택자로 해결하는 방법을 알아보도록 합시다.

형식:
$('선택자:❶not(❷:animated)).이펙트 명령어( )

---

❶ ':not(조건)'는 조건을 제외하고 선택하는 방법입니다. ❷ ':animated' 움직이는 요소만 선택합니다. 이 필터선택을 연결하여 사용하면 선택 된 움직이는 요소를 제외하고 선택을 하면 이펙트가 진행되는 이벤트가 계속 작동이 되어도 요소는 선택이 되지 않습니다.

실습을 통해 알아봅시다.

| **실습하기** | 실습 파일: 05/05_02.html. 완성 파일: 05/all/05_02.html

```
18    <button id="show">표시</button>
19    <button id="hide">비표시</button>
20    <div id="back_01">some forms of augmented reality can now be used in our daily
      lives
21    .......
22    </div>
23    <script>
24    $(function(){
25    $('#show').on('click',function(e){❶
26        $('#back_01:not(:animated)').slideDown(3000);❷
27    });
28    $('#hide').on('click',function(e){
29        $('#back_01:not(:animated)').slideUp(3000);
30    });
31    });
32    </script>
```

❶ #show를 클릭을 하면 ❷ #back_01이 움직이지 않을 때 선택을 하여 slideDown( )을 하도록 합니다. #show를 계속 클릭하여도 #back_01가 움직일 때는 선택이 되지 않아 광클릭을 하여도 이펙트 명령이 쌓이지 않게 됩니다.

animate( )

animate( )명령어는 이펙트와 같이 만들어져 있는 효과를 사용하는 것이 아니라 내가 원하는 스타일 속성을 사용하여 움직임을 만드는 명령어입니다.

형식:
$('선택자').animate({❶속성명: '값',속성명:'값'},❷소요시간,'❸가속도',❹콜백함수);

❶ 움직일 스타일을 설정합니다. 형식은

{ 속성명 : '값', 속성명:'값' }

{color:'red', Ⓐbackground Color:'yellow',fontSize:'3em'}
{color:'red', Ⓑ'background-color':'yellow','font-size':'3em'}

자바스크립트 속성 설정 방법과 같이 중괄호{} 안에 Ⓐ속성명이 두 단어로 연결되어 있으면 두 번째 단어를 대문자로 표시하는 방법과 Ⓑ 속성명을 따옴표"로 감싸는 방법이 있습니다. 이때 속성의 값은 무조건 따옴표"로 감싸 주어야 합니다.

❷ 소요시간
  1. 키워드값: slow, normal, fast
  2. 밀리언초: 1초 1,000으로 계산
❸ 가속도를 설정합니다. 필요가 없는 경우는 생략할 수 있습니다.
  키워드값: linear(일정 속도로 유지), swing(조금씩 빨라 졌다 느리게 끝냄)
❹ 콜백 함수는 이펙트가 끝난 후에 실행할 실행문을 설정합니다. 필요가 없는 경우는 생략할 수 있습니다. 익명의 함수로 설정해야 합니다.

애니메이션 제어 명령어

animate( )	스타일의 속성으로 움직이기 해당
stop()	해당 선택자의 애니메이션 효과를 중간에 멈춘다.
delay()	설정된 값 만큼 지연했다가 애니메이션을 진행합니다.
queur()	큐에 사용자 정의 함수를 추가하거나 큐에 대기 중인 함수를 배열에 담아 반환합니다.
finish( )	해당되는 선택자의 애니메이션을 강제로 완료 시점으로 보낸 후 종료합니다.

실습을 통해 알아봅시다.

| 실습하기 | 실습 파일: 05/05_03.html. 완성 파일: 05/all/05_03.html

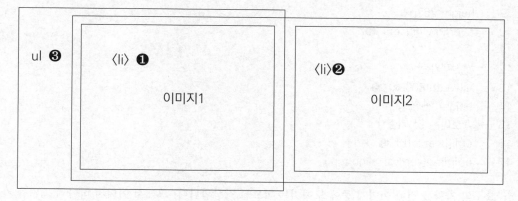

❶ li 요소를 클릭하면 ❸ ul 요소를 margin−left 값을 이용해서 애니메이션 하여 이미지 2가 보이도록 합니다.

❷ li 요소를 클릭하면 ❸ ul 요소를 margin−left 값을 이용해서 애니메이션 하여 이미지 1이 보이도록 합니다.

1. html 요소를 완성합니다.

```
10    〈div〉
11        〈ul〉
12            〈li id="flower"〉〈img src="img/flower.jpg" alt="flower"〉〈/li〉
13            〈li id="building"〉〈img src="img/building.jpg" alt="building"〉〈/li〉
14        〈/ul〉
15    〈/div〉
```

2. css 폴더에 있는 reset.css와 style.css를 연결합니다.

```
5    〈link rel="stylesheet" type="text/css" href="css/reset.css"〉
6    〈link rel="stylesheet" type="text/css" href="css/style.css"〉
```

3. js폴더에 있는 제이쿼리 라이브러리를 연결합니다.

```
8    〈script src="js/jquery.min.js"〉〈/script〉
```

4. style.css 파일에 스타일을 작성합니다.

```
7      div{
8          width:400px;  ❶
9          height:267px;
10         overflow:hidden;  ❷
11     }
12     /*전체기준*/
13     ul{width:800px;  ❸
14     height:267px;}
15     /*보이는 것 기준*/
16     ul>li{float:left;}  ❹
17     ul>li>img{vertical-align:top;}
```

❶ div요소의 역할을 전체 이미지 중에 보여지는 파트를 담당합니다. 그래서 이미지 하나의 크기를 가로의 크기로 설정합니다.

❷ div요소는 두 li의 요소 중 보여줄 요소 이외의 나머지를 가려주어야 하므로 overflow:hidden값을 설정합니다.

❸ ul요소의 가로크기는 li요소 두 개의 가로크기로 설정하고 움직임을 담당합니다.

❹ li 요소는 보여 줄 소스를 담당하며 이때 두 개의 li 요소가 가로로 한 줄로 만들어지도록 float 설정을 합니다.

```
7      div{
8          width:400px;  ❶
9          height:267px;
10         overflow:hidden;  ❷
11     }
12     /*전체기준*/
13     ul{width:800px;  ❸
14     height:267px;}
15     /*보이는 것 기준*/
16     ul>li{float:left;}  ❹
17     ul>li>img{vertical-align:top;}
```

overflow:hidden으로 보여줄 부분

```
17      <script>
18      $(function(){
19      $('#flower').on('click',function(e){❶
20          var  width2 = $(this).width();❷
21              $('div>ul').animate({marginLeft:'-='+width2},300,'swing');❸
22              });
23          $('#building').on('click',function(e){❹
24              var  width3 = $(this).width();❺
25              $('div>ul').animate({marginLeft:'+='+width3},300,'swing');❻
26          });
27          });
28      </script>
```

❶ #flower를 클릭하면

❷ 변수 width2를 만들어 클릭한 li의 가로 크기를 저장합니다.

❸ 움직임을 담당할 ul요소에 margin-left 값을 현재의 값에서 − 방향으로 변수 width2 만큼 애니메이션 합니다.

❹ #building를 클릭하면

❺ 변수 width3를 만들어 클릭한 li의 가로 크기를 저장합니다.

❻ 움직임을 담당할 ul요소에 margin-left 값을 현재의 값에서 + 방향으로 변수 width3 만큼 애니메이션 합니다.

CH 05

효과와 애니메이션

PART 2 제이쿼리

293

1. 다음의 html을 확인하고 버튼을 클릭하면 아이디 box요소를 아래의 순서대로 animation 하세요.

```
76        〈button id="btn"〉Start Animation〈/button〉
77          〈div id="box"〉〈/div〉
```

a 소요시간 0.3초동안 가로크기 400로 만든 후

b. 소요시간 0.4초 동안 세로크기를 300px로 만든 후

c. 소요시간 0.5초 동안 left위치를 200px로 이동 후

d. 소요시간 'slow' 동안 top의 위치를 현재의 위치의 +100px 더 이동 하며 border 굵기를 10px로 만든다.

(연습문제 jquery/05/01.html)

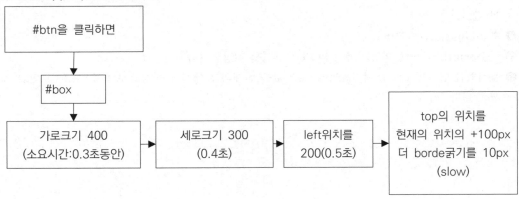

정답

```
1        〈script〉
2          $(function() {
3            $("#btn").click(function() {
4              $("#box").animate({width: 400}, 300)
5                .animate({height: 300}, 400)
6                .animate({left: 200}, 500)
7                .animate({top: "+=100", borderWidth: 10}, "slow")
8            };
9          });
10       〈/script〉
```

실전 예제로 배우는 자바스크립트+제이쿼리

2. 다음의 html을 확인하고 dd를 slide이펙트를 이용하여 다음과 같이 작동되게 하세요.

dt를 클릭하면 클릭 된 dt 다음의 dd를 슬라이드로 보이고 다른 dd는 모두 슬라이드로 안 보이게 합니다. (연습문제 jquery/05/02.html)

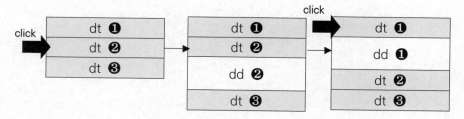

```
1    <dl>
2    <dt>타이틀01</dt>
3    <dd>Coral reefs are amongst the most productive areas of the ocean. Each coral contains ...
4    <</dd>
5    <dt>타이틀02</dt>
6    <dd>Coral reefs are amongst the most productive areas of the ocean. Each coral contains ...
7    </dd>
8    <dt>타이틀03</dt>
9    <dd>Coral reefs are amongst the most productive areas of the ocean. Each cora...</dd>
10    </dl>
```

정답

```
1    <script>
2    $(function(){
3        $('dl>dt').on('click',function(e){
4                var displaySrc = $(this).next('dd').css('display');
5                if(displaySrc == 'none'){
6                    $('dl>dd').slideUp(300);
7                    $(this).next('dd').slideDown(300);}
8        });
9    });
10    </script>
```

CHAPTER 06

크기와 위치

객체의 크기와 위치

객체의 크기

선택된 요소의 크기를 선정 또는 추출하는 명령어입니다.

형식:
$('선택자').크기명령어(값) -> $('p').width(900); ❶
$('선택자').크기명령어() -> $('p').width( ); ❷

❶ p요소의 가로의 크기를 900px로 설정합니다.
❷ p요소의 가로의 크기를 가져옵니다.

매소드	내용
width()	선택자의 가로 크기를 설정 또는 추출합니다. 데이터의 자료형은 number데이터를 사용합니다.
height()	선택자의 세로 크기를 설정 또는 추출합니다. $('선택자').height()
innerWidth()	padding값을 포함 한 가로 크기
innerHeight()	padding값을 포함 한 세로 크기
outerWidth() outerWidth(true)	border 값을 포함한 가로 크기 margin 값을 포함한 가로 크기
outerHeight() outerHeight(true)	border 값을 포함한 세로 크기 margin 값을 포함한 세로 크기

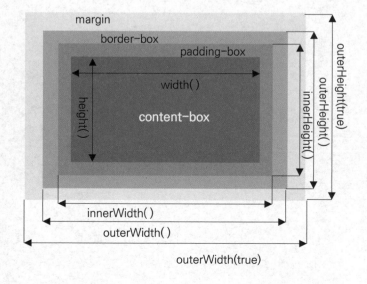

```
<script>
$(function(){
    $("button").click(function(){
        $("#box").width(400).height(300);
    });
});
</script>
```

6-2 객체의 위치

offset()	선택자의 위치 값을 설정 또는 추출합니다. $('선택자').offset({top:50,left:50}) $('선택자').offset().top $('선택자').offset().left
position()	선택자의 위치 값을 설정합니다. $('선택자').position().top $('선택자').position().left

이번 예제는 css의 크기와 위치를 이용한 모달 갤러리를 만들어 봅시다.

1. html 요소를 만듭시다.

| 실습하기 | 실습 파일: 06/06_00.html. 완성 파일: 06/all/06_00.html

```
11    <ul>
12    <li><a href="img/img_01.jpg" class="modal"><img src="img/img_01.jpg" ></a></li>
13    <li><a href="img/img_02.jpg" class="modal"><img src="img/img_02.jpg"></a></li>
14    <li><a href="img/img_03.jpg" class="modal"><img src="img/img_03.jpg"></a></li>
15    <li><a href="img/img_09.jpg" class="modal"><img src="img/img_09.jpg"></a></li>
16    <li><a href="img/img_05.jpg" class="modal"><img src="img/img_05.jpg"></a></li>
17    <li><a href="img/img_06.jpg" class="modal"><img src="img/img_06.jpg"></a></li>
18    <li><a href="img/img_07.jpg" class="modal"><img src="img/img_07.jpg"></a></li>
19    <li><a href="img/img_08.jpg" class="modal"><img src="img/img_08.jpg""></a></li>
20    </ul>
```

2. 스타일 정리하기

제이쿼리로 생성될 #main, #back의 스타일을 미리 정리합니다.

```
 9     #back{position:fixed; width:100%; height:100%;
10         left:0; top:0;
11         background-color:rgba(0,0,0,0.5);
12         display:none;
13         }
14     #main{position:fixed;
15         left:50%; top:50%;
16         display:none;
17         }
```

3. 모달 윈도우를 위한 배경 요소 생성하기

```
21     <script>
22     $(function(){
23     $('body').append('<div id="back"></div><div id="main"></div>');❶
24     });
25     </script>
```

❶ #back, #main을 body요소가 닫히기 바로 전에 생성합니다. 그리고 스타일에서 display:none을 이용하여 없는 요소처럼 보이게 만듭니다.

4. 이미지를 클릭하면 #back 보이기 #main의 이미지 요소 생성

```
24     $('ul>li>a.modal').on('click',function(e){
25       var pic = $(this).attr('href');
26       $('#back').show();
27       $('#main').show().html('<img src="'+pic+'">');
28       return false
29     });
```

5. 생성된 이미지 요소의 위치를 설정합니다.

```
29     var picWidth = $('#main').width()/2;
30       var picHeight = $('#main').height()/2;
31       $('#main').css({marginLeft:'-'+picWidth+'px',marginTop:'-'+picHeight+'px'});
```

6. #back을 클릭하면 #back과 #main이 사라지게 됩니다.

```
36      $('#back').on('click',function(e){
37          $('#back').hide();
38          $('#main').hide();
39      });
```

SECTION
02

스크롤의 위치

scrollTop()	도큐멘트의 세로 스크롤 값
scrollLeft()	도큐멘트의 가로 스크롤 값

형식:
$(document).scrollTop(값) →   ❶
$(document).scrollTop() →   ❷

❶ DOM의 스크롤 top의 값을 설정합니다.
❷ DOM의 스크롤 top의 값을 가져옵니다.

| 실습하기 | 실습 파일: 06/06_01.html. 완성 파일: 06/all/06_01.html

```
192        $('#tTop').on('click',function(){
193                $(document).scrollTop(800);
194        });
195        $('#tLeft').on('click',function(){
196                $('html,body').scrollLeft(800);
197        });
198    });
```

scroll animation 하기

> 형식:
> $('html,body').animate({scrollTop:800,scrollLeft:1500},800,'swing'); ❶

❶ scroll animation을 할 경우에는 선택자를 document로 사용하지 말고 $('html,body')을 사용하여 IE 의 문제를 해결합니다.

│ 실습하기 │ 실습 파일: 06/06_02.html. 완성 파일: 06/all/06_02.html

```
199    〈script〉
200    $(function(){
201        $('#tt').on('click',function(){;
202        $('html,body').animate({scrollTop:800,scrollLeft:1500},800,'swing');
203            });
204        $('#top').on('click',function(){
205            $('html,body').animate({scrollTop:'0',scrollLeft:'0'},800,'swing');
206        });
207        });
208    </script>
```

1. 다음의 html, CSS를 확인하고 p요소의 위치를 변경합니다.

div 요소의 크기는 가로 500px 세로 300px입니다.

p 요소를 클릭하면 p요소의 left, top값이 div 요소의 영역 안에서 무작위로 이동이 되도록 하세요.

div

click

CSS

```
1      //스타일
2   div {
3          position: relative;
4          width: 500px;
5          height: 300px;
6          background-color: #666;
7      }
8
9   p {
10         position: absolute;
11         left: 100px;
12         top: 100px;
13         width: 50px;
14         height: 50px;
15         background: #fff;
16         cursor: pointer;
17     }
```

html

```
1      <div>
2        <p></p>
3      </div>
```

정답

```
1      <script>
2        $(function(){
3          $('p').on('click',function(e){
4            var num01 = Math.round(Math.random()*450);
5            var num02= Math.round(Math.random()*250);
6            $('p').animate({left:num01,top:num02},'slow');
7          });
8        });
9      </script>
```

2. 다음의 html을 확인한 후 스크롤의 위치를 이동하세요.

a. section의 세로의 값을 윈도우의 세로의 값으로 변경합니다.

b. button 아이디 sec를 클릭하면 스크롤 top의 위치가 section 아이디 box03의 위치로 이동합니다.

c. button 아이디 top을 클릭하면 스크롤 top의 위치가 0으로 이동하게 합니다.

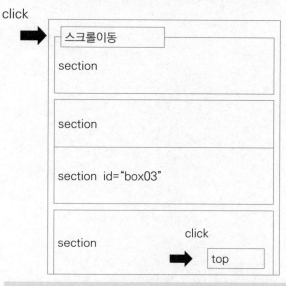

```
1       <div>
2           <button id="sec" type="text">main으로 이동</button>
3           <button id="top" type="text">top으로 이동</button>
4           <section id="box01">box01</section>
5           <section id="box02">box02</section>
6           <section id="box03">box03</section>
7           <section id="box04">box04</section>
8       </div>
```

정답

```
1       <script>
2       $(function() {
3         var wHeight = $(window).height();
4         $('section').height(wHeight);
5         $('#sec').on('click', function(e) {
6         var posT =  $('#box03').offset().top;
7         $('body,html').animate({scrollTop:posT});
8         });
9         $('#top').on('click', function(e) {
10               $('body,html').animate({scrollTop:'0'});
11          });
12        });
13      </script>
```

CHAPTER 07

폼

SECTION
01

폼의 선택자

선택자	형식	설명
:input	$(":input")	모든 input 요소 선택
:text	$(":text")	모든 input 요소 중 type="text" 선택
:password	$(":password")	모든 input 요소 중 type="password" 선택
:radio	$(":radio")	모든 input 요소 중 type="radio" 선택 선택
:checkbox	$(":checkbox")	모든 input 요소 중 type="checkbox" 선택
:submit	$(":submit")	모든 input 요소 중 type="submit" 선택
:reset	$(":reset")	모든 input 요소 중 type="reset" 선택
:button	$(":button")	모든 input 요소 중 type="button" 선택
:image	$(":image")	모든 input 요소 중 type="image" 선택
:file	$(":file")	모든 input 요소 중 type="file" 선택
:enabled	$(":enabled")	모든 enabled input 요소 선택
:disabled	$(":disabled")	모든 disabled input 요소 선택
:selected	$(":selected")	모든 selected input 요소 선택
:checked	$(":checked")	모든 checked input 요소 선택
:checked	$(":checked")	모든 checked input 요소 선택

| 실습하기 | 실습 파일: 07/07_00.html. 완성 파일: 07/all/07_00.html

```
48    <ul>
49        <li><input type="text" value="INPUT 태그, :text"></li>
50        <li><input type="text" value="INPUT 태그, :disabled" disabled></li>
51        <li><input type="password" value="INPUT 태그, :password"></li>
52        <li><input type="file"></li>
53        <li><input type="checkbox"></li>
54        <li><input type="checkbox" checked></li>
55        <li><input type="radio"></li>
56        <li><input type="radio" checked></li>
57        <li><input type="button" value="INPUT 태그, :button"></li>
58        <li><button type="reset">BUTTON 태그, :reset</button></li>
59        <li><button type="submit">BUTTON 태그, :submit</button></li>
60    </ul>
```

```
8      <script>
9      $(function(){
10     $(':text').css('background-color','red');  ❶
11     $(':disabled').css({color:'#fff',fontSize:'20px'});  ❷
12     });
13     </script>
```

❶ type속성의 값이 text인 〈input〉 요소를 선택하여 배경칼라를 red값으로 변경합니다.

❷ disabled속성이 있는 〈input〉 요소를 선택하여 color를 #fff'값으로, fontSize의 값을 20px변경합니다.

SECTION
02

폼 이벤트와 매소드

폼요소의 이벤트 명령어

```
형식:
    $(선택자) . focus(function(){원하는 행동});
    $(선택자) . on('focus',function(){원하는 행동});
```

이벤트 명령어

명령어	내용
focus()	폼 컨트롤 요소에 마우스나 탭키가 선택된 상태를 감지 될 때
blur():	focus()와 반대개념으로 폼 컨트롤 요소에 focus가 벗어났을 때를 감지 될 때
change()	폼 컨트롤 요소의 값이 변경된 것을 감지하는 명령 될 때
submit()	폼 태그의 전송 버튼을 눌렀을 때 발생하는 이벤트의 처리를 설정합니다.

폼컨트롤 요소의 값 설정 및 사용하기

```
형식:
    $(선택자).val( 값 ); ❶
    $(선택자).val( );❷
```

❶ 선택자의 value값 넣기
❷ 선택자의 value값 가져오기

| **실습하기** | 실습 파일: 07/07_01.html. 완성 파일: 07/all/07_01.html

```
 9    <p> <input type="text" name="user"></p>
10    <button>Set the value of the input field</button>
11    <script>
12    $(function(){
13    $('button').on('click',function(e){
14      $('input').val('welcome');❶
15    });
16    });
17    </script>
```

❶ 버튼을 클릭하면 input요소의 value 값을 설정합니다.

실전 예제로 배우는 자바스크립트+제이쿼리

| 실습하기 | 실습 파일: 07/07_02.html. 완성 파일: 07/all/07_02.html

```
9    <input type="text" value="some text">
10   <p></p>
11   <script>
12   $(function(){
13     $('input').on('keyup',function(e){❶
14       var stl = $(this).val();❷
15       console.log(stl);
16       $('p').text(stl);❸
17     });
18   });
19   </script>
```

❶ input요소의 키보드의 키를 누르면

❷ 내가 사용한 키보드의 값을

❸ p요소의 text 노드로 설정합니다.

| 실습하기 | 실습 파일: 07/07_03.html. 완성 파일: 07/all/07_03.html

```
9    <p><input type="text" value="click a button"></p>
10   <script>
11   $(function(){
12     $('input').on('change',function(e){❶
13       $('body').append('<span>값이 변경되었습니다</span>');❷
14     });
15   });
16   </script>
```

❶ input요소의 value값이 변경 되면

❷ body요소의 span요소가 추가됩니다.

```
 9    <p><input type="text"> <span>focus fire</span></p>
10    <p><input type="password"> <span>focus fire</span></p>
11    <script>
12    $(function(){
13    $('input').on('focus',function(e){❶
14       $(this).next('span')❷
15              .css('display','inline')
16              .delay(800)
17              .fadeOut(1000);
18    });
```

❶ input 요소에 포커스가 가면

❷ input 다음에 있는 span의 스타일이 변경됩니다.

1. 다음의 html을 확인하고 가격 계산 시스템을 완성하세요.

    a 아이디 userPrice의 원하는 개수를 선택하고

    b. input 요소 type의 button을 클릭하면

    c. #userPrice의 선택한 값 곱하기 1500을 p 요소의 Text 콘텐츠로 추가한다.

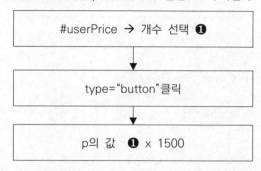

```
78      〈section〉
79        〈form action="#" method="post"〉
80          〈fieldset〉
81            〈legend〉가격〈/legend〉
82            〈ul〉
83              〈li〉
84              〈label for="userPrice"〉갯수〈/label〉
85              〈input type="number" min="0" max="40" id="userPrice"〉〈/li〉
86              〈li〉
87              〈input type="button" value="계산하기"〉〈/li〉
88            〈/ul〉
89            〈p〉〈/p〉
90          〈/fieldset〉
91        〈/form〉
92      〈/section〉
```

정답

```
1      〈script〉
2          $(function() {
3            $('input[type="button"]').on('click', function(e) {
4                    var num =Number($('#userPrice').val());
5            var allPrice = num*1500;
6                    $('p').text(allPrice+"원");
7            });
8          });
9      〈/script〉
```

2. 다음의 html을 확인하고 예약 시스템을 완성하세요.

a. select 요소의 값이 변경되면

b. 변경된 값을 가져와 p요소의 text 콘텐츠로 추가한다.

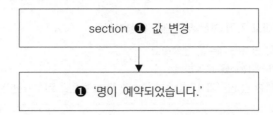

```
1        〈section〉
2            〈form action="#" method="post"〉
3                〈fieldset〉
4                    〈legend〉가격〈/legend〉
5                    〈ul〉
6                        〈li〉
7                            〈label for="userPrice"〉갯수〈/label〉
8                            〈input type="number" min="0" max="40" id="userPrice"〉〈/li〉
9                        〈li〉
10                           〈input type="button" value="계산하기"〉〈/li〉
11                   〈/ul〉
12                   〈p〉〈/p〉
13               〈/fieldset〉
14           〈/form〉
15       〈/section〉
```

정답

```
1        〈script〉
2        $(function() {
3            $('select').on('change', function(e) {
4            var result = Number($('select').val());
5            $('p').text(result + "명이 예약되었습니다.");
6            });
7        });
8        〈/script〉
```

CHAPTER 08

AJAX 사용하기

AJAX는 Asynchronous JavaScript And XML의 약어로 비동기적인 자바스크립트와 XML을 의미합니다. AJAX는 서버와 데이터를 교환하는 기술 중에 하나로 데이터를 이동하고 화면을 구성하는 데 있어서 웹 화면을 갱신하지 않고 필요한 데이터를 서버에서 가져올 수 있습니다. AJAX를 이용하면 웹 페이지에서 업데이트 되어야 할 내용이 필요할 경우 전체 페이지를 모두 불러오지 않고도 서버와 데이터 교환을 하여 웹 페이지의 일부를 업데이트할 수 있습니다. AJAX는 웹 서버가 필요합니다.

AJAX 사용하기

AJAX는 프로그래밍 언어가 아니라 웹 페이지에서 웹 서버에 액서스하는 기술로
• 브라우저에 내장된 XMLHttpRequest(XHR) 객체(웹 서버에 데이터 요청)
• 자바스크립트 및 HTML DOM (데이터 표시 또는 사용)
이 조합이 되어 사용합니다.
AJAX는 서버와 클라이언트(사용자)간에 데이터를 이동하고 화면을 구성하는 구현 방식입니다. AJAX의 구현에 들어가기에 앞서 AJAX에서의 데이터 전송은 어떤 식으로 진행 할 지 살펴봅시다.

AJAX 사용 전 방식

클라이언트가 자료를 요청하면 반드시 서버 컴퓨터를 거쳐서 자료를 요청해야 하고 서버 컴퓨터를 통해서만 자료를 받을 수 있었습니다. 이때 받는 자료는 웹 페이지 전체를 보내고 또 서버에서는 업로드할 웹 페이지 전체를 보내게 됩니다. 브라우저는 서버에서 보낸 자료가 웹 페이지는 전체이기 때문에 전체 페이지가 리로드 되어 강제로 새로 고침 현상이 일어나고 서비스 제공하는 서버에서 요청한 자료가 오기까지 다른 작업을 할 수 없으면 계속 기다려야만 하는 문제점이 있었습니다.

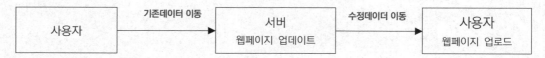

AJAX 사용 후

AJAX를 사용하면 브라우저는 비동기 통신 객체 XMLHttpRequest(XHR)를 사용하여 웹 서버와 데이터를 교환하여 웹 페이지를 업데이트할 수 있습니다. 그러므로 브라우저와 웹 서버가 서로 교환 작업을 하는 중에도 우리는 웹페이지에서 다른 작업이 가능하며, 전체 페이지를 로딩하지 않아도 업데이트가 필요할 페이지 부분만 업데이트가 진행될 수 있습니다.

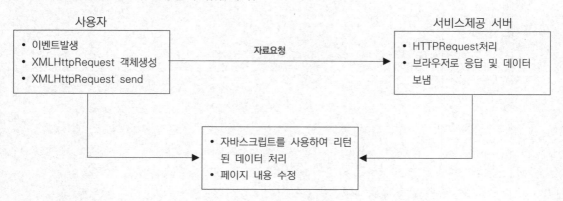

그러면 AJAX를 사용하면 좋은 점을 정리해 보면
- 비동기적으로 웹 서버와 통신 할 수 있으므로 서버의 응답을 기다리지 않고도 다른 작업을 진행 할 수 있습니다.
- 필요한 정보만 송수신하기 때문에 송수신량이 적고, 필요한 부분의 정보 교환이 가능하여 시간이 절약됩니다.
- 모든 데이터가 서버 주도로 웹페이지의 업데이트 작업을 하는 것이 아니므로 서버의 부담을 그만큼 줄일 수 있습니다.

jQuery와 AJAX

제이쿼리는 AJAX기능을 위한 몇 가지 매소드를 제공합니다. 제이쿼리 AJAX 명령어를 사용하면 보다 쉽고 간단하게 HTTP Get, HTTP Post를 사용하여 원격 서버에 TEXT, HTML, XML 또는 JSON을 요청할 수 있으며 이를 HTML 요소에 직접 로드 할 수 있습니다.

제이쿼리에서 사용할 수 있는 AJAX은 제이쿼리 웹사이트를 방문하여 API Documentation의 AJAX 카테고리에서 확인 할 수 있습니다.

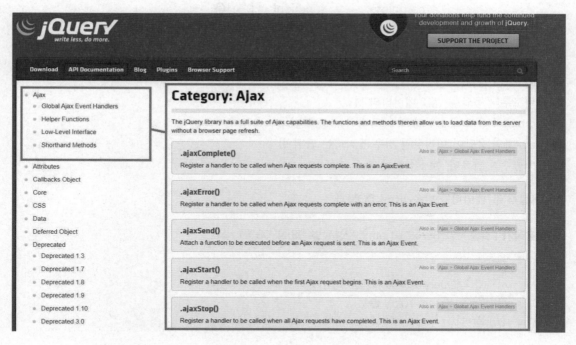

$.AJAX( )

제이쿼리에서는 AJAX 기능을 위한 몇 가지 명령어를 제공합니다. 그 중에 기본 명령어인 $.ajax( )에 대해서 알아보도록 합시다.

```
형식:
$.ajax( {
            url:            파일 경로, ❶
            type:           request 타입, ❷
            dataType :      데이터의 형식,❸
            success:        콜백 함수, ❹
            error:          콜백 함수, ❺
            complete:       function( ) {    }❻
    } )
```

❶ request를 요청할 URL
❷ request의 type 설정 GET 또는 POST 설정
❸ 서버로부터 응답을 받을 데이터의 형식
❹ request의 응답이 정상일 경우 동작하는 콜백 함수
❺ request의 응답이 비정상일 경우 동작하는 콜백 함수
❻ 콜백함수가 완료된 후에 실행할 함수

AJAX실행 후 데이터를 받을 html DOM과

| **실습하기** | 실습 파일: 08/08_01.html. 완성 파일: 08/all/08_01.html

```
18    ⟨div⟩
19        ⟨h1⟩jQuery AJAX 사용하기⟨/h1⟩
20        ⟨p id="main"⟩⟨/p⟩ ❶
21    ⟨/div⟩
```

request를 요청할 URL 파일을 완성합니다.

```
파일명 : testdata.txt
```

```
≡ testdata.txt  ×

08 ⟩ ≡ testdata.txt
  1    확인하였습니다.|
```

HTML 문서가 로딩되면 실행할 함수를 설정합니다.

```
18    〈script type="text/javascript"〉
19
20    $(function(){
21        getData(); ❷
22    });
```

AJAX이 설정된 함수를 완성합니다.

```
29    function getData() {
30    $.ajax({
31        url: "testdata.txt",
32        type: "GET",
33        dataType : "text",
34        success: successFn,
35        error: errorFn,
36        complete: function( xhr, status ) {
37            console.log("전송이 성공 되었습니다");
38            }
39        });
40    }
```

request의 응답이 정상일 경우 동작하는 콜백 함수와 request의 응답이 비정상일 경우 동작하는 콜백 함수를 완성합니다.

```
42    function successFn(result) {
43        console.log("전송됩니다.");
44        $("#main").append(result);
45    }
46
47    function errorFn(xhr, status, strErr) {
48    console.log('전송되지 못했습니다.');
49    }
```

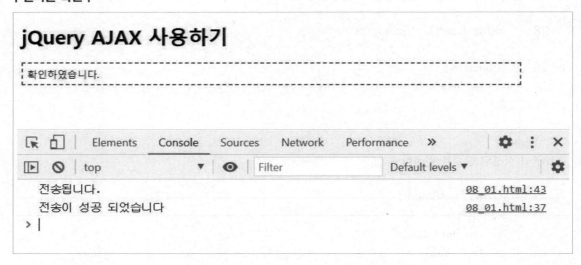

SECTION 03 load( ) 사용하기

제이쿼리 AJAX에서는 AJAX를 더 쉽게 사용할 수 있는 명령어들이 있습니다. 이번 장에서는 이 명령어들에 대해 알아봅시다.

명령어	설명
get()	GET방식을 이용하여 서버에 데이터를 요청합니다.
post()	POST방식을 이용하여 서버에 데이터를 요청합니다.
load()	서버에 데이터를 요청하고, 해당되는 HTML DOM을 수정합니다.

get()명령어

$(선택자).get(URL❶, data❷, 콜백함수❸);

❶ request를 요청할 URL 파일
❷ 데이터 요청과 함께 보낼 쿼리 문자열 또는 데이터
❸ 통신이 완료된 이후의 작업을 수행 할 수 있습니다.

| 실습하기 | 실습 파일: 08/08_02.html. 완성 파일: 08/all/08_02.html

```
1          <div>
2               <p id="main"></p> ❶
3          </div>
4
5     $("document").ready(function() {
6               getData();❷
7          });
8
9     function getData() {
10    $.get('testdata.txt',successFn);❸
11    }
12
12    function successFn(result) {❹
13       console.log("Setting result");
14       $("#main").append(result);
15    }
```

❶ request를 요청할 URL 파일
❷ HTML 문서가 로딩되면 실행할 함수를 설정합니다.
❸ get( ) 사용하기
❹ request의 응답이 정상일 경우 동작하는 콜백 함수

post()명령어

> $(선택자).post(URL❶, data❷, 콜백함수❸,datatype ❹);

❶ request를 요청할 URL 파일
❷ 데이터 요청과 함께 보낼 쿼리 문자열 또는 데이터
❸ 통신이 완료된 이후의 작업을 수행 할 수 있습니다.
❹ 데이터 타입설정

load( )사용하기

> $(선택자).load(URL❶, data❷, 콜백함수❸);

❶ request를 요청할 URL 파일
❷ 데이터 요청과 함께 보낼 쿼리 문자열 또는 데이터
❸ 통신이 완료된 이후의 작업을 수행할 수 있습니다.

AJAX실행 후 데이터를 받을 html DOM과

| **실습하기** | 실습 파일: 08/08_03.html. 완성 파일: 08/all/08_03.html

```
18      〈div id="content"〉
19          〈p id="main"〉〈/p〉
20      〈/div〉
```

request를 요청할 URL 파일을 완성합니다.

```
파일명 : testdata.html

〈p id="p1"〉아이디 P1 입니다.〈/p〉
〈p id="p2"〉아이디 P2 입니다.〈/p〉
〈p id="p3"〉아이디 P3 입니다.〈/p〉
```

HTML 문서가 로딩되면 실행할 함수를 설정합니다.

```
22    <script type="text/javascript">
23
24    $(function(){
25        getData();  ❷
26    });
```

AJAX이 설정된 함수를 완성합니다.

```
27    function getData() {
28        $('#main').load('testdata.html #p2');
29    }
```

request의 응답이 정상일 경우 동작하는 콜백 함수와 request의 응답이 비정상일 경우 동작하는 콜백 함수를 완성합니다.

```
27    function successFn(result) {
28        $("#main").append(result);
29    }
30
31    function errorFn(xhr, status, strErr) {
32    console.log('전송 되지 못했습니다.');
33    }
```

| 결과물 확인 |

아이디 P2 입니다.

데이터 가져오기

제이쿼리 AJAX에서는 TEXT, HTML 데이터 이외에 XML, JSON과 같은 데이터도 쉽게 가져올 수 있습니다.

XML 데이터 가져오기

XML은 eXtensible Markup Language의 약자로 W3C에서 개발되어 다른 특수한 목적을 갖는 마크업 언어를 만드는 데 사용하도록 권장하는 다목적 마크업 언어입니다. HTML이 데이터를 표현하는 마크업 언어라면, XML은 데이터를 기술하는 마크업 언어라고 보실 수 있습니다.

1. 먼저 불러온 XML 파일은 만들어 봅시다.

```
textxmldata.xml
                    〈data〉
                         〈name〉people1〈/name〉 ❶
                         〈title〉house1〈/title〉 ❷
                    〈/data〉
```

2. HTML 문서가 로딩되면 실행할 함수를 설정합니다.

```
25      $("document").ready(function() {
26              getXMLData();
27          });
```

AJAX이 설정된 함수를 완성합니다.

```
28      function getXMLData() {
29          $.get('testxmldata.xml',function(result){
30              var title = result.getElementsByTagName('title')[0]; ❷
31              var name = result.getElementsByTagName('name')[0]; ❶
32              var val = title.firstChild.nodeValue+" by "+name.firstChild.nodeValue;
33              $('#main').append(val);
34          })
35      }
```

request의 응답이 정상일 경우 동작하는 콜백 함수와 request의 응답이 비정상일 경우 동작하는 콜백 함수를 완성합니다.

```
36      function successFn(result) {
37          $("#main").append(result);
38      }
39
40      function errorFn(xhr, status, strErr) {
41      console.log('전송되지 못했습니다.');
42      }
```

| 결과물 확인 |

jQuery AJAX 사용하기

house1 by people1

JSON

JSON은 javascript Object Nation의 약자로 텍스트에 기반을 둔 데이터 저장 및 교환을 위한 구문입니다.
JSON의 서식을 보면

1. 데이터는 이름/값이 쌍으로 이루어져야 합니다.
2. 데이터는 쉼표로 구분하고
3. 중괄호는 객체를 설정하고
4. 대괄호는 배열을 설정합니다.

형식
{"name" : "설악산"}

자바스크립트에서는 큰따옴표(")나 작은따옴표(')를 사용할 수 있었다면, JSON은 무조건 큰따옴표(")를 사용해야 합니다.

JSON의 구문을 자바스크립트와 비교해 봅시다.

JSON	javascript
{"name":"설악산"}	{name:"설악산"}

JSON의 데이터 값은

1. 문자열(String)
2. 숫자(Number)

3. 객체(JSON, Object)

4. 배열

5. Boolean

6. null을 사용할 수 있습니다.

.getJSON( )

AJAX에서 JSON의 데이터를 전송받기 위해서는 두 가지 방법을 사용할 수 있습니다.

1. $.ajax( ) 사용하기

```
$.ajax({
                    url: url,
             dataType: "json",
                 data: data,
              success: successFn
});
```


2. .getJSON( ) 사용하기

```
형식:
  .getJSON( url , data , 콜백함수 )
```


AJAX실행 후 데이터를 받을 html DOM과

| 실습하기 | 실습 파일: 08/08_05.html. 완성 파일: 08/all/08_05.html

```
18    <div id="content">
19        <p id="main"></p>
20    </div>
```


request를 요청할 URL 파일을 완성합니다.

```
파일명 : testdata.json

{
    "one": "설악산",
    "two": "한라산",
    "three": "지리산"
  }
```

HTML 문서가 로딩되면 실행할 함수를 설정합니다.

```
25      <script type="text/javascript">
26
27      $(function(){
28          getJSONData();
29      });
```

AJAX이 설정된 함수를 완성합니다.

```
30      function getJSONData() {
31          $.getJSON( "testdata.json", function( data ) {
32
33              var items = [];
34          $.each( data, function( key, val ) {
35              items.push(  key +  val  );
36      items.push( "<li id='" + key + "'>" + val + "</li>" );
37          });
38          $( "<ul/>", {"class": "all", html: items.join( "" )}).appendTo( "#main" );
39          });
40      }
```

request의 응답이 정상일 경우 동작하는 콜백 함수와 request의 응답이 비정상일 경우 동작하는 콜백 함수를 완성합니다.

```
23      function successFn(result) {
24          $("#main").append(result);
25      }
26
27      function errorFn(xhr, status, strErr) {
28      console.log('전송 되지 못했습니다.');
29      }
```

| 결과물 확인 |

jQuery AJAX 사용하기

one설악산
- 설악산
two한라산
- 한라산
three지리산
- 지리산

제이쿼리 AJAX 전역 이벤트 사용

ajax 구문에 대하여 동일한 이벤트 핸들러를 등록해야 할 때 사용되는 전역 이벤트에 대해서 알아봅시다.

이벤트명	설명
.ajaxStart()	AJAX 시작하는 시점에서
.ajaxStop()	AJAX 정지 시
.ajaxSend()	AJAX 시작하는 전송 시
.ajaxComplete()	AJAX 완료 시
ajaxError()	AJAX 시작하는 에러 시
.ajaxSuccess()	AJAX 성공 시점

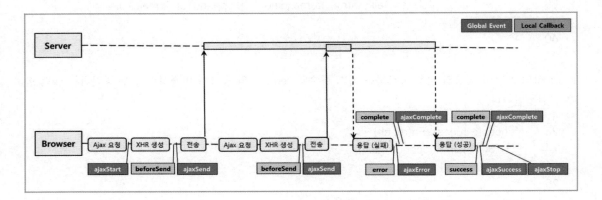

AJAX실행 후 데이터를 받을 html DOM과

> **| 실습하기 |** 실습 파일: 08/08_06.html. 완성 파일: 08/all/08_06.html
>
> ```
> 18      <div id="content">
> 19          <p id="main"></p>
> 20      </div>
> ```

request를 요청할 URL 파일을 완성합니다.

> 파일명 : testdata.txt

HTML 문서가 로딩되면 실행할 함수를 설정합니다.

```
            $(document).ajaxStart(function () {
25                  console.log("AJAX 시작");
26              });
27
28              $(document).ajaxStop(function () {
29                  console.log("AJAX 끝");
30              });
31
32              $(document).ajaxSend(function (evt, jqXHR, options) {
33                  console.log("데이터 전송중");
34              });
35
36              $(document).ajaxComplete(function (evt, jqXHR, options) {
37                  console.log("AJAX 완료");
38              });
39
40              $(document).ajaxError(function (evt, jqXHR, settings, err) {
41                  console.log("전송에 문제가 있습니다. " + err);
42              });
43
44              $(document).ajaxSuccess(function (evt, jqXHR, options) {
45                  console.log("작전이 성공 했습니다.");
46              });
47
48              getData();
49          });
```

AJAX이 설정된 함수를 완성합니다.

```
30      function getData() {
31              $.get("testdata.txt", successFn);
32          }
```

request의 응답이 정상일 경우 동작하는 콜백 함수와 request의 응답이 비정상일 경우 동작하는 콜백 함수를 완성합니다.

```
30      function successFn(result) {
31          $("#main").append(result);
32      }
33
34      function errorFn(xhr, status, strErr) {
35      console.log('전송 되지 못했습니다.');
36      }
```

| 결과물 확인 |

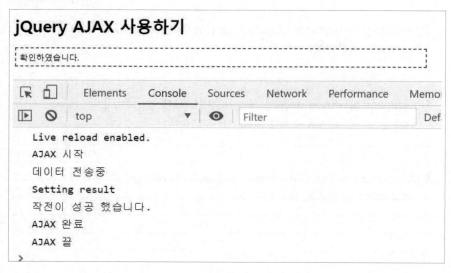

1. 다음의 html을 확인하고 tab 메뉴를 완성하시오

a li를 클릭하면 변수를 만들어 li의 name속성의 값을 가져옵니다.

b. load()로 불러올 경로 만들기 : 변수를 만들어 a 에서 만들어진 변숫값+ '.txt'

c. load()로 데이터 불러오기

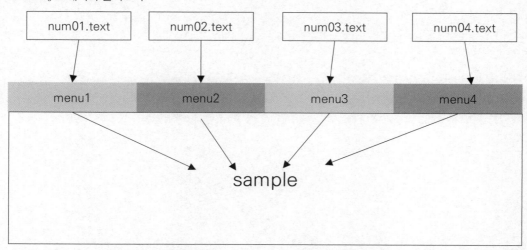

```
1    <section>
2    <ul>
3    <li name="num01">menu01</li>
4    <li name="num02">menu02</li>
5    <li name="num03">menu03</li>
6    <li name="num04">menu04</li>
7    </ul>
8    <p>sample</p>
9    </section>
```

정답

```
1. <script>
2. $(function(){
3. $('li').on('click',function(e){
4. var dataSource = $(this).attr('name');
5. var dataName = dataSource+'.txt';
6. $('p').load(dataName);
7. });
8. });
```

CHAPTER 09

제이쿼리를 이용한
예제 풀이

이번 장에서는 이제까지 정리한 제이쿼리의 여러 명령어들을 이용하여 다양한 기능을 만들어 보 겠습니다. 웹 개발에서 여러 명령을 조합해 원하는 기능을 만드는 과정에서는 제이쿼리의 기능뿐 아니라 웹페이지의 기둥 역할을 하는 HTML, 그리고 화면의 렌더링을 맡고 있는 CSS의 역할도 중요합니다. HTML, CSS, 자바스크립트, 제이쿼리가 각각의 역할에 잘 처리해야만 합니다. 그러 므로 지금까지는 자바스크립트와 제이쿼리가 중심 역할을 하였다면, 이제 우리는 HTML, CSS의 기초에 자바스크립트와 제이쿼리를 어떻게 조화롭게 만들 것인지를 연구해 보아야 합니다.

SECTION 01

좌우 무한반복 갤러리 만들기

무한 반복과 좌우 버튼을 이용하여 좌우로 움직이는 갤러리를 만들어 봅시다.

파일 준비하기

갤러리에 필요한 파일을 먼저 준비합니다.

| **실습하기** | 실습 파일: 09/09_00.html. 완성 파일: 09/all/09_00.html

```
14    <link href="css1/reset.css" rel="stylesheet">      ❶
15    <link href="css/gallery.css" rel="stylesheet">     ❷
16    <script src="js/jquery.min.js"></script>           ❸
```

❶ reset파일을 연결
❷ 기본스타일 파일을 연결
❸ 제이쿼리 라이브러리를 연결

html 만들기

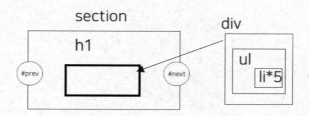

❶ section으로 전체 갤러리 layout을 만듭니다.

```
61    <section> ❶
62    <h1>Slide Gallery</h1>
63
64    </section>
```

버튼 만들기

❷ ❸ 이미지를 좌우로 움직일 버튼 만들기

```
65      〈section〉
66      〈h1〉Slide Gallery〈/h1〉
67              〈p id="prev"〉〈img src="img/prev.png" alt="앞으로"〉〈/p〉 ❷
68              〈p id="next"〉〈img src="img/next.png" alt="뒤로"〉〈/p〉 ❸
69      〈/section〉
```

갤러리 파트 만들기

❻ li를 이용하여 갤러리 이미지 소스를 만들고 ❺ ul 요소로 묶어 줍니다.
❹ 갤러리에서 이미지를 보여줄 영역을 담당할 div 요소를 만듭니다.

```
41          〈div id="view"〉 ❹
42                  〈ul id="source"〉 ❺
43                  〈li〉〈img src="img/pic01.jpg" alt="화보1"〉〈/li〉 ❻
44                  〈li〉〈img src="img/pic02.jpg" alt="화보3"〉〈/li〉
45                  〈li〉〈img src="img/pic03.jpg" alt="화보4"〉〈/li〉
46                  〈li〉〈img src="img/pic04.jpg" alt="화보5"〉〈/li〉
47                  〈li〉〈img src="img/pic05.jpg" alt="화보6"〉〈/li〉
48                  〈/ul〉
49          〈/div〉
```

CSS

```
10      section{width:500px; padding:30px; border:1px solid #000; margin:20px auto;
                        position:relative;}
11      section〉h1{  font: bold 25px Aria,sans-serif;
12                  text-align:center;margin-bottom:25px;color:#6633cc;}
```

```
70      /*버튼*/
71      section>p{position:absolute; top:220px;}
72      p#prev{left:-11px;;}
73      p#next{right:-11px;}
```

```
74      /*보이는 블럭*/
75      div#view{width:402px; margin: 0 auto; border: 1px solid #000; overflow:hidden;}
76      /*전체*/
77      div#view>ul{width:2000px; height:250px;}
78      /*소스*/
79      div#view>ul>li{width:400px; float:left;}
80      div#view>ul>li>img{vertical-align:top;}
```

제이쿼리

1. 준비하기

```
30      //준비하기
31      $(function(){
32      $('#source>li:last').prependTo('#source'); ❶
33      $('#source').css('margin-left','-400px'); ❷
34      });
```

➊마지막 li요소 이동, ➋스타일 수정하기

이동하여 스타일 변경

margin-left값이 0에서 -400px로 변경

2. 버튼 작동하기

```
30        //버튼작동
31        btn();
```

;함수 btn을 만들 후 함수를 불러들입니다.

```
32    $('#next').on('click',function(e){Ⓐ
33        $('#next,#prev').hide();➊
34        ➋$('#source').animate({marginLeft:'-=400px'},300,'swing',function(){
35          ➌ $('#source)li:first').appendTo('#source');
36          ➍ $('#source').css('margin-left','-400px');
37            $('#next,#prev').show();
38        });
39      });
40    $('#prev').on('click',function(e){  Ⓑ
41        $('#next,#prev').hide();
42        $('#source').animate({marginLeft:'+=400px'},300,'swing',function(){
```

```
43              $('#source)li:last').prependTo('#source');
44              $('#source').css('margin-left','-400px');
45              $('#next,#prev').show();
46          });
47      });
48  }
```

Ⓐ #next버튼을 클릭하면 ❶#next, #prev를 숨깁니다.

❷ 움직임을 담당할 ul 요소를 현재의 여백 값(margin-left)에서 -400px 만큼 애니메이션 합니다. (margin-left값이 -800px로 변경)

❸ 첫 번째 li을 마지막 li로 이동하고 ❹ 다시 스타일을 정리합니다.
(첫 번째 li 요소가 이동하여도 margin-left 값은 -800px 이므로, 이동 후 다시 margin-left 값을 -400px로 만듭니다.)

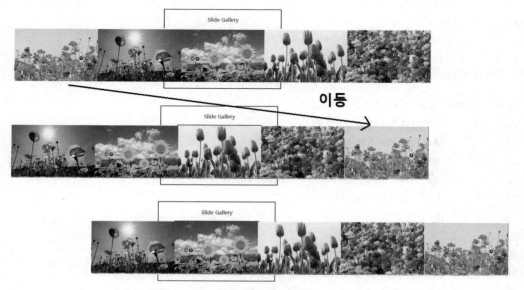

margin-left 값을 -400px로 바꾸어야 됨

똑같은 원리로 Ⓑ #prev버튼을 완성합니다.

3. setInterval에 연결 할 aniGallery 함수 만들기

```
49    function aniGallery(){
50        $('#next,#prev').hide();
51        $('#source').animate({marginLeft:'-=400px'},300,'swing',function(){
52            $('#source)li:first').appendTo('#source');
53            $('#source').css('margin-left','-400px');
54            $('#next,#prev').show();
55        });
56    }
```

4. 함수 불러오기

```
57    //움직이기
58        aniGallery();
```

5. 타이머 작동하기

```
59    // 타이머 작동
60    setInterval(aniGallery,3000);
```

제
이
쿼
리
를
이
용
한
예
제
풀
이

fade갤러리 만들기

섬네일 이미지를 클릭하면 원하는 이미지가 현재의 이미지 위에 페이드 기법을 이용하여 이미지가 나타나는 갤러리를 만들어 봅시다.
먼저 필요한 파일을 준비합시다.

파일 준비하기

갤러리에 필요한 파일을 먼저 준비합니다.

| **실습하기** | 실습 파일: 09/09_01.html. 완성 파일: 09/all/09_01.html

```
17     <link  href="css1/reset.css"  rel="stylesheet">        ❶
18     <link  href="css/gallery2.css"  rel="stylesheet">      ❷
19     <script  src="js/jquery.min.js"></script>              ❸
```

❶ reset 파일을 연결
❷ 기본 스타일 파일을 연결
❸ 제이쿼리 라이브러리를 연결

HTML만들기

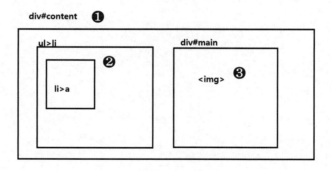

1. 기본구조 만들기

```
10     <div  id="content">  ❶
11         <ul></ul>❷
12         <div  id="main"></div>❸
13     </div>
```

340

2. 섬네일 갤러리 구조 만들기

```
11    <ul>
12        <li><a href="img/img_01.jpg"><img src="img/img_01.jpg"></a></li>
13        <li><a href="img/img_02.jpg"><img src="img/img_02.jpg"></a></li>
14        <li><a href="img/img_03.jpg"><img src="img/img_03.jpg"></a></li>
15        <li><a href="img/img_10.jpg"><img src="img/img_10.jpg"></a></li>
16        <li><a href="img/img_05.jpg"><img src="img/img_05.jpg"></a></li>
17        <li><a href="img/img_06.jpg"><img src="img/img_06.jpg"></a></li>
18    </ul>
```

3. 메인 이미지 만들기

```
20    <div id="main">
21        <img src="img/img_01.jpg">
22    </div>
```

CSS 작업하기

```
4    div#content{width:960px; margin:100px auto;}
5    ul{width:300px; float:left; border:1px solid #666;
6        padding-top:10px;}❶
7    div#main{width:502px; float:right; position:relative;}❷
```

 ❶

 ❷

```
9       ul>li{width:140px; float:left; margin: 0 5px 10px;}❶
10      ul>li a>img{width:100%;vertical-align: top;}
11
12      div#main>img{border:3px solid #000; position:absolute;
13      left:0; top:0;}❷
```

❷ div#main 안의 이미지 요소는 섬네일을 클릭하면 새로 생성된 이미지 위에 현재의 이미지가 fade out 되어야 하므로 #main는 position:relative가 이미지 요소에는 position:absolute로 설정되어야 두 이미지가 위아래로 겹쳐서 작업이 될 수 있습니다. 미리 css에서 설정을 하여야 합니다.

제이쿼리 작업하기

```
36      <script>
37      $(function(){
38      ❶ $('ul>li>a').on('click',function(e){
39          ❷ return false;
40      });
41      });
42      </script>
```

❶ 제이쿼리를 불러들여 a요소를 클릭한 후 ❷ return false를 하여 href로 이동을 정지합니다.

```
43          var pic = $(this).attr('href');  ❸
44          $('#main').prepend('<img src="'+pic+'">');  ❹
45          $('#main>img:last').fadeOut(300);  ❺
```

❸ 변수pic를 만들어 내가 클릭한 a 요소의 href의 값을 저장합니다.

❹ 변수pic의 값을 #main 요소가 첫 번째 자식으로 추가합니다. 그럼 img 요소가 position absolute 값을 갖고 있어서 z-index가 auto값으로 현재의 이미지 밑에 생성됩니다.

❺ 기존의 이미지를 fadeOut 시킵니다.

```
▼<div id="main">
    <img src="img/img_02.jpg">                    ❻
    <img src="img/img_01.jpg" style="display: none;">
</div>
```

❻ 기존의 이미지를 fadeOut 하여도 이미지는 display:none 되지만 #main 안에 존재하므로 이펙트 작업이 끝난 후 remove 시킵니다.

```
46    $('#main>img:last').fadeOut(300,function(){
47        $('#main>img:not(:eq(0))').remove();❻
48        });
```

제이쿼리 전체 소스를 정리하면 다음과 같습니다.

```
49    <script>
50    $(function(){
51    $('.page>ul>li>a').on('click',function(e){
52        var pic = $(this).attr('href');
53        $('#main').prepend('<img src="'+pic+'">');
54        $('#main>img:last').fadeOut(300,function(){
55        $('#main>img:not(:eq(0))').remove();
56        });
57        //
58        return false;
59    });
60    });
61    </script>
```

```
14    ul>li{width:140px; float:left; margin: 0 5px 10px;}❶
15    ul>li a>img{width:100%;vertical-align: top;}
16
17    div#main>img{border:3px solid #000; position:absolute;
18    left:0; top:0;}❷
```

SECTION
03 스크롤에 반응하는 사이트 만들기

내비게이션의 a 요소를 클릭하면 해당되는 section으로 스크롤이 움직이는 사이트를 만들어 봅시다.

파일 준비하기

갤러리에 필요한 파일을 먼저 준비합니다.

> **| 실습하기 |** 실습 파일: 09/09_02.html. 완성 파일: 09/all/09_02.html
>
> 6   〈link href="css1/reset.css" rel="stylesheet"〉   ❶
> 7   〈link href="css/scroll01.css" rel="stylesheet"〉   ❷
> 8   〈script src="js/jquery.min.js"〉〈/script〉   ❸

❶ reset 파일을 연결
❷ 기본 스타일 파일을 연결
❸ 제이쿼리 라이브러리를 연결

HTML만들기

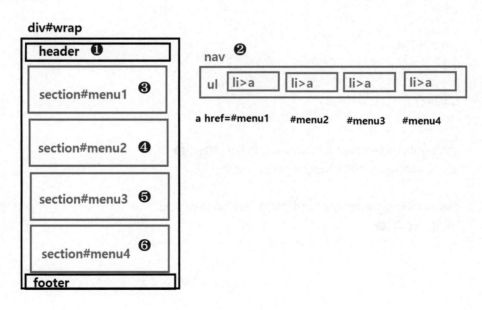

실전 예제로 배우는 자바스크립트+제이쿼리

1. 기본구조 만들기

```
11    <div id="wrap">
12    <!--header-->
13    <header> ❶
14    <h1>로고</h1>
15    <nav></nav> ❷
16    </header>
17    <!--#box01-->
18    <section id="menu1">box01</section> ❸
19    <!--#box02-->
20    <section id="menu2">box02</section> ❹
21    <!--#box03-->
22    <section id="menu3">box03</section> ❺
23    <!--#box04-->
24    <section id="menu4">box04</section> ❻
25    <!--footer-->
26    <footer>footer</footer>
27    </div>
```

2. nav요소 만들기

```
18    <ul>
19    <li><a href="#menu1">menu1</a></li> ❶
20    <li><a href="#menu2">menu2</a></li>
21    <li><a href="#menu3">menu3</a></li>
22    <li><a href="#menu4">menu4</a></li>
23    </ul>
```

❶ 내비게이션을 코딩할 때는 해당되는 section 아이디 값을 a 요소의 href 값으로 설정을 해야 합니다.

제이쿼리 만들기

```
44    <script>
45    $(function () {
46    var wHeight = $(window).height(); ❶
47    //스타일 준비하기
48    $('section').height(wHeight); ❷
49    </script>
```

❶변수 wHeight를 만들어 브라우저의 세로의 높이를 저장하고 ❷ 변수 wHeight의 값을 section 높이 값으로 설정 합니다.

```
50      $('nav>ul>li>a').on('click', function (e) {❸
51      return false;
52      });
```

❸ nav의 a 요소를 클릭한 후 return false를 하여 href 속성 값으로 이동을 중단합니다.

```
53      var aName = $(this).attr('href');❹
54      var sTop = $(aName).offset().top;❺
```

❹ 내가 클릭한 a요소의 href 값을 변수 aName 저장합니다.
❺ 저장된 aName의 해당되는 section의 top의 위치를 sTop에 저장합니다.

```
55      $('html,body').animate({scrollTop: sTop - 60}, 500, 'swing'); ❻
```

❻ sTop의 값에서 header의 세로값을 제외한 값으로 스크롤을 애니메이션 합니다.

전체코드를 정리하면 다음과 같습니다.

```
43      <script>
44      $(function () {
45      var wHeight = $(window).height();
46      //스타일 준비하기
47      $('section').height(wHeight);
48
49      $('nav>ul>li>a').on('click', function (e) {
50      var aName = $(this).attr('href');
51      var sTop = $(aName).offset().top;
52      $('html,body').animate({scrollTop: sTop - 60}, 500, 'swing');
53      return false;
54      });
55      });
56      </script>
```

SECTION
04 **폼요소를 이용한 페인트 소요량 계산하기**

폼요소를 이용한 페이트 소요량을 계산하는 제이쿼리를 만들어 봅시다.

파일 준비하기

> **| 실습하기 |** 실습 파일: 09/09_03.html. 완성 파일: 09/all/09_03.html
>
> 5   〈link href="css1/reset.css" rel="stylesheet"〉   ❶
> 6   〈link href="css/test01.css" rel="stylesheet"〉   ❷
> 7   〈script src="js/jquery.min.js"〉〈/script〉   ❸

❶ reset 파일을 연결
❷ 기본 스타일 파일을 연결
❸ 제이쿼리 라이브러리를 연결

HTML만들기

```
                        -페인트 소요량 계산


    [넓이]

       가로 : [              ]  M    ❶
       세로 : [              ]  M              계산하기


          면적 :                   m2
                                        ❷
          페인트양 :                L
```

CH
09

제이쿼리를 이용한 예제 풀이

PART 2 제이쿼리

347

```
10    <section>
11    <h1>-페인트 소요량 계산</h1>
12    <div>
13    <form action="#" method="post">
14    <fieldset>
15    <legend>[넓이]</legend>
16    <ul class="box01"></ul>  ❶
17    <ul class="box02"></ul>  ❷
18    </fieldset>
19    </form>
```

가로 : [   ] M ❶

세로 : [   ] M ❷

❸ 계산하기

면적 :   m2 ❹

페인트양 :   L ❺

```
16    <ul class="box01">
17        ❶ <li>
18            <label for="userWidth">가로</label>
19            <input type="text" id="userWidth"><span>M</span></li>
20        ❷ <li>
21            <label for="userHeight">세로</label>
22        <input type="text" id="userHeight"><span>M</span></li>
23        ❸ <li>
24            <input type="button" value="계산하기"></li>
25     </ul>
26    <ul class="box02">
27        ❹ <li>
28            <label for="usreArea">면적</label>
29            <input type="text" id="userArea"><span>m<sup>2</sup></span></li>
30        ❺ <li>
31
32            <label for="userLiter">페인트양</label>
33            <input type="text" id="userLiter"><span>L</span></li>
34     </ul>
```

제이쿼리 만들기

```
37          $(function(){
38              $('input[type="button"]').on('click',function(e){ ❶
39              });
40          });
```

❶버튼을 클릭합니다.

```
37              var sWidth = parseInt($('#userWidth').val()); ❷
38              var sHeight = parseInt($('#userHeight').val());❸
```

❷ #userWidth의 값을 변수 sWidth로 저장합니다.
❸ #userHeight의 값을 변수 sHeight로 저장합니다.

```
41              var sAll = sWidth * sHeight; ❹
42              var sLiter = sAll/4; ❺
```

❹ 변수 sAll에 sWidth에 sHeight를 곱한 값을 저장합니다.
❺ 변수 sLiter에 sAll/4를 저장합니다.

```
43              $('#userArea').val(sAll); ❻
44              $('#userLiter').val(sLiter); ❼
```

❻ 변수 sAll 값을 #userArea의 값으로 합니다.
❼ 변수 sLiter 값을 #userLiter의 값을 정합니다.

전체를 정리하면 다음과 같습니다.

```
37          $(function(){
38              $('input[type="button"]').on('click',function(e){
39              var sWidth = parseInt($('#userWidth').val());
40              var sHeight = parseInt($('#userHeight').val());
41              var sAll = sWidth * sHeight;
42              var sLiter = sAll/4;
43                  $('#userArea').val(sAll);
44                  $('#userLiter').val(sLiter);
45              });
46          });
```

메모

메모

★★★★
최신버전
개정판
★★★★

Let's
실전 예제로 배우는
자바스크립트
+제이쿼리

1쇄 인쇄 2023년 3월 3일
1쇄 발행 2023년 3월 10일
지은이 이은정
기획 곽홍준
디자인 서제호, 서진희
제작총괄 김응태, 조재훈
판매영업 김승규

발행처 ㈜아이비김영
펴낸이 김석철
등록번호 제22-3190호
주소 (06728)서울 서초구 서운로 32, 우진빌딩 5층
전화 (대표전화) 1661-7022
팩스 02)3456-8073

ⓒ ㈜아이비김영
이 책은 저작권법에 따라 보호받는 저작물이므로 무단복제를 금지하며,
책 내용의 전부 또는 일부를 이용하려면 반드시 저작권자의 서면동의를 받아야 합니다.

ISBN 978-89-6512-171-8 13000
정가 22,000원

잘못된 책은 바꿔드립니다.